기업이 원하는
변화의 리더

| 개정판 |

Leading Change
BY John P. Kotter

Original Work Copyright © 1996 by John P. Kotter
Published by arrangement with Harvard Business School Press.
Translation copyright © 1999 by Gimm-Young Publishers, Inc.
All rights reserved.

This Korean language edition is published by arrangement with
HBS, Boston through KCC, Seoul.

조직의 운명을 바꿀 앞선 리더들의 변화 전략서

| 개정판 |

기업이 원하는 변화의 리더

존 코터 글 | 한정곤 번역

Leading Change

김영사

기업이 원하는 변화의 리더

지음_ 존 코터
옮김_ 한정곤

초판 1쇄 발행_ 1999. 5. 20.
초판 17쇄 발행_ 2006. 10. 28.
개정판 1쇄 발행_ 2007. 6. 29.
개정판 16쇄 발행_ 2024. 9. 26.

발행처_ 김영사
발행인_ 박강휘

등록번호_ 제406-2003-036호
등록일자_ 1979. 5. 17.

경기도 파주시 문발로 197(문발동) 우편번호 10881
마케팅부 031) 955-3100, 편집부 031) 955-3200, 팩스 031) 955-3111

이 책의 한국어판 저작권은 한국저작권센터(KCC)를 통한
저작권자와의 독점 계약으로 김영사에 있습니다. 저작권법에 의해 한국 내에서
보호를 받는 저작물이므로 무단 전재와 복제를 금합니다.

값은 뒤표지에 있습니다.
ISBN 978-89-349-2565-1 03320
       978-89-349-2591-0 (세트)

홈페이지_ www.gimmyoung.com   블로그_ blog.naver.com/gybook
인스타그램_ instagram.com/gimmyoung   이메일_ bestbook@gimmyoung.com

좋은 독자가 좋은 책을 만듭니다.
김영사는 독자 여러분의 의견에 항상 귀 기울이고 있습니다.

결국, 살아남은 것은 강한 종도 아니고
지적 능력이 뛰어난 종도 아니다.
종국에 살아남은 것은 변화에 가장 잘 적응한 종이다.

- 찰스 다윈

●○ 《존 코터의 변화관리 클래식 시리즈》 발간에 부쳐 ○●

변화와 함께 즐거운 춤을 춰라

　사람이 요람에서 무덤까지 지속적으로 배우면서 변신을 거듭하듯이 기업도 부단한 변화와 혁신을 통해 고객들에게 차별적 가치를 제공해주지 못하면 생존자체가 보장되지 않는다. 이런 점에서 이미 세계적인 변화관리의 구루로 알려진《존 코터의 변화관리 클래식 시리즈》의 시의적절한 개정 출간으로 변화관리 전반에 대한 종합적인 지침서 역할을 하게 되어 반갑다.
　사람이 사람을 바꾸는 일도 짧은 일회성 노력으로 되지 않는데, 다양한 개성을 지니고 있는 사람들이 모여 있는 기업을 변화시키는 일은 더욱더 치밀한 계획이 수반되어야 한다. 그리고 지속적인 노력을 일관성 있게 추진할 필요가 있다. 특히 과거와는 질적으로 판이하게 다른 변화가 휘몰아치는 경영환경은 새로운 차원의 **변화**

관리 전략을 요구하고 있다. 변화를 예언하거나 통제하려고 하지 말고 변화와 함께 춤출 필요가 있다. 언제 어떤 변화가 일어날지 모르는 상황에서는 변화를 철저하게 통제하고 관리하기 보다는 변화와 위기, 그리고 변화추진 여정에서 직면할 수밖에 없는 저항을 일상적 비즈니스의 정상적인 현상으로 인정하는 자세가 무엇보다도 중요하다. 이런 점에서 변화관리도 일회성 노력이라기보다 일상적인 업무추진의 하나로서 일정한 목적을 달성하기 위한 의도적인 활동이며, 기업의 생존과 직결되는 정상적인 비즈니스 활동의 한 부류로 인식하는 노력이 필요하다.

이러한 변화추진 여정이 이루어지려면 어느 한 사람의 특별한 재능이나 의도적인 노력만으로는 부족하다. 모두가 변화추진 여정의 주인이라는 마음으로 적극적인 동참을 해야 한다. 변화추진은 장기 여행과도 같다. 개인차원의 여유로운 여행이라기보다 함께 도달하고자 하는 비전을 공유하면서 목표달성을 위해 체계적인 노력이 요구되는 조직차원의 집단적인 여정이다. 여기에는 여정 전반을 소개하고 안내하면서 구성원들이 즐겁고 유익한 여정을 즐길 수 있도록 안내하는 가이드가 필요하다. 변화추진 리더는 바로 이러한 여행의 가이드 역할을 수행하면서 변화추진 출정식에서부터 변화추진이 어느 일정 수준의 목적을 달성하는 단계까지 가장 중추적인 역할을 담당할 변화추진의 선봉장이다. 물론 기업이 원하는 변화는 한 사람의 리더에 의해서 이루어지는 것은 아니다. 하지만 리더 한 사람의 전략적 방향선택과 의사결정, 그리고 구성원을 설득해 변화추진 여정에 적극적으로 동참시키는 노력을 어느 정도 적극적으로 수행하느냐에 따라 변화추진 여정은 즐겁고 유익할 수도, 피곤하고 조직 전체를 파멸의 나락으로 떨어뜨릴 수도 있다.

　이 책은 바로 변화추진 여정을 이끌어가는 리더는 물론 이에 동참하는 모든 구성원들이 여정별로 언제 무엇을 고민하고 주어진 문제를 어떻게 해결해야 되는지를 안내해주는 지침서 역할을 할 수 있을 것이다. 모든 기업에 공통적으로 적용되는 보편타당한 변화관리 전략과 방법은 존재하지 않는다. 변화를 추진하게 된 근본적인 취지 및 배경과 변화추진을 통해서 달성하고자 하는 목적, 그리고 변화추진이 이루어지는 무대이자 토양인 기업문화에 따라서 다양한 변화추진 전략과 방법이 요구된다.

　존 코터가 수많은 기업을 대상으로 변화를 추진하면서 얻은 체험적 노하우와 고뇌의 결과를 변화관리 프로세스로 정리한 8단계 모델은 기업마다 차별화를 요구하는 변화관리 전략의 지침서 역할을 할 수 있을 것이다. 이런 점에서 변화관리 8단계 모델은 변화관리가 필요한 모든 기업의 전략적 지침서이자 나침반인 변화관리의 고전이라고 볼 수 있다. 변화관리를 처음 시작하는 기업은 물론이고 변화관리를 통해 어느 정도 궤도에 진입한 기업에서도 본격적인 변화를 추진하기 이전에, 변화추진 과정에, 그리고 변화를 추진하기 시작하고 일정 시점이 지난 이후에도 지속적으로 참고할 수 있을 것이다. 또한 변화추진 여정 전반에 대한 자기성찰적 질문을 제기하는 데에도 디딤돌 역할을 할 것이다.

논리적 설명보다 감성적 설득이 변화관리의 핵심전략이라는 점을 터득한 존 코터는 변화관리 전략의 새로운 장을 열었다. 사회전반의 변화가 이성중심에서 감성중심으로 전환되면서 디자인, 마케팅, 리더십 분야도 감성적 호소력을 지닌 스토리가 고객의 마음을 움직이는 효과적인 전략임을 입증해주고 있다. 스토리 텔러로서의 변화추진의 선봉장이자 관제탑 역할을 하면서 변화추진 리더십을 발휘하는 경영자는 물론 변화추진 또는 변화관리팀이나 변화를 온몸으로 체험하고 있는 모든 기업 구성원들에게 이번에 새롭게 개정된 《존 코터의 변화관리 클래식 시리즈》는 필독서 중의 필독서다. 이 책은 변화관리에 관해 모든 기업이 고민하는 변화에 대한 정답을 제시하기보다는 나침반으로서 변화관리의 ABC를 제공한다. 나침반은 방향을 알려준다. 하지만 이동을 결정하고 방법을 찾는 것은 각자에게 달렸다. 어떻게 정진하는지에 대해서는 이 책에서 제시한 지침에 따라서 해당 기업이 스스로 자신의 기업에 맞는 처방전을 개발하는 노력을 기울여야 한다. 《존 코터의 변화관리 클래식 시리즈》는 변화관리 8단계 프로세스를 이해하고(《기업이 원하는 변화의 리더》) 실제 현장에서 어떻게 활용되었는지 살펴보고(《기업이 원하는 변화의 기술》) 구성원들의 마음을 움직일 수 있는 이야기를 통해 설득하고(《빙산이 녹고 있다고?》) 구체적 변화를 실행할 수 있도록(《기업이 원하는 변화의 기술 실천편》) 돕는다. 각 기업마다 처한 위기 상황 또는 변화추진을 필요로 하는 모든 상황적 배경에 따라서 변화관리 8단계 모델에 따라서 무엇을 어떤 방식으로 고민하고, 직면하는 위기상황에 어떻게 대처할 것인지를 다양한 체험적 노하우를 기반으로 실증적으로 보여주고 있는 것이다.

아무쪼록 이 시리즈가 변화와 혁신을 추진하는 모든 기업에게 생각의 실마리를 던져주고 대안을 모색하도록 돕고 존경받는 기업으로 거듭나는 길을 안내해줄 수 있는 꿈과 희망을 주었으면 좋겠다는 바람을 가져본다. 아무리 좋은 아이디어라도 실천을 통해 해당 기업의 문화적 토양에서 꽃필 수 있는 일상적 삶으로 정착되지 않으면 무용지물이다. 존 코터의 변화관리 아이디어는 이제 독자 여러분의 실천을 기다리고 있다. 위대한 기업으로 발전할 수 있느냐의 여부는 바로 변화관리를 일상적 비즈니스로 체화시키느냐에 달려있다. 이 책이 여러분의 변화추진 여정에 꿈과 희망의 메시지를 전해줄 수 있는 시금석이 되었으면 한다.

지식생태학자 유영만

●○ 서문 ○●

성공적인 경영혁신의 힘

1994년 여름, 〈하버드 비즈니스 리뷰Harvard Business Review, HBR〉에 〈변화의 리더 : 경영혁신이 실패하는 이유Leading Change: Why Transformation Efforts Fail〉라는 제목으로 글을 쓴 적이 있다. 지난 15년 동안 여러 회사들이 구조조정, 리엔지니어링, 신전략 수립, 기업 인수합병, 감량경영, 품질혁신 운동, 기업문화 혁신 등을 통해 이룩한 성공적인 경영혁신 사례들을 분석해서 얻은 결과를 정리한 것이었다. 그런데 이 논문을 마무리하면서 경영혁신에 대해 좀더 구체적으로 다룬 책을 하나 써 봐야겠다는 생각이 들었고 곧 이 책을 쓰기 시작하였다.

이 책 《기업이 원하는 변화의 리더》는 〈하버드 비즈니스 리뷰〉 1995년 3·4월호에 게재했는데, 발표하자마자 〈하버드 비즈니스

리뷰〉가 발행하는 수천 종의 논문재판본Reprint 가운데 판매실적 1위 자리를 차지하였다. 재판되는 논문의 수준이 보통 이상인 데다 재판본 대열에 끼려면 시간이 꽤 오래 걸려야 한다는 사실을 감안하면 경이로운 일이다. 이 논문은 〈하버드 비즈니스 리뷰〉 독자들에게 두 가지 깊은 인상을 남겼다.

첫째, 경영자들이 경영혁신 추진 과정에서 범하기 쉬운 실수들을 정리함으로써 그동안 심혈을 기울여 추진한 경영혁신들이 소기의 목적을 달성하지 못했던 이유를 깨우치는 데 큰 도움을 주었다.

둘째, 독자들은 경영혁신에 성공하기 위해서는 '8단계로 이루어진 경영혁신의 틀'을 반드시 거쳐야 한다는 것을 깨달았다. 목표 지점을 찾아가기 위해 꼭 필요한 지도처럼 사람들이 경영혁신에 대하여, 부닥치게 될 문제점들에 대하여, 또는 이를 해결할 수 있는 전략들에 대하여 의견을 교환하는 데 많은 도움을 주었다.

이 두 가지 장점 외에도 몇 가지 특색을 더 추가했다. 수십 가지 성공사례 및 실패 사례들을 실어 현장감과 실용성을 높였다. 또한 경영혁신의 원동력이라고 할 수 있는 리더십이 경영혁신에서 차지하는 위치를 보다 명확히 설명하기 위하여, 자질이 아무리 훌륭하다 해도 단순한 관리자적 정신 자세만을 가진 경영자는 경영혁신에 실패한다는 것을 담았다.

마지막으로 사고思考의 시간적 영역도 넓히고자 하였다. 오늘날 이렇게 살아갈 수 있도록 만든 지난 1세기 동안의 주요 사건들을 되돌아보고, 이들이 앞으로 다가올 21세기에는 우리에게 어떤 의미를 부여하는지 찾아보고자 하였다.

내 연구활동을 잘 아는 분들은 이 책이 내가 이미 쓴 다른 책들 《변화의 힘 : 리더십과 관리는 어떻게 다른가 A Force for Change: How Leadership Differs from Management》, 《기업문화와 성과 Corporate Culture and Performance》, 그리고 《새로운 규칙 : 오늘날의 기업환경에서 성공하는 법 The New Rules: How to Succeed in Today's Post-Corporate World》에서 처음으로 발표했던 개념들을 통합하고 확대 발전시킨 결과물이라는 것을 쉽게 알 수 있을 것이다.

이 책은 이미 출간된 다른 책들과 주제 면에서는 같은 연장선상에 있지만, 논리전개 형식에서는 차이가 있다. 우선 각주나 주해가 없다. 다른 학자의 사례나 개념을 인용하지도 않았고, 내 결론을 입증하기 위하여 다른 학자의 문헌을 인용하지도 않았다. 앞서 쓴 책들과는 달리 나만의 얘기를 담은 책이라 하겠다. 이 책을 통해 점점 중요해지는 여러가지 현안에 대해 그동안 직접 본 것, 들은 것, 결론 내린 것들을 전하고자 한다.

많은 사람들이 이 책의 초안을 읽고 유익한 제안을 해주었다. 그들 중에는 데럴 벡Darrel Beck, 마이크 비어Mike Beer, 리처드 보이아치스Richard Boyatzis, 줄리 브래드퍼드Julie Bradford, 린다 버기스Linda Burgees, 제럴드 자네키Jerald Czarnecki, 낸시 디어맨Nancy Dearman, 캐럴 프랜코Caral Franco, 앨런 프로맨Alan Frohman, 스티브 귄거리치Steve Guengerich, 로버트 존슨 2세Robert Johnson, Jr., 칼 뉴 2세Carl Neu, Jr., 찰리 뉴턴Charlie Newton, 바바라 로스Barbara Ross, 렌 슐레진저Len Schlesinger, 샘 슈와브Sam Schwab, 스콧 스누크Scott Snook, 팻 토드Pat Tod, 게일 트레드웰Gayle Treadwell, 머조리 윌리엄스Majorie Williams, 데이빗 윈덤David Windom 등이 대표적인 사람들이다.

  몇몇 분들은 이 글을 쓰기 위한 연구활동에 기발한 아이디어를 제공해 주었는데, 특히 에드 샤인Ed Schein, 폴 로렌스Paul Lawrence가 많은 도움을 주었다. 그들 모두에게 깊은 감사를 드린다.

존 코터

| 차 례 |

《존 코터의 변화관리 클래식 시리즈》 발간에 부쳐 변화와 함께 즐거운 춤을 춰라 · 6
서문 성공적인 경영혁신의 힘 · 12

1 경영혁신, 왜 실패하는가?

변화를 망치는 여덟 가지 실수 · 21

첫 번째 실수 : 자만심을 방치하였다 | 두 번째 실수 : 혁신을 이끄는 강력한 팀이 없다 | 세 번째 실수 : 5분 안에 설명할 수 있는 비전이 없다 | 네 번째 실수 : 비전을 전사적으로 전파하지 못한다 | 다섯 번째 실수 : 방해물, 특히 무사안일주의 관리자를 방치해 둔다 | 여섯 번째 실수 : 단기간에 가시적인 성과를 보여주지 못한다 | 일곱 번째 실수 : 샴페인을 너무 일찍 터뜨린다 | 여덟 번째 실수 : 새로운 제도를 조직문화로 승화시키지 못한다 | 여덟 가지 실수와 치명적 결과

왜 다시 경영혁신인가? · 42

바꾸지 않으면 안 되는 이유 | 20세기의 뿌리는 한 번에 뽑히지 않는다 | 변화를 '관리' 하기와 '주도' 하기 | 변화의 힘이 곧 경쟁력이다

2 변화를 성공으로 이끄는 8단계 과정

변화관리 1단계 위기감을 고조시켜라 · 63

자만심으로 경영혁신을 그르친 사례 | 자만심에 빠지는 이유 | 호화로운 사무실을 당장 폐쇄하라 | 소 잃기 전에 외양간을 고치려면 | 고위직보다 하위직의 역할이 중요하다 | 위기감은 어느 정도가 적당한가?

변화관리 2단계 변화선도팀을 구성하라 · 84

독불장군 된 최고경영자의 최후 | 신뢰받지 못하는 팀의 헛고생 | 발빠른 팀의 활약 | 성공적인 지도부 구성 방법 | 피하거나 잘 감독해야 할 사람들 | 신뢰와 공동목표가 팀워크의 생명이다 | 타성과 보수세력을 이겨내는 힘

변화관리 3단계 올바른 비전을 정립하라 · 106

왜 비전이 반드시 필요한가? | 효과적인 비전이란 | 고객, 주주, 직원의 이익을 보장하라 | 실현 가능성을 생각하라 | 구체성, 융통성 그리고 전달의 용이성 | 훌륭한 비전과 쓸모없는 비전의 사례들 | 어떻게 만드는가

변화관리 4단계 참여를 이끌어내는 의사소통을 전개하라 · 131

의사 전달 과정에서 실패한 두 가지 사례 | 비전을 전파하는 일곱 가지 원칙 | 첫 번째 원칙 : 쉬운 용어를 사용하라 | 두 번째 원칙 : 은유법, 유추법 그리고 사례를 이용하라 | 세 번째 원칙 : 다양한 방법과 기회를 이용하라 | 네 번째 원칙 : 반복, 반복 그리고 또 반복 | 다섯 번째 원칙 : 솔선수범이 중요하다 | 여섯 번째 원칙 : 모순처럼 보이는 사실은 분명히 해명하라 | 일곱 번째 원칙 : 먼저 잘 들은 뒤, 잘 듣게 만들어라

변화관리 5단계 부하직원의 권한 넓혀주기 · 153

상급자 위주의 조직구조 개선 | 직원 교육훈련 실시 | 노력한 만큼 보상하는 인사관리 시스템 | 권한을 독차지하려는 일선감독자 다루기 | 엄청난 잠재력을 끌어올려라

변화관리 6단계 단기간에 눈에 띄는 성공을 이끌어내라 · 173

단기적 성공의 유용성과 한 가지 사례 | 단기적 성공의 특성 | 경영혁신에 미치는 영향 | 성과 획득을 우연에 맡기지 말고 체계적으로 계획할 것 | 부담을 준다고 나쁜 것만은 아니다 | 술수와 다른 점 | 리더도 관리 능력이 필요하다

변화관리 7단계 변화 속도를 늦추지 마라 · 193

저항세력은 호시탐탐 틈을 노리고 있다 | 비효율적인 부서 간 연관성의 문제 | 사무실의 가구들이 끈으로 얽혀 있다면 | 복잡한 조직을 혁신하는 요령 | 불필요한 관련성은 과감하게 제거하라 | 갈 길은 멀고

변화관리 8단계 변화를 정착시켜라 · 214

기업문화가 중요한 이유 | 새로운 제도를 옛날식 기업문화에 접목시킬 때 | 새로운 제도가 옛날식 문화에 대체할 때 | 기업문화 혁신은 맨 처음이 아니라 맨 마지막에 하는 것이다

3 21세기는 우리에게 무엇을 요구하는가

앞서가는 기업의 조건 · 237

위기감을 유지한다 | 팀제를 효과적으로 운영한다 | 리더십을 배양한다 | 직원들에게 최대한의 자율성을 보장하라 | 수평적이고 군살 없는 조직구조를 유지한다 | '조직청소 작업'을 통해 부서의 독립성을 높인다 | 적응력 높은 기업문화를 구축하라 | '점진적인' 변화에 대한 미련을 버려라

자기 계발의 핵심, 리더십과 평생학습 · 255

21세기형 경영자 모델 | 평생학습과 리더십 기술의 상호 보안 | 복리의 힘을 낳는 장기 학습의 위력 | 평생학습자에게는 이런 습관이 있다 | 21세기의 우리는 어떤 모습일까? | 미래를 향해 도약하자

옮긴이의 글 앞서가는 리더의 변화관리 지침서 · 271

경영혁신, 왜 실패하는가?

1

Leading Change

변화를 망치는 여덟 가지 실수 | 왜, 다시 경영혁신인가?

LEADING CHANGE

변화를 망치는 여덟 가지 실수

　기업들의 경영혁신은 지난 20여 년 동안 무서울 정도로 확대되어 왔다. 어떤 사람들은 리엔지니어링Reengineering, 기업전략 재구축Restrategizing, 기업 인수합병M&A, 조직슬림화Downsizing, 품질혁신 운동Quality Efforts, 기업문화 재창조Cultural Renewal 등과 같이 현재 유행하는 경영혁신 기법들이 대부분 곧 사라질 것이라고 예견한다. 하지만 나는 전혀 그렇지 않다고 생각한다. 이는 향후 수십 년 동안 거시 경제적 요인들이 지금보다 오히려 더 강력하게 영향을 미칠 것이며, 따라서 점점 더 많은 회사들이 원가를 절감하고 제품의 질과 서비스 및 생산성을 높이지 않으면 살아남지 못하게 될 것이기 때문이다.
　돌이켜 보면, 심도 있는 경영혁신은 기업들로 하여금 빠르게 변하는 경영환경에 적절히 대처하게 했고, 경쟁력에서도 괄목할 만한 개선을 이루었으며, 미래의 회사입지를 공고히 하는 데도 도움을 주었다. 그러나 너무나 많은 경우 발전은커녕 자원만 낭비한 채, 직원은 직원대로 지치고 겁에 질려 결국 좌절감에 빠지고 마는 결과를 초래해왔다.

혁신에는 어느 정도의 부작용이 따른다. 인류 역사를 보건대 한 사회가 변화를 겪는 과정에는 언제나 고통이 따르게 마련이다. 그렇지만 지난 십여 년 동안 우리가 보아왔던 낭비와 고통의 상당 부분은 충분히 피할 수 있는 것들이었다. 우리는 많은 실수를 저질러 왔는데, 그 중에서도 공통적으로 범한 실수를 다음 8가지로 요약할 수 있다.

첫 번째 실수 | 자만심을 방치하였다

경영혁신을 시도하려 할 때 범하는 가장 큰 실수는 동료 경영진이나 직원들에게 충분한 '위기의식'을 불어넣기도 전에 혁신을 시작하는 것이다. 이런 실수는 매우 치명적인 것인데, 자만심(무사안일)이 팽배한 조직에서 경영혁신을 하라고 하는 것은 거의 불가능하기 때문이다.

에이드리언 Adrien은 어느 대기업의 특수화학 사업부 책임자로 부임하면서 해당 사업부에 골치아픈 문제들과 새로운 사업 기회가 혼재해 있다는 것을 알게 되었다. 대부분은 회사가 세계화를 준비하는 과정에서 생긴 것이었다. 그는 노련하고 박력 있는 최고 책임자로서 점점 치열해지는 경쟁에서도 십여 개의 사업을 새로 시작하여 사업 규모를 키우는 것은 물론 수익성 개선을 위해 밤낮으로 일했다.

그는 자신의 부서에 회사가 맞고 있는 새로운 기회와 위험을 확실하게 이해하는 사람이 자신 외에는 없다는 것을 알았지만, 그 정도는 쉽게 극복할 수 있다고 생각했다. 왜냐하면 직원들을 설득할 수도 있고 아니면 강제로라도 혁신에 참여하게 할 수 있었다. 그것도 안 되면 아예 다른 사람으로 교체해버리면 된다고 생각했다.

승진한 지 2년 뒤 에이드리언은 그동안 의욕적으로 추진해온 여러 혁신 조치들이 모두 자만심이라는 바다에 빠져 허우적거리고 있는 것을 깨달았다. 그의 온갖 설득과 위협에도 불구하고 신제품 전략이 처음 단계에서 너무 많은 시간을 소비하는 바람에 경쟁회사에게 대응할 시간적 여유를 주었고, 결국 기대했던 모든 이익은 모두 물거품으로 돌아갔다. 본사로부터 대규모 리엔지니어링 프로젝트에 필요한 충분한 자금을 얻어낼 수도 없었다. 참모들 가운데 말만 많은 사람들 때문에 중요한 프로젝트가 죽는 경우도 있었다.

참담한 심경에 빠진 에이드리언은 자기 부하들을 포기하고, 규모는 작지만 그의 아이디어를 이미 실천하고 있던 다른 회사 하나를 인수하였다. 다시 2년 뒤, 그는 직원들의 태도에 경악을 금치 못했다. 위기의식을 전혀 느끼지 못한 채 그가 인수한 회사의 유익한 노하우와 잘해보려는 의욕까지 말살해버리고 있었다.

에이드리언같이 매우 현명한 경영자들조차 경영혁신 초기에는 회사 내에 충분한 위기의식을 조성하는 데 실패한다. 그들은 대대적인 경영혁신을 해낼 수 있는 큰 힘도 쉽게 동원할 수 있다고 자신의 능력을 과대평가한다. 반면에 사람들을 무사안일에서 벗어나게 하는 어려운 작업은 오히려 과소평가한다. 또한 자기들의 행동이 현상 타파는커녕 오히려 현상 '고착'을 촉진시킨다는 것도 미처 깨닫지 못한다. 게다가 참을성도 없다.

"사전준비는 이것으로 충분합니다. 이제 본격적으로 시작하는 것만 남았습니다."

그들은 자만심을 제거하는 과정에서 여러가지 부작용들이 생기자 당황해한다. 왜냐하면 직원들이 방어적이 되고 사기마저 떨어지면서 단기적 성공조차 이루어지지 않기 때문이다. 혹은 더 곤란한 경우도 생길 수 있다. 위기감과 불안을 혼동한 나머지 불안만 강조함으로써 사람들이 자기 피난처에 더욱 깊이 숨어들게 하고, 혁신에 대해서는 더욱 강하게 저항하도록 만드는 것이다.

회사들의 자만심 수준이 그렇게 높지 않을 경우는 별로 문제될 것이 없다. 하지만 자만심이 지나친 경우는 그 반대이다. 과거의 수많은 성공 경험, 당장 눈앞에 닥친 위기감 부재, 업적 기대치 하향조정, 객관적인 외부정보의 부재 등이 복합적으로 작용하여 다음과 같은 얘기를 하게 된다.

"네, 맞습니다. 우리에게 문제가 좀 있긴 합니다. 그러나 그렇게 심각할 정도는 아닙니다. 문제가 되지 않는 더 큰 이유는 우리들 각자가 맡은 바 직분을 성실히 수행하고 있기 때문입니다." 혹은 "물론 큰 문제들이 있지요. 그렇지만 우리하고는 직접적인 관계가 없습니다."

사람들은 위기의식 없이는 꼭 필요한 희생이 아니면 치르려 하지 않는다. 대신 현재 상태에 구태의연하게 매달리며 혁신을 시도하려는 상부의 협조요청에 저항만 한다. 그 결과 리엔지니어링을 하고자 하는 노력은 한 걸음도 내딛지 못하고, 새로 개발한 전략들을 의도대로 집행하지 못한다. 합병한 새로운 회사와는 잘 융화되지 않고, 애초 계획했던 조직 축소를 통한 비용 절감에 실패하며, 품질 향상을 위해 벌인 운동들은 실질적인 성과 없이 밖으로 겉도는 말잔치로 끝나버리고 만다.

두 번째 실수 | 혁신을 이끄는 강력한 팀이 없다

조직 최고경영자가 적극적으로 후원하지 않으면 경영혁신은 결국 실패하고 만다. 그런데 그 밖에도 중요한 것이 더 있다. 성공적인 경영혁신을 하려면 혁신에 헌신적인 다섯 명, 열다섯 명, 혹은 쉰 명 이상의 또 다른 사람들이 하나의 팀으로 똘똘 뭉쳐야 한다. 바로 변화선도팀Guiding Coalition 이다.

팀을 고위직 책임자들로 모두 구성할 필요는 없다. 그들 중에는 혁신을 별로 달갑게 생각하지 않는 사람들도 있기 때문이다. 특히 경영혁신 초기에는 그런 사람이 더욱 많다. 그러나 거의 모든 성공 사례에는 항상 강력한 변화선도팀이 있다. 공식적인 명칭, 정보수집 능력이나 전문지식, 그들이 쌓아온 명성이나 대인관계 능력, 그리고 지도력 등에 이르기까지 모든 면에서 변화선도팀은 아주 강력하다. 아무리 능력이 출중하고 지도력이 있다 할지라도 한 개인이 구태와 타성을 이겨낼 모든 능력을 다 갖출 수는 없다. 그러나 힘이 없는 집단은 오히려 한 개인보다 못한 경우가 허다하다.

강력한 지도부를 갖고 있지 않더라도 처음 얼마 동안은 꽤 성과를 거둘 수 있다. 조직구조를 바꿀 수도 있고, 리엔지니어링을 시작할 수도 있다. 그러나 조만간 이런 노력들을 무력화시키는 저항세력이 조직 내에 생겨난다. 한 사람의 최고경영자나 힘이 없는 위원회와 그에 맞선 근시안적이고 자기중심적인 보수세력 사이의 암투에서는 대개 보수세력이 이긴다. 조직구조를 혁신하고 나면 직원들의 행동 변화가 뒤따르게 마련인데, 보수세력들이 이 변화를 방해한다. 그들은 또한 일반 직원들과 관리자들을 유도하여 눈에 보이지 않게 저항하도록 만드는데, 이로 인해 리엔지니어링은 결국 실패로 끝난다. 또 품질향상 운동을 고객만족이 아닌 오히려 조직을 더욱 관료화하는 목적으로 사용하기도 한다.

미국에 본사를 둔 세계적인 은행의 인사담당 이사인 클레어는 자신의 권한이 그다지 크지도 않고, 또 인사 이외의 다른 부분까지 포함하는 대형 프로젝트를 주도할 수 있는 지위에 있지 않다는 것도 잘 알았다. 하지만 그녀는 점점 거세지는 경쟁업자들의 압력에 대처하기 위해서는 회사를 슬림화하는 수밖에 없다고 생각했다. 그래서 내키지는 않았지만 '품질 개선을 위한 특별위원회' 위원장직을 맡았다. 그 후 2년은 그녀의 생애에서 가장 불행한 날들이었다. 특별위원회에는 회사에서 가장 영향력 있는 세 부서의 책임자 가운데 단 한 사람도 포함되지 않았다. 또 어렵게 첫 번째 회의 일정을 잡았지만, 바쁜데 쓸데없는 회의를 한다고 불평하는 사람까지 있었다. 그녀는 자신이 곤경에 처해 있음을 직감했다. 결국 시간만 흘렀을 뿐 이루어진 것은 아무것도 없었다. 업무 추진 속도는 느려지고 팀원들은 서로 이해관계만 따지면서 협력하지 않았다. 위원회는 그야말로 최악이었다.

대부분의 작업은 소수이지만 헌신적인 사람으로 구성된 소위원회가 맡아서 해냈다. 그렇지만 다른 팀원이나 핵심부서 관리자들은 소위원회 활동에 전혀 흥미를 보이지 않았고 이해하려 들지도 않았다. 더구나 위원회에서 내놓는 어떤 제안도 실행하지 않았다. 특별위원회는 무려 18개월 동안을 삐걱대다가 결국 서서히 잊히는 운명을 맞았다.

위의 실패 사례는 경영혁신의 어려움을 과소평가하는 것이 얼마나 위험한지, 나아가 강력한 변화선도팀의 역할이 얼마나 중요한지 보여준다. 어느 정도의 위기의식을 가지고 있는 회사라 하더라도 경영혁신이나 팀워크의 경험이 없는 경우에는 변화선도팀의 필요성을 경시하거나, 핵심부서가 아닌 인사나 품질 혹은 전략 등 참모부서 책임자들로만 경영혁신을 추진하는 실수를 범한다. 참모부서 책임자들의 능력이나 열성이 아무리 대단하다 해도, 강력한 힘을 갖고 있는 핵심 실행부서 책임자가 참여하지 않는 변화선도팀는 조직의 타성을 극복해내지 못한다.

세 번째 실수 | 5분 안에 설명할 수 있는 비전이 없다

위기의식을 높이고 강력한 변화선도팀를 구성하는 것은 성공적인 경영혁신의 필요조건이긴 하지만 충분조건은 아니다. 다른 여러 경영혁신의 성공조건 중에서 미래에 대한 통찰 즉, '비전'을 갖는 것만큼 중요한 것은 없다.

비전은 구성원들에게 조직이 나아가야 할 올바른 방향을 제시하고 한 방향으로 대열을 짓게 하며 격려·고무시킴으로써, 경영혁신 성공에 중요한 역할을 한다. 적절한 비전이 없는 경영혁신은 자칫 조직을 잘못된 방향으로 이끌거나 방향감각을 상실하게 만든다. 이러한 경영혁신은 서로 연관성도 없고 시간만 허비하게 만드는 무의미한 동시다발적 프로젝트의 집합으로 끝나버리고 만다. 분명하고 확실한 비전이 없으면 회계부서에서 추진하려는 리엔지니어링이나 인사부서에서 도입하려는 직원 다면多面 평가제도, 공장에서 시작하려는 품질향상 운동, 그리고 판매부서에 도입하려는 새로운 판매문화 등의 여러 노력을 하나로 결집하지 못할뿐더러 그것을 성사시키는 데 필요한 내부적 힘도 이끌어내지 못한다.

경영혁신에 어려움을 느끼는 일부 경영자들은 뒤에서 결과를 조작하거나, 조직이 나아가야 할 방향에 대해 공개적으로 토론하는 것을 의도적으로 회피한다. 직원들은 일상적인 의사결정 과정에서 혼란에 빠지며, 아주 사소한 문제라도 조직의 내부 에너지를 고갈시키거나 직원들의 사기를 떨어뜨리는 요인으로 비화할 수 있다. 아주 사소한 의사결정 문제가 터무니없이 중요한 사안으로 등장하여 귀중한 시간을 낭비하게 만드는 것이다.

실패한 사례들을 보면, 어떤 계획이나 프로그램으로 비전의 역할을 대신하는 경우가 흔하다. 한 통신회사에서 소위 '품질의 황제'로 일컬어지던 콘라드는 많은 시간과 돈을 들여 두께가 무려 10센티미터나 되는 아주 상세한 혁신지침서를 만들었다. 그 지침서에는 계획을 실행하는 과정에서 밟아야 하는 절차, 성취해야 할 구체적인 목표와 방법, 그리고 각 업무를 끝내야 하는 시한 등이 상세히 적혀 있다. 그렇지만 이 모든 것들이 어떤 목적과 방향을 갖고 움직여야 하는지에 대해서는 명쾌한 설명이 어디에도 없다. 이 지침서를 받아들었을 때 직원들은 혼란에 빠졌다. 이 지침서는 분량만 많을 뿐

직원들을 결속시키는 촉매제 역할을 하지 못했고, 혁신에 능동적으로 참여하도록 사기를 북돋우지도 못했다. 오히려 혁신에 대한 저항감만 불러일으켰다.

경영자가 방향감각을 가지고 있어도 경영혁신에 실패하는 경우는 많다. 그 방향이 너무 복잡하거나 불분명해서 도움이 되지 못하기 때문이다. 최근 영국에 있는 한 중소기업의 최고경영자에게 자기 회사 비전을 설명해보라고 했더니, 30분에 걸쳐서 이야기를 늘어놓았다. 인수하려고 마음먹었던 회사 이야기, 자기 회사 제품의 새로운 마케팅 전략, '고객 우선이란 무엇인가'라는 질문에 대한 나름대로의 설명, 외부에서 영입하고자 하는 고위간부 이야기, 달라스에 있는 사무실을 왜 닫았는지 등 장황했다. 그의 이야기를 잘 짚어보면 회사의 비전을 알 수 있을 것 같다. 하지만 그 비전이 너무 깊은 곳에 숨어 있어서 보통사람들은 쉽게 알 수 없다는 데에 문제가 있다.

간단하지만 쓸 만한 법칙 한 가지를 소개한다. 왜 경영혁신을 해야 하는지 직접적인 이유가 되는 비전을 5분 안에 설명해서 사람들을 이해시키고 관심을 끌지 못하면 당신은 경영자로서 문제 있는 사람이다.

네 번째 실수 | 비전을 전사적으로 전파하지 못한다

대다수의 조직원이 단기적인 희생을 감수하면서까지 경영혁신을 지원할 의지가 없으면 전사적인 혁신은 기대할 수 없다. 그런데 사람들은 회사의 현재 상태에 불만은 잔뜩 갖고 있으면서도 경영혁신이 가져다줄 결과가 자신들에게 이롭지 않으면, 또 혁신이 반드시 성공할 것이라는 확신이 서지 않으면, 어떤 희생도 치르려 하지 않는다. 신뢰를 바탕으로 한 커뮤니케이션 없이는, 그것도 아주 많지 않으면, 직원들의 마음을 절대 사로잡을 수 없다.

비효과적인 커뮤니케이션에는 보통 세 가지 유형이 있다. 모두 회사가 태평성대를 누리던 시대에 만들어진 습관들이다.

첫째, 책임을 맡은 위원회가 꽤 좋은 비전을 개발해내지만 내용 전파 과정을 보면 단지 몇 차례 회의나 몇 장의 메모 발송이 전부다. 위원들은 회사 내에서 이용할 수 있는 여러가지 커뮤니케이션 통로 가운데 극히 일부만 사용했다는 사실을 미처 깨닫지 못하고 그저 다른 사람들이 이해를 못한다고 안타까워만 한다.

두 번째 유형은, 조직의 최고경영자는 연설 등을 통해 상당히 많은 시간을 전 직원과 커뮤니케이션하는 데 쓰고 있지만, 다른 관리자들은 사실상 침묵을 지키는 경우다. 이런 경우 비전에 대한 논의가 앞의 유형보다는 훨씬 활발하게 이루어지지만, 의사소통에 필요한 노력은 여전히 부족하다.

세 번째, 사내 발간물이나 연설 등을 통해 홍보활동이 활발하게 이루어지고 있지만, 영향력 있는 몇몇 인사가 여전히 새로운 비전에 역행하는 행동을 함으로써, 조직 전체 분위기가 냉소적으로 흘러 새로운 운동에 대한 믿음이 점점 약화되어 가는 경우이다.

한 유능한 최고경영자가 1980년 초에 이와 유사한 실수를 했다고 자기 경험을 털어놓은 적이 있다.

"그때 우리는 새로운 생각들을 모든 사람들에게 전파하기 위해 많은 노력을 기울였다고 생각했습니다. 그러나 몇 년 지나지 않아 우리가 성취한 것이 원래 목적한 것과는 상당한 차이가 있음을 깨달았습니다. 더욱 한심스러웠던 것은, 그동안 줄기차게 주장해왔던 방향과는 반대되는 결정들을 자주 내렸다는 것입니다. 다른 사람들의 눈에는 우리가 형편없는 위선자 집단으로 비쳤을 것이 분명합니다."

의사소통이라는 것은 언행이 일치할 때 비로소 힘을 발휘한다. 특히 솔선수범하여 행동으로 보여주는 것이 가장 강력한 의사전달 방법이다. 영향력 있는 인사들의 말과 행동이 다르면 경영혁신은 물 건너간 것이나 다름없다. 그렇지만 이런 일들은 항상 일어나고 있고 심지어는 평판 좋은 유수 기업에서도 자주 발생하는 실정이다.

다섯 번째 실수 | 방해물, 특히 무사안일주의 관리자를 방치해 둔다

어떤 종류의 경영혁신이라도 이를 실행에 옮기기 위해서는 반드시 많은 사람들이 움직여주어야 한다. 비록 직원들이 새 비전을 수용한다 하더라도 그들의 앞길을 가로막는 커다란 장애물 때문에 무력감에 빠진다면, 새로운 혁신 조치들은 실패로 끝나기 쉽다. 장애물은 때때로 직원들의 머릿속에 있는 무형적인 것일 수도 있는데, 그 점을 깨닫게 하기가 쉽지 않다. 머릿속 장애물이야말로 정말 어려운 장애물인 것이다.

어떤 때는 조직구조가 장애물이 되기도 한다. 업무영역이 지나치게 세분화되어 있어서 생산량을 높이려는 시도나 고객 서비스를 개선하려는 의욕을 해칠 수 있다. 때로는 직원의 업적 평가제도나 보상제도가 새로운 비전 수용을 저해하는 원인이 되기도 한다. 그러나 무엇보다 새 비전의 수용을 가로막는 가장 큰 장애 요인은 새로운 환경에 적응하기를 거부하거나 경영혁신과 반대되는 고위관리자들의 태도라고 할 수 있다.

고위직에 있는 사람은 전체 혁신활동을 망칠 수도 있다. 랄프가 대표적 인물이다. 그가 운영하는 금융서비스 회사 직원들은 그를 '바위'라고 불렀다. 랄프는 말로만 경영혁신이 중요하다고 강조했고, 실제로 자기 행동은 전혀 고치지 않았다. 뿐만 아니라 중간관리자들이 변화하는 데도 아무런 도움을 주지 못했다. 그는 비전을 새로 만드는 과정에서 공개적으로 모집했던 새로운 아이디어들에 대해 칭찬이나 보상도 해주지 않았고, 기존 인사제도가 새로 구상한 비전과 분명히 일치하지 않았는데도 바꾸지 않았다. 이 정도라면 그가 어떤 자리에서 일을 한다 해도 항상 걸림돌이 되게 마련이다. 더구나 그는 일개 중간관리자도 아니고 회사에서 세 번째로 높은 최고경영자였던 것이다.

그는 대대적인 경영혁신은 필요없다고 생각했고, 또 자신에게는 혁신을 주도하거나 목표를 달성할 능력이 없음을 미리부터 걱정하고 있었기 때문에 그처럼 혁신에 찬물을 끼얹는 행동을 하게 된 것이다. 그가 계속 이런 식으로 처신할 수 있었던 이유는 그가 맡은 인사부문에 대해 경영진의 누구도 문제를 제기하지 않았기 때문이다. 어떤 사람은 그를 두려워했으며, 심지어 사장은 그가 회사를 떠나면 중요한 일꾼을 하나 잃어버리는 것이라고 걱정하고 있었다.

결과는 뻔했다. 초급관리자는 자기들이 경영혁신에 바치고자 하는 의지와 노력을 고위관리자들이 잘못 인도하고 있다고 생각했고,

결국 냉소주의가 회사 내에 팽배해 모든 노력은 수포로 돌아갔다. 아주 현명하고 좋은 의도를 가진 관리자라도 장애물을 극복하지 못하면 직원들이 혁신을 추진하고자 할 때 힘을 실어주지 못한다. 오히려 경영혁신을 무력화시키는 결과만 초래할 뿐이다.

여섯 번째 실수 | 단기간에 가시적인 성과를 보여주지 못한다

진정한 경영혁신은 시간이 걸린다. 그러나 우선 짧은 시간 내에 이룰 수 있고 또 모두가 축하할 수 있는 단기목표가 빠져서는 안 된다. 그렇지 않을 경우 전략을 새로 짠다든지 사업내용을 재구축하는 것과 같은 대대적인 경영혁신은 추진력을 잃어버릴 수 있다. 처음 6개월에서 18개월 내에 어떤 가시적인 결과를 보여주지 못하면 사람들은 경영혁신이라는 대장정에 동참하려 들지 않는다. 짧은 기간 안에 작은 성공이라도 눈으로 직접 확인하지 않으면 사람들은 쉽게 포기해버리거나 아니면 변화에 적극적으로 저항하게 된다.

단기적 성공을 이루어내는 것은 그것을 단지 희망하는 것과는 다르다. 희망하는 것은 소극적인 것이고, 이루어내는 것은 적극적인 것이다. 성공한 예를 보면 책임자는 가시적 성과를 낼 수 있는 방법들을 열심히 찾아내고 연도별 목표를 세워 이들을 착오 없이 달성했다. 더불어 이런 과정에 참여했던 사람들을 포상하거나 승진시키든지, 아니면 금전적으로라도 보상한다.

실패 사례를 보면, 초기 6개월에서 18개월 동안은 확실히 성공을 거두겠다는 마음을 먹고 체계적으로 노력한다. 경영자들은 좋은 일이 일어날 것이라고 막연히 기대만 하든지 장기적 비전에만 사로잡혀 단기적 성과 달성에는 무관심하다.

넬슨은 천부적인 '아이디어 맨'이었다. 그는 동료 두 사람의 도움을 받아 재고를 적정선에 유지하면서도 비용은 파격적으로 줄일 수 있는 새로운 재고 관리 아이디어를 개발해냈다. 이들 세 사람은 이 아이디어를 실행에 옮기기 위해 2년 동안 부지런히 노력했다. 그 결과 그들 스스로는 대단히 많은 것을 성취한 것처럼 느꼈다. 재고관리 모델을 새로 개발했고, 컴퓨터 하드웨어도 새로 도입했으며, 이를 위한 소프트웨어도 다시 구축했다.

그러나 이 프로젝트에 회의적이었던 사람들의 눈에는, 특히 재고 수준이 획기적으로 낮아지거나 이미 들어간 비용을 상쇄하고도 남는 재정적 이익을 바라는 재무담당 임원의 눈에는, 세 사람이 해놓은 것이라고는 하나도 없었다. 이 문제에 대해 질문하면 그들은 대규모 혁신이란 시간이 걸리게 마련이라고 대답하곤 했다. 재무담당 임원은 2년을 기다리다 더 이상 참을 수 없어 프로젝트를 중단시켜 버렸다.

짧은 시간 내에 가시적 성과를 보여줘야 한다는 데 대해 불평을 하는 사람도 가끔 있지만, 이러한 압력은 성공적인 경영혁신을 추진해가는 과정에서 아주 중요한 요소가 된다. 품질향상 프로그램을 도입하거나 기업문화를 혁신하는 과정에서 오랜 시간이 걸려야만 혁신에 성공할 수 있다는 분위기가 회사 내에 팽배하면 위기감이 급격히 떨어진다. 단기적 성공을 이루겠다는 확고한 의지는 자만심을 추방하고 세밀하고 분석적인 생각을 촉진시킴으로써, 비전을 더욱 명료하게 부각시키고 이를 실현하는 데 많은 도움을 준다.

만약 넬슨이 이러한 사실을 알고 있었더라면 프로젝트 수행 방법을 바꾸어 먼저 비용을 쉽게 절감할 수 있는 방법을 몇 개 실시하고, 도입하고자 하는 신재고 관리 체계의 일부분만이라도 우선 가동시켰을 것이다. 단지 몇 개의 작은 성공이라도 먼저 보여주었더라면, 매우 유익했던 이 계획은 살아남았을 것이고 결과적으로 회사에 큰 도움이 되었을 것이다.

일곱 번째 실수 | 샴페인을 너무 일찍 터뜨린다

몇 년 동안의 힘든 노력 끝에 그럴듯한 성공을 처음 맞보면 '이제 경영혁신에 성공했다' 고 선언하고 싶은 유혹에 빠진다. 성공을 축하하는 것은 좋지만, 모든 일이 다 끝났다고 주장하는 것은 치명적인 실수이다. 경영혁신이 깊게 뿌리를 내려서 기업문화까지 바뀌는 데는 대개 3년에서 10년이라는 시간이 걸린다. 그런데 샴페인을 너무 일찍 터뜨리면 지금까지 어렵게 이룩해놓은 혁신을 쉽게 허물어뜨리고 과거로 회귀할 가능성이 아주 크다.

최근 몇 년 동안 '리엔지니어링' 이란 기치 아래 시행된 십여 개의 경영혁신 운동을 지켜보았다. 거의 모든 경우 조그만 첫 프로젝트가 끝나는 순간, 경영혁신이 성공했다고 선언하고 컨설턴트에게 큰돈을 주며 고맙다는 말과 함께 자기를 회사로 돌려보냈다. 시작할 때 계획했던 모든 목적이 성취되었다거나 직원들이 새로운 질서를 모두 받아들였다는 증거가 거의 보이지 않는데도 말이다. 얼마 안 있어 잘나가는 것처럼 보였던 여러 혁신들은 몇 년 되지 않아 서서히 자취를 감추었다. 혁신을 시도한 기업의 20퍼센트에서는 실시했던 리엔지니어링의 흔적조차 찾아볼 수 없게 되었다.

리엔지니어링 전문 컨설팅회사 사장에게 이런 사례들이 예외에 해당하는지 물었다. 그가 안타까움을 감추지 못하고 대답했다.

"불행하게도 예외적인 것이 아닙니다. 몇 년 동안 열심히 일했고, 그래서 어느 정도 성과를 거두어가는데 이젠 그만 중지하자고 합니다. 이럴 때는 정말 곤혹스럽습니다. 대부분의 회사들이 경영혁신 기간을 짧게 잡아 이런 작업을 성사시키고 뿌리내리도록 충분한 시간을 주지 않는 것이 일반적인 일입니다."

지난 몇 십 년 동안 품질향상 프로젝트나 조직발전 프로젝트 등에서도 이런 일이 똑같이 일어났다. 대체로 문제는 혁신 초기에 발생한다. 위기감이 충분히 높지 않다든지, 변화선도팀이 충분히 강력하지 않다든지, 비전이 충분히 명확하지 않다든지…. 그러나 무엇보다 샴페인을 너무 일찍 터뜨리는 것은 혁신의 추진력을 일시에 멈추게 한다. 그렇게 되면 지금까지 숨을 죽이고 있던 보수세력들이 다시 득세한다.

이상하게 들릴지 모르지만, 흔히 경영혁신을 주도하는 이상주의자와 자기 이익을 추구하는 저항세력들이 함께 이런 문제를 일으킨다. 무언가 성과가 보인다고 열광하는 경영혁신 주도자들은 흥분하여 앞뒤를 못 가리게 된다. 이때 혁신에 저항하던 세력들이 끼어드는데, 그들은 혁신을 무력화시키려는 기회를 포착하는 데는 무척 재빠르다. 축하잔치가 끝나면 저항세력들은 이 초반의 승리는 전쟁이 모두 끝났다는 것을 의미하므로 군대를 집으로 돌려보내야 한다고 너스레를 떤다. 이미 지쳐 있는 군대는 정말 이긴 것으로 착각한다. 일단 집에 돌아온 병사들은 전선으로 다시 돌아가기를 주저한다. 경영혁신은 곧 주춤하게 되고 악습은 다시 되살아난다.

승리를 너무 일찍 선언하는 것은 경영혁신으로 가는 길목에서 하수구에 빠져 허우적리는 것과 같다. 허우적거리는 정도가 아니라, 여러가지 이유로 현명한 사람들조차 아예 두 발 모두 빠뜨려 꼼짝 못하게 되는 잘못을 저지르고 만다.

여덟 번째 실수 | 새로운 제도를 조직문화로 승화시키지 못한다

마지막으로, "이제 그 새로운 방법은 우리 회사에서는 일상적인 것으로 정착되었다네"라는 말이 쉽게 나올 때, 또는 그 새로운 혁신 정신이 회사의 단위부서나 회사 전체의 뼛속까지 스며들었을 때, 경영혁신이 진정으로 회사 내에 정착되었다고 볼 수 있다. 새로운 조직규범이나 공유가치관에 뿌리를 둔 행동들이 자연스럽게 우러나오기 전에, 경영혁신의 압력이 없어지면, 성공했다고 믿었던 모든 혁신 노력들이 하루아침에 물거품이 되는 수가 있다.

경영혁신이 조직문화로 승화되기 위해서는 특히 두 가지 조건이 중요하다. 첫 번째는 경영혁신에서 권장하는 구체적인 행동과 태도가 업무성과 향상에 어떻게 기여하고 있는가를 직원들에게 널리 홍보하여야 한다. 흔히 발생하는 일이지만, 사람들이 스스로 판단하게 내버려두면, 인과관계를 자기들 멋대로 이해해버린다.

한 예로 지도력이 강한 콜린이 부장으로 있는 동안 경영혁신이 성공을 거두었는데, 실제로 이 성공은 '소비자 최우선'이라는 경영혁신의 새로운 원칙 때문에 가능했던 것이다. 하지만 직원들은 이 성공이 그녀의 화려한 스타일 때문이라고 믿었다. 그 결과 회사 내에 새겨진 교훈은 '당신의 고객을 사랑하라' 대신 '사교적이고 외향적인 관리자를 중요시하라'가 되고 말았다.

경영혁신이 뿌리내리게 하기 위해서는 회사의 앞날을 책임질 다음 세대 경영자들이 새로운 체제를 지켜낼 수 있도록 그들에게 충분히 시간을 주고 관심을 기울여야 한다. 승진 기준이 경영혁신에 맞게 다시 만들어지지 않는다면, 혁신은 지속되기 어렵다. 최고경영진을 교체하는 과정에서 실수를 저지르면 과거 10여 년에 걸친 모든 혁신 노력들이 수포로 돌아갈 수도 있다. 특히 이사회가 경영혁신 운동에 동참하지 않았기 때문에 내부 사정을 잘 모르는 경우, 최고경영자를 교체하는 과정에서 문제가 발생할 확률이 높다.

최근 목격한 세 가지 경영혁신 사례에서 혁신을 주도했던 사람은 정년 퇴임을 앞에 둔 최고경영자들이었다. 그들의 후임자들은 혁신에 저항하는 사람도 아니었지만, 그렇다고 해서 적극적인 개혁선도자도 아니었다. 이사회 이사들은 경영혁신에 대해 자세히 알지 못했기 때문에, 그들이 선정한 후계자들이 어떤 문제를 일으킬지 알 수 없었다. 한 예에서는 퇴임하는 최고경영자가 아직 훈련은 덜 되었지만 새로운 체계를 더 잘 실천할 수 있었던 유능한 후보를 이사회에 추천했지만 이사회에서 받아들이지 않았다. 또 다른 한 예에서는 경영혁신은 이미 상당한 수준까지 진행되어서 안심할 단계에 있다고 판단했기 때문에, 적당한 사람이라고는 생각하지 않았지만 이사회가 지명한 사람이 최고경영자가 되었다. 그러나 이것이 실수였다. 몇 년 못 가서 그동안 이룩했던 혁신적이고 강력한 조직 이미

지가 모두 사라져버린 것이다.

　기업문화와 관련있는 문제에 세심한 관심을 기울이지 않으면 현명한 사람들조차도 이렇게 일을 그르치고 만다. 경제학적 사고에 익숙한 재무담당자나 분석적인 성향이 강한 엔지니어들이 사회적 규범이나 가치와 같은 추상적인 문제들은 자신들의 취향에 맞지 않는다고 무시해버리는 경향이 있는데, 나중에 큰 곤경을 치른다.

여덟 가지 실수와 치명적 결과

　경영혁신을 추진하는 과정에서 범할 수 있는 여덟 가지 실수들은 변화의 속도가 느리고 경쟁적이지도 않은 기업환경에서는 별로 문제가 되지 않을 것이다. 새로운 경영기법을 신속하게 도입하는 것은 꽤 안정적이고 담합이 허용되는 환경에서는 성공의 필수 요건이 되지 않는다.

　그러나 오늘날 우리가 당면한 현실에서는 안정적 경영환경이란 것은 더 이상 존재하지 않는다. 대부분의 전문가들은 기업환경이 앞으로 수십 년 동안 점점 더 예측하기 힘들어질 것이라는 데 의견을 같이한다.

　경영혁신을 추진하는 과정에서 여덟 가지 실수 가운데 하나라도 범한다면 심각한 결과를 초래한다(〈표1-1〉 참조). 새로운 경영혁신 도입을 늦춘다든지, 불필요한 저항을 불러일으킨다든지, 직원들이 좌절감을 느끼게 한다든지, 일단 시작한 혁신을 활성화시키지 못하고 질식시켜버린다든지 하는 실수들은 결과적으로 회사가 수요자

표 1-1 경영혁신 과정에서 범하기 쉬운 과오와 그에 따른 결과

실수
- 과도한 자만심을 그대로 방치함
- 강력한 변화선도팀이 없음
- 비전의 중요성을 과소평가하거나 인식하지 못함
- 비전을 충분히 전파시키지 못하여 공감대 형성에 실패함
- 비전 전파에 방해가 되는 요인을 제거하지 못함
- 단기적인 성공 사례를 만들어 내지 못함
- 샴페인을 너무 일찍 터트림
- 경영혁신을 조직문화로 승화시키지 못함

결과
- 힘들여 개발한 전략들을 제대로 실행하지 못함
- 기업 인수합병으로 소기의 시너지 효과를 얻어내지 못함
- 리엔지니어링에 시간이 너무 오래 걸리고 비용도 많이 듦
- 조직축소(Downsizing)도 소기의 원가절감 효과를 거두지 못함
- 품질관리 운동도 바라던 성과를 얻어내지 못함

들에게 적정가격으로 제품이나 서비스를 제공할 수 없게 만드는 것을 의미한다. 그렇게 되면 예산을 깎고 직원을 해고시켜야 하며 남아 있는 사람들에게는 큰 스트레스를 주게 된다. 나아가 가족이나

지역사회에도 대단히 나쁜 영향을 끼친다.

이런 실수들은 피할 수 있다. 상황을 분명히 인식하고 이를 해결할 수 있는 능력을 갖추고 있으면 이런 실수들을 피할 수 있고, 아니면 적어도 그 영향을 크게 줄일 수 있다. 왜 조직들이 경영혁신에 저항하는지, 치명적인 타성들을 극복할 수 있는 단계별 방법은 무엇인지, 그리고 건전한 방법으로 경영혁신 과정을 주도하는 리더십이 단순히 조직을 잘 관리하는 것과는 어떻게 다른 것인지 충분히 이해하는 것이 경영혁신을 성공적으로 이끄는 지름길이다.

왜, 다시 경영혁신인가?

　힘들고 고생스럽게 경영혁신을 시도했으나 별로 재미를 못 본 사람들은 경영혁신에 대해 푸념을 하고 이를 중단하는 경우가 흔히 있다. 그들은 경영혁신을 부추긴 사람들의 동기를 의심하고, 대량해고 없이는 결코 전사적인 경영혁신은 불가능하다고 생각하기도 하며, 상사나 경영진이 무능한 것이 아닌가 하는 의심을 갖기도 한다.
　그러나 구조조정, 리엔지니어링, 품질관리 운동, 기업 인수합병, 기업문화 재구축, 조직축소, 새로운 전략구축 등을 통하여 조직의 성과를 개선시키고자 했던 많은 사례를 분석해온 나로서는 생각이 좀 다르다. 비용을 별로 들이지 않고 상당한 성과를 거둔 사례도 많았지만, 혁신에 경험이 부족하고 익숙하지 않았기 때문에 돌이킬 수 없는 실수를 저지른 사례도 많았다.

바꾸지 않으면 안 되는 이유

나와 같은 세대이거나 나보다 앞선 세대 사람들은 변화에 익숙하지 못한 시대에서 자랐다. 그때는 경쟁의 세계화도 별로 진전되지 않았고 경영환경의 변화속도도 그리 빠르지 않았다. 안정성 추구가 경영 목표였고, '고장나지 않으면 고치지 마라'는 것이 지배적인 경영원칙이었다. 변화는 간헐적이고 점진적으로 일어났다.

만약 1960년쯤에 당신이 관리자들을 모아놓고 "1990년대 관리자들은 18~36개월 안에 생산성을 20~50퍼센트 올리고, 품질수준은 30~100퍼센트 향상시키고, 그러면서도 신제품 개발기간은 오히려 30~80퍼센트나 줄이게 될 것이다"라고 말했다면 그들은 실소를 금치 못했을 것이다. 그런 짧은 기간에 그렇게 엄청난 변화를 성취할 수 있다는 것은 당시 관리자들의 경험에 비추어보면 도저히 믿어지지 않는 일들이기 때문이다.

그러나 우리가 지금 당면한 현실은 다르다. 세계화된 경제는 모든 사람들을 더 많은 위기와 더 많은 기회에 노출시켰다. 그런데 이는 기업들에게 지속적인 생존과 성장을 위해서는 극적으로 자기개선을 하라는 압력 요인이 되었다. 반면 세계화 자체는 기술발전, 국제경제의 통합화, 선진국들의 내수시장 포화, 공산진영 붕괴 등 여러 복합적인 요인들에 의해 가속화되고 있다(〈표 2-1〉 참조).

이런 요인들의 영향권에서 벗어날 수 있는 사람은 아무도 없다. 조그만 지역에서 장사하는 지방회사들조차 세계화가 몰고 오는 파장을 느낀다. 그 파장은 때로는 간접적이기도 하다. 예를 들어 도요다자동차가 GM자동차를 이기면 GM자동차는 직원을 해고하게 될

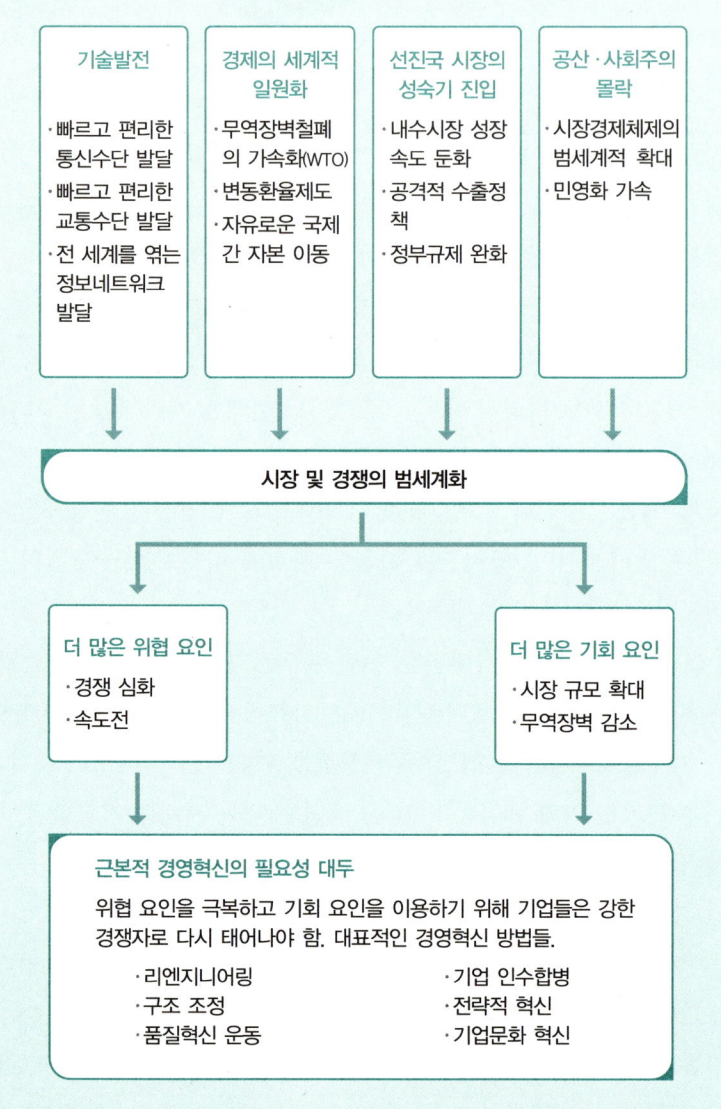

것이고 돈이 궁색한 직원들은 동네 구멍가게에서 싼 물건만 찾을 것이다. 세계화 체제 속에서는 기업뿐만 아니라 교육제도, 병원, 자선단체 그리고 정부기관들도 스스로 변하지 않으면 안 된다. 그런데 문제는 경영자들에게는 이런 변화의 시대에 자기 조직을 이끌어본 경험도 없고, 어떻게 이끌라고 가르쳐줄 사람도 찾기가 쉽지 않았다는 사실이다.

지난 20여 년간의 경영성과가 미미한 것을 보고, 어떤 사람들은 기업이라는 것은 원래 스스로 대대적인 변화를 추진할 수 있는 능력을 갖고 있지 않으며, 따라서 그것을 당연한 것으로 받아들여야 한다고 단정짓기도 한다. 그러나 이런 평가로는 최근 우리가 목격한 훌륭한 성공사례들을 설명할 수가 없다. 이미 많은 기업들이 새로운 전략은 어떻게 짜야 하는지, 자신들에게 유리한 기업흡수, 리엔지니어링, 품질관리, 구조 조정은 어떻게 해야 하는지 터득하였다. 이 기업들은 혁신 과정에서 흔히 범할 수 있는 여러 실수들을 최소화했다. 그렇게 함으로써 파산을 면할 수 있었고, 업계에서 중간 정도 회사가 선두그룹에 진입하거나 경쟁자보다 훨씬 앞서게 되기도 하였다. 이러한 성공사례들은 두 가지 유형으로 분류할 수 있다.

첫째로 효과적인 혁신은 다단계 변화 과정을 거치는 것으로 판명되었는데, 그 과정에서 변화에 대한 저항을 이겨낼 수 있는 힘과 의욕을 만들어내기 때문이다. 두 번째로는 고도의 리더십 없이 단순히 효과적인 관리만 갖고는 혁신에 성공할 수 없다는 것인데, 이 점은 앞으로 경영혁신에 대한 논의를 전개하는 과정에서 반복적으로 언급될 것이다.

20세기의 뿌리는 한 번에 뽑히지 않는다

경영혁신을 성공시키는 데는 많은 방법들이 있지만, 이들 모두는 한 가지 공통조건을 갖고 있다. 혁신은 쉽게 이루어지지 않는다는 것이다. 원가가 너무 높다든지, 제품의 품질이 좋지 않다든지, 혹은 급변하는 고객들의 기호를 제때 감지하지 못한다든지 해서 경영혁신의 필요성은 인정하지만 시작조차 못하는 경우가 아주 흔하다.

그 이유를 몇 가지 들어보면 관리 지향적인 기업문화, 조직 내에 팽배한 관료주의, 부서 간 이기주의, 신뢰 결여, 조직원들의 오만한 태도, 팀워크 부족, 중간관리진의 리더십 결핍, 모르는 것에 대한 공포심 등이다. 따라서 효과적으로 혁신을 촉진시키기 위해서는 이러한 장애요인을 고려하면서 전략을 다시 짜고, 생산사무공정을 재구축하며, 제품품질향상을 위한 방법들을 다시 개발해야 한다.

모든 도식 Diagram 은 현실을 지나치게 간소화시키는 경향이 있어서 썩 내키지는 않지만 〈표 2-2〉에 성공적인 혁신에 필요한 여러 단계들을 요약해 놓았다. 이 프로세스는 여덟 단계로 되어 있는데, 각 단계는 혁신을 저해하는 여덟 가지 기본 실수들 하나하나와 관계가 있다. 그 단계들을 열거해보면 위기감 조성하기, 변화선도팀 구성하기, 비전과 전략 수립하기, 변화에 대한 공감대 형성하기, 많은 사람들에게 권한 위임하기, 단기적 성과 올리기, 작은 성과를 취합하여 더 큰 변화를 성취하기, 혁신을 기업문화 차원까지 승화시키기 등이다.

처음 네 단계는 딱딱하게 굳어 있는 현재 상태를 유연하고 부드럽게 만드는 과정이다. 변화라는 것이 본질적으로 쉬운 것이라면, 이런 노력은 필요없을 것이다. 5단계에서 7단계까지는 새로운 관행이나 제도를 도입하는 단계이다. 마지막 단계는 새로운 변화를 기업문화 속에 정착시키는 단계이다.

무엇인가를 성급하게 보여주려고 서두르는 사람들은 가끔 단계를, 그것도 많은 단계를 뛰어넘으려는 경향이 있다. 최근에 어느 현명하고 능력 있는 사장님이 들려준 이야기인데, 그가 회사의 조직을 새롭게 바꿔보려 하였을 때 가장 걸림돌이 된 것은 자기가 데리고 있던 경영진이었다는 것이다. 여기에 우리가 나누었던 대화 내용을 간단히 소개한다.

"당신 회사 직원들은 현재 상태를 개선하고 싶어합니까? 또 그들은 정말로 위기감을 느끼고 있습니까?"라고 내가 물었다.

"어떤 사람은 그렇습니다만 대부분의 사람들은 그렇지 못합니다."

"누가 이 변화를 주도하고 있지요?"

"대부분 제가 하고 있지요" 하고 그가 대답했다.

"왜 이 구조 조정이 필요한지를 설득할 수 있는 미래에 대한 청사진과 또 그것을 성취할 수 있는 전략들을 가지고 있습니까?"

"그렇다고 생각합니다만, 직원들이 이해할 만큼 명확하게 제시되어 있는지는 저도 잘 모르겠습니다"라고 그는 대답했다.

"그 청사진과 전략을 요약해서 종이에 써본 적이 있습니까?"

"아니오. 그런 적은 없습니다."

"당신이 데리고 있는 경영진은 그 청사진을 이해하고, 또 그것이 달성 가능하다고 믿고 있습니까?"

"서너 명은 그러리라 생각합니다만, 대부분이 기본 취지도 이해하지 못하고 있고, 또 달성 가능성도 믿지 않고 있습니다."

〈표 2-2〉가 제시하는 모델에 따르면 그는 조직을 재구축하기 위해 혁신을 시도하는 과정에서 곧장 5단계로 뛰어들었다. 중간 과정을 건너뛰었으니 저항 장벽에 부닥칠 수밖에 없었다. 만약 그가 강제로 새로운 제도를 회사 내에 도입했더라면 그렇게 할 수도 있었겠지만, 임직원들은 온갖 핑계를 대면서 그의 지시를 따르지 않았을 것이다. 그는 이런 사실을 알고 있었기에 좌절에 빠진 것이다. 이는 흔히 있는 일이다.

가끔 사람들은 단지 5, 6, 7단계만으로 회사를 바꾸고자 하는데, 특히 조직재구축, 기업인수, 직원 해고 등 단 한 번의 결정으로 모든 일이 끝날 것같이 보이는 경우에 더욱 서두른다. 혹은 한 단계씩 매듭을 짓지 않고 무조건 여러 단계를 거치기만 하는 경우도 있다. 또 어떤 때는 혁신을 진행하는 과정에서 먼저 거친 전 단계들을 잘 구축해 놓지 못한 관계로 위기감이 사라져 버리거나 변화선도팀이 와해되기도 한다.

따라서 사전 준비작업, 즉 해빙작업을 무시하면 혁신추진을 위한 건전한 토대가 형성되지 못한다. 그리고 8단계 사후관리가 없으면, 마무리를 소홀히 한 결과 혁신은 도로아미타불이 된다.

순서의 중요성

크든 작든 혁신이 성공하기 위해서는 〈표 2-2〉에서 제시한 8단계를 순차적으로 모두 밟아야 한다. 실제로는 여러 단계를 동시에 진행하는 것이 보통이지만, 단 한 단계라도 건너뛴다든지 기초를 다지지 않은 상태에서 너무 빨리 나가면 항상 문제가 발생한다.

최근에 어떤 대형 제조업체의 한 사업부를 책임지고 있는 고위관리자 12명을 대상으로 그들이 현재 추진 중인 혁신운동이 어느 단계에 와 있는지 평가해본 적이 있었다. 그 결과 1단계가 약 80퍼센트, 2단계는 40퍼센트, 3단계는 70퍼센트, 4단계는 60퍼센트, 5단계는 40퍼센트, 6단계는 10퍼센트, 7단계와 8단계는 각각 5퍼센트씩 완료된 것으로 평가되었다.

또한 처음 18개월간은 모든 것이 잘 진행되는 것같이 보였는데, 지금은 좌절감에 빠져 있다는 사실도 알게 되었다. 그들에게 무엇이 문제냐고 물었더니 활발한 토론 끝에 '본사가 문제' 라는 대답이 나왔다. 사장을 포함한 본사의 핵심 경영진들이 경영변화선도팀로서 충분한 역할을 하지 못했기 때문에 2단계인 변화선도팀 구성에서 40퍼센트 정도의 성과밖에 거두지 못했다고 평가하게 된 것이다. 상위 단계의 중요 원칙들이 분명하게 결정되지 않았기 때문에 보다 상세한 전략들이 수립되어야 하는 3단계에서는 아무것도 할 수 없었다.

비전을 회사 내에 전파시키는 과정(4단계)도 제대로 이루어지지 않았다. 종업원들이 본사에서 하는 행동들이 비전이 제시하는 방향과는 일치하지 않는다고 생각했기 때문이다. 권한 위임(5단계)도 의도적인 방해공작으로 인해 제대로 이행되지 않았다. 비전이 분명하지 않으면 단기성과(6단계)도 얻어내기 어렵다. 2단계 문제를 충분히 해결하지 않고 계속 앞으로만 나가면 당분간은 변화에 진전이 있는 듯이 보인다. 그러나 튼튼한 기초가 없으면 결국 모든 노력들은 수포로 돌아가게 마련이다.

일반적으로 성과를 빨리 보여주겠다는 압박감 때문에 단계를 건너뛴다. 또 자기들 나름대로 옳다고 생각해서 순서를 바꾸기도 한

표 2-2 경영혁신의 8단계

1. 위기감 조성
- 시장 및 경쟁 환경 분석
- 현재 위기, 미래 위기, 사업 기회 요인 파악 및 검토

2. 변화선도팀 구성
- 영향력 있는 사람들을 모아 경영혁신을 주도할 구심체 구성
- 하나의 조화된 팀으로 일할 수 있게 유도

3. 비전 및 전략 개발
- 경영혁신의 방향을 제시하기 위한 비전 개발
- 비전 실현을 위한 구체적 전략 개발

4. 새로운 비전 전파
- 모든 방법을 동원하여 새로운 비전과 전략을 널리 알림
- 변화선도팀이 솔선수범

5. 권한 위임을 통한 힘 실어주기
- 장애물 제거
- 비전 실현에 걸림돌이 되는 조직구조나 시스템 변경
- 위험 부담, 틀에 박히지 않은 새로운 아이디어·행동·활동 권장

6. 단기적 성공 사례 만들기
- 가시적인 성공 사례를 의도적으로 계획
- 계획된 성공 사례 실현
- 사례를 성공시킨 사람들을 여러 사람 앞에서 칭찬하고 포상

> **7. 여러 성공 사례의 통합 및 혁신의 가속화**
> - 맞지 않는 시스템·조직구조·운영지침 개혁
> - 비전을 실현시킬 수 있는 능력 있는 사람을 채용, 개발, 승진시킴
> - 새로운 프로젝트를 추진하거나 새로운 구호, 새로운 혁신 세력을 등장시켜 지속적으로 분위기 쇄신

> **8. 새로 도입된 제도를 기업문화 차원으로 승화**
> - 고객만족 및 생산성 향상 우선주의, 더 효과적인 리더십 및 경영관리를 통한 성과 제고
> - 새로 도입한 행동규범과 그로 인한 성과의 관계를 명확히 설명
> - 좋은 리더십을 개발할 수 있는 방법과 합리적 경영자 승계제도 정착

다. 위기감 조성 단계를 잘 거친 다음에 모든 혁신노력들을 동시에 진행하게 되는데, 〈표 2-2〉에서 제시한 순서와 다르게 진행한다면 성공할 확률은 매우 적다. 혁신활동이 자연스럽지 않고 억지로 또는 기계적으로 진행되면 혁신은 그간의 타성을 극복할 수 있는 강력한 힘을 만들어내지 못하기 때문이다.

프로젝트 속의 프로젝트

대부분의 전사적인 대규모 경영혁신 운동은 그 자체가 다단계 변화과정을 거치는 다수의 소규모 프로젝트들로 구성된다. 따라서 어느 일정시점에서 보면 전체 프로젝트로 봐서는 절반 정도 완성되었다고 볼 수 있으나, 그 속에 있는 어떤 작은 프로젝트는 이미 종료되었고, 또 다른 작은 프로젝트는 이제 막 시작하는 단계에 있을 수 있다. 전체적으로 보면 돌아가는 바퀴 안에 또 다른 바퀴가 돌아가

고 있는 것과 마찬가지이다.

한 예로 어느 중견 통신회사는 경쟁력을 높이기 위해 6년 동안이나 많은 노력을 쏟아부었다. 3년차 말에 혁신운동은 5, 6, 7단계를 중심으로 전개 중이었으며 소규모 리엔지니어링 프로젝트는 8단계를 거의 끝내가고 있었다. 그러나 본사요원들은 구조 조정 프로젝트를 막 시작해 1, 2단계에 모든 힘을 쏟고 있었다. 동시에 품질향상 프로그램은 나름대로 진행되고 있었지만 계획보다 일정이 지연되고 있었고, 몇 가지 소규모 프로젝트들은 아직 시작조차 못한 상태였다.

회사에 위기가 닥쳐 대대적인 혁신을 시도할 때는, 작더라도 우선 시작해서 지금 가고 있는 방향을 바꿔 침몰 직전에 있는 회사를 살릴 수 있는 그런 프로젝트를 실행해야 한다. 처음 6개월에서 24개월 사이에는 자금 지출을 최대한 억제하여 조직이 살아숨쉬도록 조치를 취해야 한다. 다음 단계는 새로운 전략을 수립하고 리엔지니어링을 하는 일이며, 그 다음 대대적으로 구조 조정을 하고 기업문화를 바꿔야 한다. 이런 각 단계의 노력 하나하나가 변화관리 8단계 과정을 순서대로 모두 거쳐야 하는데, 이 모든 단계가 모두 합쳐져 결국 전체의 혁신을 성공으로 이끄는 것이다.

결과적으로 혁신은 복잡하고 역동적이며 종잡을 수도 없는, 때로는 두렵기까지 한 일인 것이다. 혁신을 시도하는 초기에, 단순하고 직선적이며 분석적인 과정만으로 대대적인 혁신을 추구할 수 있다고 믿는다면 십중팔구 실패하고 말 것이다.

분석과정이 도움이 되지 않는다는 것이 아니다. 심사숙고 과정은 항상 필요하다. 그러나 성공적 혁신과정에는 기초자료 모으기, 대안 찾아내기, 논리적으로 분석하기, 최적의 대안 선택하기 등은 물론 그 이상의 것들도 많이 필요한 것이다. 똑똑한 사람일수록 단순하고 직선적이며 분석적인 과정에 지나치게 의존하는 경향이 있는데, 그 이유는 그들이 관리자로서의 역할만 배웠지 리더로서 어떻게 행동해야 하는지는 배우지 못했기 때문이다.

변화를 '관리'하기와 '주도'하기

관리란 사람과 기술로 복잡하게 얽혀 있는 체계를 유연하게 움직이도록 만드는 일련의 과정이다. 관리의 주요 특성은 기획, 예산, 조직, 인사, 통제 및 문제 해결 등이다. 거기에 반해 리더십이란 급변하는 경영환경에 따라 조직을 새로 만들거나 바꾸어나가는 일련의 과정으로, 미래를 예측하고 조직원을 미래의 비전에 맞게 정렬시키며 어떠한 장애가 있더라도 그 비전을 성취하도록 그들을 잘 인도해나가는 것이다(〈표 2-3〉 참조).

관리와 리더십을 구별하는 것은 경영혁신을 효과적으로 설명해 나가는 데 대단히 중요하기 때문이다. 〈표 2-2〉와 〈표 2-3〉을 자세히 관찰해보면, 혁신을 성공적으로 추진하기 위해서는 70~90퍼센트의 리더십이 필요한 반면 관리는 단지 10~30퍼센트만 필요하다는 것을 알 수 있다. 그런데 아직도 리더십을 제대로 갖추고 있는 회사는 그리 많지 않다. 그리고 거의 모든 사람들이 혁신을 시도하는 과정에서 맞닥뜨리는 문제들을 단지 변화를 어떻게 '관리' 할 것인가의 문제로만 생각하는 경향이 있다.

표 2-3 **관리와 리더십 비교**

관리(Management)	리더십(Leadership)
·기획 및 예산 기능 목표 달성을 위한 세부단계 및 일정 계획 작성. 이에 따른 예산 배정 **·조직 및 충원 기능** 계획 집행을 위해 조직의 얼개를 짜고 사람을 배치 책임과 권한을 위임하고 내부규정과 절차를 만들며 성과 측정을 위한 방법 개발 **·통제 및 문제 해결 기능** 결과와 처음 계획과의 차이를 검토. 이에 따른 문제점 해결	**·방향 설정** 비전을 개발하고 이를 성취할 수 있는 전략 개발 **·인적 자원의 집중화** 조직원들에게 말이나 행동으로 조직이 나아갈 방향을 제시하여, 비전과 전략을 이해하고 실행하고자 하는 변화선도팀이나 팀을 만듦 **·동기부여 및 사기 진작** 조직원의 욕구를 만족시켜 정치적이거나 관료주의적인 저해 요인, 자원의 한계를 극복하도록 독려함
↓	↓
어느 정도 예측 가능하고 원인과 결과를 설명할 수 있는 법칙이 있으며, 이해관계자들이 기대하는 단기적 성과를 이루어내는 능력을 가짐 (예 : 고객에게는 항상 제품인도 시간을 지키고, 주주에게는 엄격한 예산범위 내에서 조직을 운영하는 것을 보여줌)	혁신을, 그것도 극적인 혁신을 이루어냄. 극히 바람직한 혁신을 선도할 수 있는 능력을 갖고 있음 (예 : 고객이 원하는 신제품을 생산하거나 노조와 새로운 협력체제를 구축해 기업을 더 경쟁력 있게 만듦)

　　최근 100년 동안 인류는 역사상 가장 많은 대형 조직을 새로 만들어냈다. 그러나 이런 큰 관료조직을 잘 돌아가게 할 수 있는 유능한 관리자들이 충분하지 않았기 때문에 많은 기업과 대학들이 관리

자 양성을 위한 교육과정을 개발하거나 현장에서 관리 능력을 키우도록 격려해왔다. 그리고 우리는 그대로 따랐다.

그러나 정작 리더십에 대해서는 거의 배우지 못했다. 관리를 강조했던 것은 리더십보다 가르치기가 수월했기 때문이기도 하지만, 그것보다는 특히 20세기에는 관리가 절실히 필요했기 때문이다. 기업가 혹은 사업을 처음 창출해내는 사람을 리더라고 부르는데, 사업을 계속 성장시켜나가기 위해서는 자기 아래 수많은 관리자들을 두어야 했기 때문이다.

오늘날 우리에게 불행한 일은 기업 내에 관리가 체질화되어 있기 때문에 직원들이 쉽게 리더십을 배울 수 없다는 것이다. 역설적인 이야기지만 과거의 성공경험이 이런 결과를 초래하였다. 많은 경우 초기 시장에서 성공을 거두고 계속 성장을 거듭하면 조직이 점점 비대해져가고, 이를 효과적으로 다스리는 문제가 주요 현안으로 떠오른다. 따라서 관심의 초점은 내부로 향하고 관리 능력 함양이 제일 중요한 일이 된다. 리더십이 아닌 관리 능력이 모두의 관심 대상이 됨에 따라 관료주의와 내부지향적 기업문화가 팽배하게 되는 것이다. 그러나 시장을 계속 석권하면서 얻는 성공 때문에 이 문제점은 노출되지 않은 채 조직 내에 자만심만 비정상적으로 확대되어간다. 결과적으로 이런 모든 특성들이 조직의 변화를 더욱 힘들게 만드는 것이다(〈표 2-4〉 참조).

자만심에 가득 찬 관리자들은 그들이 이루어놓은 성과와 경쟁력을 과대평가한 나머지 남의 말을 잘 들으려 하지 않고 새로운 것을 배우는 데도 매우 더디다. 내부적인 일에만 신경을 쓰는 직원들은 회사에 영향을 미칠 위험 요소나 기회 요소를 감지하지 못한다. 관

표 2-4 지나치게 관리지향적이면서 리더십은 부족한 기업문화로 가는 과정

```
미래를 내다볼 줄 아는 기업가 정신에 어느 정도의 운도 따라 성공적인 경영
전략을 수립하고 이를 실천에 옮길 수 있게 됨
                    ↓
시장에서 독점적 지위를 구축하게 됨(강한 경쟁자가 없음) – 주로 제품이나 서비
스 시장, 혹은 금융, 노동, 부품 공급 시장
                    ↓
성장과 이익 면에서 더 큰 성공을 거둠
```

점증하는 관료주의관리를 위해 리더가 아닌 관리자가 필요하게 됨. 이런 사람을 채용, 승진시켜 결국 이 사람이 경영책임자가 되고, 리더는 경영책임자가 되지 못함.	내부에서 경영에 대한 압력이 발생. 기업성장에 수반하는 관료주의의 팽배가 가장 큰 문제로 대두. 외부 이해관계자 무시.	경영자들은 자기들만이 적임자이고, 자기들의 경영방법이 우월하다고 착각해 점점 더 오만해짐. 최고경영자는 이런 추세를 방관하고 오히려 방조하기도 함.

- 강력하지만 오만한 기업문화 발달
- 관리자들은 고객이나 주주들이 무엇에 관심이 있는지 알지 못함. 우물 안 개구리식으로 이해관계에 얽혀 행동.
- 관리자들은 리더십이 무엇인지 모르고, 리더십을 발휘할 수 있는 임직원들의 중요성을 인식하지 못함. 창의성이나 혁신의 싹을 잘라 중앙집권식이나 권위주의식으로 경영.

료주의적 기업풍토는 빠르게 변하는 외부 경영환경에 적극적으로 대응하고자 하는 직원들을 숨도 못 쉬게 만들어 결국 질식시켜버린다. 따라서 리더십이 결핍된 이런 조직들은 어려운 환경을 헤쳐나가는 데 필요한 자생력을 잃게 된다.

회사 전체가 변화에 저항하는 분위기고 관리자들마저 혁신을 어떻게 시작하고 어떻게 이끌고 나갈 것인지 배운 적이 없다면, 이는 회사에 치명적이다. 이런 환경에서라면 1장에서 설명한 여러 실수들은 당연히 발생한다. 자만심이 어디에서 생겨나는지 원인조차 제대로 규명하지 않고, 조치도 적절히 취해지지 않는 것은, 관리자들이 마치 길이 잘 든 스위스제 시계같이 아무 탈없이 잘 돌아가는 현 체계를 일생 동안 관리만 해왔기 때문이다.

군대식 조직과 관리적 사고방식만으로 훈련된 사람들로는 리더십이 출중한 변화선도팀을 만들 수 없다. 계획과 예산만 다룰 줄 아는 사람들은 비전과 전략을 만들어낼 수 없다. 그들은 결코 조직이 나아갈 새로운 방향을 많은 사람들에게 알리는 데 충분한 시간과 에너지를 사용하지 않는다. 이는 사람들에게 계획서나 하나 던져주고 경영자로서의 임무가 끝났다고 생각해버리는 타성에 젖은 사고방식을 떠올린다면 그리 놀라운 일이 아니다.

적절치 못한 조직구조와 시스템, 그리고 훈련과 자질이 부족한 일선관리자들은 회사의 비전을 실현하고자 하는 부하직원들의 의욕을 북돋아주고 힘을 실어주기는커녕 오히려 뺏어버린다. 관리자들 대부분이 '권한 위임 Empowerment'을 배우지 못했기 때문이다. 시스템 관리 주기 System cycle times를 연 단위가 아닌 시간, 하루, 혹은 주 단위로 잡는 데 익숙한 사람들은 자기 승리를 너무 쉽게 단정해버리는 경향이 있다. 그리고 혁신을 위해 도입한 새로운 제도들을 회사 내에 정착시키는 것이 기업문화가 아닌 공식적인 조직을 통해서만 가능하다고 배워온 사람들 때문에 경영혁신은 제대로 뿌리를 내리지 못한다.

그 결과 비용을 많이 들인 기업 인수는 시너지 효과를 제대로 내지도 못하고 혼란을 일으키며, 감행한 조직축소는 원가절감에 실패한다. 대규모 리엔지니어링 프로젝트는 시간이 너무 오래 걸리는 반면 효과는 미미하게 되고, 과감하게 수립한 전략들은 제대로 실행되지도 못한 채 사라져 버리고 만다.

특히 규모가 크고 오래된 회사의 직원들은 리더십은 부족하면서 오히려 오만하고 편협하며 관료적이기 때문에 혁신 과정에서 많은 어려움을 겪는다. 혁신 프로그램들이 지나치게 관리 위주로 흐르는 이런 조직에서는 솔선수범하기보다는 뒤에서 채근만 하는 경영스타일을 택한다. 그저 계획서를 만들어 부하들에게 넘겨주고는 그들에게 책임을 지우려 한다. 그렇지 않으면 혼자 결정한 뒤 직원들에게 무조건 받아들이라고 한다. 그러나 혁신 정착 과정에서는 강제적인 힘은 통하지 않는다. 혁신과정은 자기 희생과 헌신, 그리고 창의력을 필요로 하는데 강압적인 분위기에서는 이런 것들을 기대할 수 없기 때문이다.

리더십보다 관리로 운영되는 회사는 혁신에 으레 따르게 마련인 혼란이나 복잡함을 별로 좋아하지 않는다. 여덟 단계의 과정을 세 단계로 줄이려 하고, 일곱 가지 프로젝트를 단 두 가지 프로젝트로 통합하고자 한다. 많은 직원을 참여시키기보다는 소수의 인원으로 일을 해치우려 한다. 이런 혁신은 틀림없이 실패로 끝나고 만다.

물론 혁신을 잘 관리하는 것도 중요한 일이다. 탁월한 관리 능력이 없다면 혁신 과정은 걷잡을 수 없이 혼란에 빠질 수도 있다. 그러나 더욱 중요하고 힘든 일은 앞장서서 변화를 선도하는 일이다. 오로지 리더십만이 조직의 타성에 숨어 있는 여러 요인들을 제거해 나갈 수 있다. 리더십만이 직원의 행동을 바꾸도록 동기를 유발할 수 있고, 경영혁신을 기업문화 차원으로 승화시킬 수 있다.

리더십은 단지 한 사람이나 두 사람으로 시작되지만, 극히 작은 조직을 제외하고는 시간이 지남에 따라 그 수가 점점 많아져야 한다. 성공적인 경영혁신이란 수많은 사람들이 자기를 따르게 만드는 마법을 구사할 줄 아는 단지 한 사람으로 이루어지는 것이 아니다. 오늘날의 조직은 너무 복잡해서 단 한 사람의 거인이 변화시킬 수 없다. 많은 사람들이 리더를 도와주어야 한다. 이는 윈스턴 처칠이나 마틴 루터 킹 같은 사람을 돕는 일이 아니고, 자기들 각자의 활동영역에서 자기 직분에 맞게 리더를 돕는 것을 의미한다.

변화의 힘이 곧 경쟁력이다

혁신 과정에서 발생하는 조직 내 여러 문제들은 경영환경의 변화 속도가 빠르지 않거나 정체되어 있을 때는 별 걱정거리가 되지 않는다. 그러나 우리에게 닥친 현실은 전혀 다르다. 경영환경은 점점 더 빠르게 변화할 것이고, 자기 혁신을 요구하는 조직 외부의 압력은 앞으로 몇십 년 동안 계속 증가할 것이다.

과거 20여 년간 경험한 바에 의하면 각 개인으로 하여금 변화를 이해하도록 돕는 일은 두 가지 종류로 나눌 수 있다. 첫째는 다단계 혁신과정의 각 절차에 관한 것들이다. 우리들 대부분은 어떤 절차가 유용하고 어떤 절차가 유용하지 않은지, 일의 순서는 어떻게 되어야 하는지, 왜 능력 있는 사람들조차 어려움을 겪는지 등에 대해서 아직도 배울 것이 많다. 두 번째 요인은 혁신 과정을 뒤에서 지원해 주는 힘과 관련이 있다. 이는 첫 번째도 리더십, 두 번째도 리더십, 그리고 세 번째도 리더십이란 말로 표현할 수 있다.

만약 여러분과 동료들이 혁신을 추진하는 데 필요한 모든 것을 이미 다 알고 있고, 따라서 이 책의 나머지 부분을 읽을 필요가 없다고 느낀다면 다음과 같은 상황을 한번 생각해보라. 여러분 회사가 지난 12개월 동안 작성한 모든 문서들을 조사해서 '변화를 관리한다'와 '변화를 리드한다'는 구절을 구분해본다면 결과가 어떠리라 생각하는가? 메모지를 조사하고 회의록, 사내신문, 결산보고서, 프로젝트 보고서, 사업계획서들을 들춰볼 것이다. 그런 다음 그 결과를 백분율로 환산해보면 X퍼센트는 '변화를 관리하기', Y퍼센트는 '변화를 리드하기'와 같은 계산이 나올 것이다.

물론 이런 조사 과정에서 얻어낸 수치들이 단지 의미 없이 주고받은 말장난의 수치들일 수도 있다. 그러나 다시 말하건대, 그 말 몇 마디라는 것이 당신 조직이 변화에 대해서 어떻게 생각하는지 가장 잘 말해주는 지표라는 것을 잊지 말길 바란다. 아울러 그것은 제품이나 서비스의 질을 얼마나 빨리 향상시킬 수 있는지, 생산성은 얼마나 높일 수 있는지, 원가는 얼마나 낮출 수 있는지, 그리고 혁신은 얼마나 빨리 할 수 있는지를 나타내는 지표도 된다.

변화를 성공으로 이끄는 8단계 과정

2

Leading Change

변화관리 1단계 위기감을 고조시켜라 | 변화관리 2단계 변화선도팀을 구성하라 | 변화관리 3단계 올바른 비전을 정립하라 | 변화관리 4단계 참여를 이끌어내는 의사소통을 전개하라 | 변화관리 5단계 부하직원의 권한 넓혀주기 | 변화관리 6단계 단기간에 눈에 띄는 성공을 이끌어내라 | 변화관리 7단계 변화 속도를 늦추지 마라 | 변화관리 8단계 변화를 정착시켜라

변화관리 1단계

위기감을 고조시켜라

30세 이상 되는 사람들에게 전사적인 경영혁신을 성공시키기가 어떤지 물으면, 대부분 '대단히 대단히 어렵다'고 대답할 것이다. 그렇지만 우리들 대부분은 아직도 이 말의 진정한 의미를 깨닫지 못하고 있다. 우리는 입으로는 그럴싸한 말을 하고 다니지만, 경영혁신을 위해 해야 할 일들, 특히 그 첫 단계인 '위기감을 고조시키는 것'의 중요성을 진정으로 이해하지 못하거나 과소평가하고 있다.

쓰러져가는 회사를 다시 건강한 상태로 회생시키는 일이든, 별볼일 없는 회사를 업계 선두주자로 만드는 일이든, 또는 이미 선두주자인 기업을 훨씬 더 잘나가게 만드는 일이든, 이런 종류의 일들은 여러 사람이 협동하여 능동적으로 일하고 희생도 기꺼이 치르겠다는 의지가 있어야만 이루어진다. 직원이 100여 명 정도인 조직에서 경영혁신에 성공하려면 적어도 25명 정도가 보통 사람보다는 더 많은 일을 해내야만 한다. 직원이 10만 명이라면 1만 5천 명 정도가 제몫 이상의 일을 해내야만 한다.

위기감 조성은 직원들로부터 협조를 얻어내는 데 꼭 필요한 요소다. 조직 내에 자만심이 팽배해 있으면, 경영혁신 과정에서 만나는 여러 문제에 관심조차 갖지 않기 때문에 혁신은 대개 제자리걸음으로 끝나고 만다. 위기감이 높지 않으면 힘 있고 성실한 사람들로 추진 팀을 만들려 할 때나, 중요인사들에게 비전을 만들게 할 때나, 이를 다른 사람들에게 전파시키려 할 때도 많은 어려움을 겪는다.

자만심으로 가득 차 있는 계곡에서는 혁신을 해보겠다는 의욕으로 똘똘 뭉친 팀을 찾아내기란 매우 힘들다. 그런데도 만약 이런 팀이 있다면 혁신을 위해 올바른 방향을 정하고 이에 따라 기업을 인수합병하기도 하고 새로운 보상제도를 실시할 수도 있을 것이다. 그렇지만 그들이 강력하게 밀어붙이고 공포 분위기를 실감나게 조성한다 할지라도, 다른 동료들이 똑같은 크기의 위기감을 느끼지 않는다면 경영혁신의 추진력은 혁신이 마무리되기 훨씬 이전에 소진돼버리고 말 것이다. 이렇게 되면 사람들은 시작부터가 잘못됐다고 불평하면서 수천 가지 기발한 핑계를 들어 경영혁신에 협조하지 않으려 든다.

자만심으로 경영혁신을 그르친 사례

한 세계적인 제약회사가 수년 전부터 명성에 어울리지 않게 많은 어려움을 겪고 있었다. 매출액이나 순이익은 기대치에 미치지 못했다. 특히 직원의 사기를 크게 떨어뜨리고 비싼 대가를 치르게 했던 직원 해고는 언론으로부터 나쁜 평판을 받았다. 현재 주식시세는 6년 전보다 그다지 높지 않으며 제품에 대한 불만은 1980년대 중반에 비해 더 커졌다. 몇몇 기간투자가들은 소유 주식을 투매하겠다고 위협했다. 그렇게 되면 주식값은 또다시 5~10퍼센트 정도 떨어지고 만다. 자랑스러운 역사와 그간의 괄목할 만한 성과를 가진 회사로서는 몹시 힘든 상황이었다.

이 회사는 현재 힘에 겨운 경쟁업체들과 전투를 벌여야 하는 상황이지만, 이 회사를 방문해보면 그런 낌새는 어디에서도 찾아볼 수가 없다. 작전실은 어디에도 보이지 않는다. 장군들은 야구가 오히려 템포가 빠른 운동처럼 느껴질 정도로 매우 느리게 작전을 지시한다. 24시간은커녕 8시간도 비상대기 태세에 있지 않고, 적과 대치하고 있다는 의식은 어디에서도 찾아볼 수 없으며, 지금 당장 경쟁사들이 목을 죄어오고 있다는 것도 거의 느끼지 못하고 있다. 당장 급한 일에도 힘을 모으지 못한다. 가끔씩 경쟁사에 대해 공격은 하지만 기껏해야 공기총 정도로 하고, 화력 좋고 치명적인 무기로는 엉뚱하게도 자기 편을 쏘곤 한다. 작업자는 관리자를 향해서, 관리자는 작업자를 향해서, 판매부서는 공장을 향해서….

직원들과 대화를 나누어보면 문제가 있다는 것을 모두가 쉽게 인정한다. 그러고는 '그러나'라는 말로 시작해서 핑계를 대기 시작한다. "그러나 업계 전체가 이런 문제들을 안고 있습니다. 그것에 비하면 우리는 지금 조금씩 나아지고 있습니다", "문제는 우리 부서가 아니고 다른 부서에 있습니다", "그러나 고집불통인 상사 때문에 너 이상 아무 일도 할 수 없습니다"라는 말이 넘쳐난다.

이런 회사의 경영회의에 한번 참석해보라. 여러분이 그동안 수집

한 여러가지 정보들, 즉 총수입, 소득, 주식가격, 소비자들의 불만사항, 경쟁상태, 그리고 직원의 사기 등에 대한 정보들이 모두 틀린 것이라고 착각할 정도다. 이런 회의에서는 성과미달에 대한 솔직한 얘기나 비판을 찾아볼 수가 없다. 회의 진행 속도는 한가롭기 그지없다. 막상 논의되는 주제들은 별로 중요하지도 않은 것들이다. 회의장 열기는 그리 높지 않다. 토론이 열기를 띠기 시작할 때는 단지 한 사람이 다른 사람의 영역을 침범하려 할 때이거나, 잘못의 원인을 남에게 돌리려 할 때뿐이다. 그리고 정말 믿을 수 없는 것은, 이러한 상황인데도 모든 일이 순조롭게 돌아가고 있다고 진지한 표정으로 일장 연설을 해대는 사람들이 종종 있다는 것이다. 이와 같이 한 이틀쯤 이 회사에서 지내고 나면, 당신은 도깨비 세상에 와 있는 것처럼 혼돈에 빠지기 시작한다.

　이렇게 자기도취에 빠져 있는 조직에서는, 경영혁신을 해보자는 의견은 그 자리에서 사라져버린다. 한 사람이 신제품 개발기간이 너무 길어서 회사가 점점 망해가고 있다고 얘기하지만, 20분도 안 되어 토론 주제는 다른 곳으로 옮겨가 버리고 신제품 개발 기간을 줄이자는 본래 제안에 대해서는 아무런 조치도 취하지 않는다. 또 어떤 사람은 정보기술에 대한 새로운 아이디어를 내놓지만 곧 현재의 정보기술팀이 얼마나 일을 잘하고 있는지, 또 현재 시스템이 얼마나 좋은지 칭찬하기에 바빠진다. 심지어 최고경영자 자신이 경영혁신을 하자고 직접 아이디어를 내놓아도 자만심이라는 늪에 빠져 곧 잊어버린다.

　당신 회사에서 이와 비슷한 일들이 일어나지 않는다고 해서 지금 하고 있는 이 이야기가 당신과는 전혀 상관없다고 생각하면, 좀더 자세히 여러분 회사를 들여다보라고 권하고 싶다. 이러한 상황은 어느 곳에서나 일어날 수 있기 때문이다. 여신興信부서가 곧 쓰러질 지경에 처해도 문제의 낌새가 전혀 보이지 않는 경우도 있다. 앞에서 예로 든 회사는 프랑스계의 한 자회사로서 이제 겨우 회복기에 접어든 상태이지만, 이 회사 경영진은 현재 상황에 만족해하고 있는 실수를 범하고 있다.

자기가 데리고 있는 부하들 모두가 경영혁신의 필요성을 알고 있다고 주장하는 임원들도 많지만, 실제로 조사해보면 부서원 절반 이상은 현재 상태가 그렇게 나쁘지 않다고 말한다. 남이 보는 앞에서는 상사의 의견을 따른다고 앵무새처럼 얘기하지만, 사적인 자리에서는 딴 이야기를 한다. "이 불경기만 끝나면 우리는 좋아질 거야." "작년에 세운 원가절감 계획들을 실천에 옮기면 곧 경영지표가 좋아질 거야." 물론 다음과 같은 이야기도 한다. "문제는 저쪽 부서에 있지, 우리에게는 아무 문제가 없어." 자만심에 빠지는 것은 우리가 생각하고 상상하는 것 이상으로 심각한 문제인 것이다.

자만심에 빠지는 이유

언젠가 25세 정도 되는 젊은 경영대학 학생들에게, 중병에 걸렸지만 아직도 정신을 못 차리고 자만심에 빠져 있는 한 회사를 견학시켜준 적이 있다. 학생들은 그 회사가 마치 IQ가 40밖에 되지 않는 사람들이 운영하는 것처럼 보인다고 평가하였다. 그 의미는 다음과 같은 것이었다. '회사가 곤경에 처해 있는데도 위기감이 이렇게 낮은 것을 보면, 경영진은 바보들임에 틀림없다.' 학생들이 추천했던 문제 해결방안은 '경영진을 모조리 해고해버리고 대신 우리를 고용할 것!' 이었다.

회사 경영진의 무능함과 자만심의 상관관계가 정비례한다고 설명하는 이 학생들의 진단은 내 경험과 반드시 일치하는 것은 아니다. 지식이 많고 의욕에 넘치는 사람들 중에서도 이상할 정도로 위기감이 부족한 사람들을 여러 번 보았기 때문이다.

언젠가 영업성적이 형편없는 한 유럽 회사의 경영회의에 참석한 적이 있다. 그 회의는 하버드 대학에서라도 좋은 점수를 받을 정도로 멋있게 진행되었다. 회의 참석자는 대부분 유명대학 졸업자들이었다. 그러나 그 회의는 잘못된 회의였다. 이유는 다음 두 가지다. 우선 경쟁업체가 저지른 실수를 제대로 분석해내지 못했다. 다른 하나는 자기 회사의 전략에 대한 토론을 추상적으로 끝내버려 회사가 당면한 문제를 제대로 파악하지 못한 점이다.

예상했던 대로 회의가 끝날 때까지 구체적으로 결정된 것은 아무것도 없었다. 실질적인 문제점을 토의하지 않고는 그 어떤 중요한 결정도 내릴 수 없기 때문이다. 확신하건대 그날 그 방에 있었던 모든 사람들은 회의가 진행되는 동안 내내 마음이 찜찜했을 것이다. 그렇지만 그들은 회의 성과가 평균은 된다고 자위했을 텐데, 이는 그들이 바보라서가 아니라 그들의 위기감이 50점도 채 되지 않았기 때문일 것이다.

이러한 자만심의 원인을 다음 9가지로 설명할 수 있다(〈표 3-1〉 참조).

첫째, 눈에 쉽게 띄는 위기상황이 없었다. 회사가 적자를 보고 있

표 3-1 | 자만심이 생기는 이유

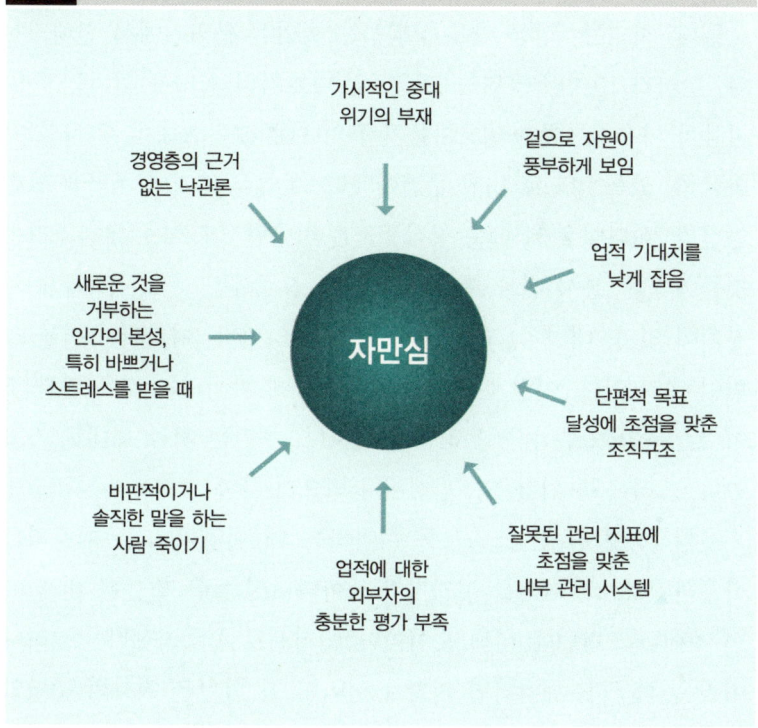

지도 않았다. 대규모 해고를 하겠다고 위협하는 사람도 없었다. 더구나 파산 같은 것은 꿈에도 생각할 수 없는 문제였다. 회사를 흡수 합병하겠다고 나서는 침략자도 없었다. 신문들이 회사에 대해 부정적으로 대서특필하지도 않았다. 어떤 뜻있는 사람은 경영분석자료를 토대로 시장점유율 및 이익률이 계속 하락하고 있다는 것을 보여주고 회사가 위기에 처해있다고 말하려 하겠지만, 그것은 별개 문제다. 요점은 이렇다. '집채를 날려버릴 정도의 강력한 회오리바

람이 불지 않는 한, 직원들은 위기감을 조금도 느끼지 않는다.'

둘째, 회의는 '성공'만을 상징하는 회의실 분위기에서 진행되었다. 길이가 10미터도 넘는 고급스런 마호가니 회의용 탁자는 독일 자동차 아우디 3대와 미국자동차 뷰익 1대, 모두 4대의 새 차와 맞바꿀 수 있을 정도로 비싼 물건이었다. 회의실 벽지며 바닥에 깔린 양탄자, 회의실을 꽉 메운 장식품들은 비싸면서도 아주 호화스러운 것들이었다. 본사 건물, 특히 중역들이 집무하는 곳도 호화롭게 치장되어 있다. 대리석, 고급 목재, 두꺼운 양탄자, 여기저기 비싼 그림이 걸려 있다. 이런 분위기가 무의식중에 과시하는 것은 뻔한 것이다. '우리는 부자다. 우리는 승리자다. 우리는 지금 제대로 가고 있다. 그러니 좀 쉬자. 자, 점심이나 먹으러 가자.'

셋째, 경영자들은 스스로를 평가하는 데 턱없이 낮은 기준치를 사용하였다. 그 회사를 여기저기 돌아다니며 들은 말들은 대개 이런 것이다. "작년에 비해 순이익이 10퍼센트나 증가했다." 그러나 이것은 허구다. 왜냐하면 정말로 알아야 할 사항은 회사의 순이익은 5년 전에 비해서는 30퍼센트나 줄었고, 반면에 업계 평균 순이익은 지난 12개월 동안 거의 20퍼센트나 증가했기 때문이다. 문제는 사람들이 이런 사실을 내놓고 토의하려 들지 않는 데 있다.

넷째, 회사 조직구조가 직원들의 관심을 회사 전체의 장기적이고 포괄적인 성과를 개선하는 쪽으로 모으지 못하고 단지 단편적이고 기능적인 목표만을 달성하는 쪽으로 만들어져 있다는 것이다. 마케팅부서는 나름대로의 관리지표가 있다. 생산부서는 다른 지표를 갖고 있으며 인사부서는 또 다른 지표를 갖고 있다. 최고경영자 혼자만이 총매출액, 순이익, 자기자본비율, 수익률 등에 관심이 있다.

그렇기 때문에 회사의 최종성과를 나타내는 이런 관리지표가 나빠지기 시작할 때 책임지겠다고 나서는 사람은 아무도 없게 된다.

다섯째, 계획과 통제를 위한 내부 시스템들이 목표를 쉽게 달성할 수 있도록 엉성하게 짜여 있다. 본사 마케팅부서는 지난해 목표의 94퍼센트를 달성했다고 자랑스럽게 말한다. 그 목표의 대표적인 예를 하나 들어 보면 '새로운 광고 캠페인을 6월 15일까지 시작할 것'과 같은 것이다. 또 여러 제품을 판매하는 이 회사로 오직 한 제품만의 시장점유율을 높이겠다는 것은 올바른 목표가 못 된다.

여섯째, 회사의 업적에 대한 정보가 이처럼 결함이 많은 내부 시스템에 의해서 만들어진다는 것이다. 더구나 회사에 이해관계가 있는 외부자들이 제공하는 자료Feedback가 거의 없다. 관리자나 직원 대부분은 한 달 내내 고객으로부터 불평 한 번 안 들어보고, 화가 난 주주도 만나본 적이 없으며, 기분이 상한 부품 공급업자와도 마주치지 않는다. 입사 첫날부터 정년퇴임할 때까지 외부 이해당사자에게 불평 한 번 안 들어보고 회사 생활을 끝내는 사람들도 있다.

일곱째, 진취적인 젊은 사원들이 회사의 업적에 대한 정보를 얻기 위해 밖으로 나가려 하면, 회사에서는 이들이 마치 나병환자라도 되는 양 기피한다. 기업문화에 비추어볼 때 이렇게 밖으로 나가 돌아다니는 것은 하나의 금기사항이다. 남을 해치는 결과를 낳을 수도 있고, 다른 사람들의 사기를 떨어뜨릴 수도 있다. 그리고 솔직한 것도 좋지만 외부인과 이야기를 나누는 것은 어쨌든 논쟁을 일으킬 여지가 있기 때문이라는 것이 그 이유다.

여덟째, 듣기 싫은 것을 듣지 않으려는 인간의 본능 때문에 자만심이 더욱 조장된다. 일반적으로 인생이란 골치 아픈 문제가 없으면 아주 즐거운 것이고, 문제가 있으면 그만큼 힘들어지는 것이다. 우리는 이미 너무 많은 일들을 하고 있고, 따라서 바쁠 대로 바빠져 있다고 생각한 나머지 더 많은 일을 하지 않으려는 속성이 있다. 그래서 큰 문제의 징조가 보이면 그것을 무시하거나 모른 체하고 싶어한다.

아홉째, 경영진이 떠들고 다니는 '즐거운 이야기' 때문에 직원들의 상황판단력이 흐려져서 회사는 전혀 문제가 없다고 착각하게 만드는 것이다. "그래, 회사가 어려움을 겪고 있는 것은 사실이야. 그렇지만 지금까지 이루어놓은 업적을 봐. 이건 문제도 아니야." 1960년대 사람들은 다음과 같은 기막힌 사실을 기억할 것이다. '미국이 월남전에서 승리하고 있다는 낙관적인 보고서가 얼마나 많았던가!' 이런 즐거운 이야기는 나름대로 의미가 있을 때도 있지만, 가끔 교만에 찬 기업문화 때문에 생기기도 한다. 이런 문화는 회사가 과거에 거둔 성공을 과도하게 뽐내다보면 생겨나는 것이다.

지금까지 논의한 많은 문제점들은 회사 전체, 아니면 단위부서, 혹은 각 개인의 차원에서 그들이 과거에 이룩해놓은 성공들 때문에 생기는 것이다. 지난날의 성공은 우리에게 많은 이익을 주었지만, 반면 위기감을 약화시키고 관심을 안으로 돌리게도 만들었다. 이런 현상은 개개인에게는 자기만의 아집을 낳게 하였고, 회사 차원에서는 기업문화 면에서 문제를 일으켰다. 아집과 교만이 스며 있는 기업문화는 앞에서 설명한 9가지 저해 요인들을 더욱 두드러지게 만드는데, 그 결과 현명하고 사려 깊은 경영자가 운영하는 조직들조차 큰 문제에 봉착하고 있다는 위기감을 느끼지 못하게 한다.

한편 유능하고 주도면밀한 사람의 자만심은 별로 문제가 되지 않을 것이라고 생각할 수도 있다. 혹은 대부분의 사람들은 현명하기 때문에 우리는 단지 그들에게 제품 품질이 좋지 않다든지, 재무상태가 나빠지고 있다든지, 생산성 향상이 시원치 않다든지 하는 사실들만 알려주면 된다고 생각할 수도 있다. 그러나 이는 사실상 모든 조직에 존재하는 미묘하고도 체계적인 힘을 과소평가하는 것이다.

경영혁신에 도움이 될 또 하나의 법칙이다. 자만심을 부추겨 혁신을 방해하려는 힘은 아무리 작은 것이라도 절대 과소평가하지 마라.

호화로운 사무실을 당장 폐쇄하라

위기감을 강화하려면 자만심의 원인을 제거하거나, 완전히 제거하지 못할 때는 그 영향이라도 최소화시켜야 한다. 몇 가지 예를 들면 다음과 같다. 전용비행기를 보유하는 것은 회사살림을 방만하게 하고 있다는 인상을 주므로 이런 요인은 모두 제거할 것, 공식적으로는 계획수립 과정에서부터 비공식적으로는 매일매일의 일과에 이르기까지 더 높고 의욕적인 목표를 정할 것, 잘못된 성과지표에 의한 내부 평가제도를 개선할 것, 외부로부터 받는 자기 회사에 대한 정보량을 대폭 늘려 모든 부서에서 이를 받아볼 수 있도록 할 것, 회의에서 옳은 말을 하는 사람과 솔선해서 문제를 해결하고자 하는 사람들을 적절히 표창할 것, 고위관리자는 근거 없이 고무적인 이야기를 하지 말 것 등이 있다.

혁신할 필요가 있는 조직에서, 유능한 경영자라면 대개 앞에서 언급한 이런 조치들을 취한다. 그러나 문제는 일을 끝까지 마무리 짓지 못하는 데 있다. 중요 고객들을 일 년에 한 번 정도 연례 경영회의에 초대는 하지만, 매주 또는 매일 단위로 이들의 불평을 해당 부서에 전달하는 체계를 구축하는 일은 게을리 하고 있다. 연례 경영회의는 호화로운 장소에서 열리지 않지만 경영진들이 돌아가서 근무하는 그들 사무실은 루이 14세조차 마다하지 않을 만큼 고급스럽다. 경영회의에서 솔직하게 토의되는 문제도 한두 건 있긴 하지만 이를 보도하는 사내신문은 온통 고무적인 이야기들로 꽉 차 있다. 조직 내에 강력한 위기감을 불러일으키기 위해서는 훌륭한 리더십에서 찾아볼 수 있는 대담하고 모험적인 조치들이 필요하다. 연례 경영회의에 고객들을 초청하는 정도로는 자만심을 조장하는 여러 요인들을 제거하지 못한다.

대담함이란 대차대조표를 분식(粉飾)시키는 것과 같은 잔재주를 부리는 것이 아니고 그 분기에 큰 적자를 보는 한이 있더라도 소신껏 일하는 것을 의미한다. 거창한 본사건물을 팔아버리고 야전군 사령부와 같은 허름한 건물로 이사하는 것이다. 모든 사업부 담당자들에게 "2년 안에 당신들 업계에서 첫째 아니면 둘째가 되라. 그렇지 않은 사업부는 팔아치우든지, 아니면 아예 문을 닫아버리겠다"고 공언하는 것이다. 또 회사 전 부서에 달성하기 힘든 품질 목표를 정해 놓고 회사 최고위층 10명의 봉급은 그 50퍼센트가 이를 성취하느냐 못 하느냐에 따라 결정되게끔 제도를 바꿔버리는 것이다. 혹은 컨설턴트를 고용해 회의를 소집하고 강제로라도 솔직한 토의가 이루어지도록 만드는 것이다(〈표 3-2〉 참조).

이런 대담한 조치들을 보기는 쉽지 않다. 왜냐하면 대개의 회사들은 철저하게 관리형 조직으로 운영되어 왔는데, 이런 기업문화

표 3-2 위기감을 제고시키는 방법

1. 적자를 내든지 경쟁업체에 비해 가장 취약한 부분을 관리자들이 직시하도록 유도해 그들을 당황하게 만들거나, 미봉책을 써서 실수를 고치기보다는 오히려 실수가 불거지도록 내버려둘 것.
2. 사치성 낭비요소가 될 만한 것을 제거할 것. 예를 들어 회사가 소유한 골프장, 임원용 비행기, 임원들을 위한 식도락적인 식당들이 그 대상이다.
3. 수입, 소득, 생산성, 고객만족, 그리고 신제품 개발기간에 대한 목표치들을 쉽게 도달할 수 없을 정도로 높게 정할 것.
4. 각 단위조직의 업적을 단편적이고 기능적인 목표에 근거해서 평가하지 말 것. 모든 직원들이 기업 전체의 성과를 나타내는 포괄적인 지표에 관심을 갖도록 할 것.
5. 더 많은 직원에게 고객만족이나 회사 재무상황에 관해, 특히 경쟁업체에 비해서 취약한 부분에 대해 더 많은 자료를 공개할 것.
6. 불만을 갖고 있는 고객, 기분이 상해 있는 부품 공급업자, 불만에 차 있는 주주들과 정기적으로 대화를 나누도록 직원들에게 계속 압력을 가할 것.
7. 경영회의에서는 엉뚱한 주제가 토의되지 않도록, 또 허심탄회한 토의가 진행되도록 외부에서 컨설턴트를 고용하거나 다른 방법을 강구할 것.
8. 회사의 문제점들에 대한 솔직한 토론 내용을 사내 발간물과 고위경영자들의 연설문 내용 속에 넣을 것. 고위경영자들은 근거 없는 낙관적인 이야기를 하지 말 것.
9. 미래의 기회, 그 기회를 잘 이용할 때 얻을 수 있는 성과, 그리고 현재 그런 기회를 제대로 이용하지 못하는 회사의 무능력에 대해 주의를 환기시킬 것.

속에서 자란 사람들은 과감하게 행동하는 것은 바람직한 일이 아니라고 배웠기 때문이다. 문제를 제기하려는 임원이 오랫동안 그 회사에서 근무했던 사람이라면, 지금 제기하는 문제가 바로 자기자신 때문에 발생한 것이라는 책망을 들을까 봐 두려워할지도 모른다. 이런 관점에서 보면, 과거의 자기 잘못을 방어할 필요가 없는 새로운 인물이 회사 내의 요직을 맡을 때 비로소 경영혁신이 시작될 수 있다는 것은 자연스러운 일이다.

  모든 것을 직접 관리하고 통제하는 데 가치를 두는 경영 풍토에서는 위기의식의 강화가 더욱 힘들다. 지난 삼사십 년 동안 단지 조심성 있고 소심한 관리자로서 성공한 사람들의 눈에는 앞장서서 위기의식을 높이려고 행동하는 것은 너무 위태롭거나 바보스러운 일로 비칠 것이다. 최고경영진이 조심성에 찌든 관리자들로만 구성되어 있는 경우라면, 위기감을 높이려는 사람이 아무도 없기 때문에 본격적인 경영혁신은 절대로 성공하지 못한다. 이런 경우, 이사회는 유능한 리더를 발굴하여 그들에게 중요한 자리를 맡겨야 할 책임이 있다. 이 책임을 회피한다면 이사회는 그들의 가장 중요한 임무를 유기하는 셈이 된다.

  자만심을 불식시키기 위해 대담한 조치를 취하는 것은 적어도 처음에는 갈등을 증폭시키고 불안감을 조성한다. 그럼에도 불구하고 진정한 지도자들은 과감한 조치를 취하는데, 이는 속박에서 풀려난 잠재력이 탁월한 성과를 이룰 수 있다고 굳게 믿기 때문이다.

소 잃기 전에 외양간을 고치려면

  당장 눈앞에 벌어지는 위기상황은 사람들의 주의를 끌고 조직 내에 위기감을 높이는 역할을 한다. 빌딩에 화재가 발생했다면 빌딩 관리를 평상시처럼 하지는 않을 것이다. 그러나 변화 속도가 점점 빨라지는 세계에서, 불이 날 때까지 기다리고 앉아 있는 것은 현명한 전략이 못 된다. 그리고 갑작스럽게 발생한 불은 사람들의 주의를 끌기는 하겠지만 상당한 손해도 따른다.

　재정적 위기는 쉽게 부각되기 때문에, 문제가 재정적자로까지 악화되기 전까지는 본격적으로 경영혁신을 시작하는 것이 불가능하다고 얘기한다. 대대적으로 벌여야 하고 또 매우 어려운 혁신일 경우에는 이런 주장이 옳겠지만, 대부분의 경우에는 그렇지 않다.

　회사가 기록적인 이익을 낼 때 오히려 구조 조정이나 품질개선을 성공시킨 사람들을 여러 명 보았다. 그들이 그렇게 할 수 있었던 것은 직원들에게 회사가 안고 있는 문제점(이익은 상승하지만 시장 점유율은 하락), 혹은 앞으로 예상되는 문제점들에 대한 정보(점점 더 공격적으로 나오는 신규 경쟁업체), 혹은 회사에게 좋은 기회가 될 수 있는 환경변화에 대한 정보(신기술이나 새로운 시장의 탄생) 등을 끊임없이 알려주었기 때문이다. 또 그들은 회사가 현재의 무사안일 상태에서 벗어날 수 있도록 일부러 야심찬 목표를 세우기도 하였고, 회사를 방만하게 경영한다는 것을 보여주는 징후나 근거 없이 희망만 부추기는 이야기와 잘못된 정보를 만들어내는 정보시스템 모두를 과감히 제거해버렸다. 회사가 잘나갈 때 사람들의 관심을 모으고 위기감을 고취하는 것은 결코 쉽지 않다. 그러나 가능한 일이다.

　한 일본 사업가는 기록적인 이익을 내고 있으면서도 파격적인 5개년 목표를 정기적으로 다시 세움으로써 자기 회사 경영자들이 자만심에 빠지는 것을 방지했다. 그동안 이루어놓은 업적을 스스로 자랑스럽게 여기며 자칫 자기도취에 빠질 때 그는 사람들에게 이렇게 말하곤 했다. "우리의 목표는 4년 안에 수익을 두 배로 늘리는 것이다."

　모든 직원들은 그를 믿어왔기 때문에 아무도 이런 선언적인 이야기를 무시할 수 없었다. 그는 절대로 목표를 허무맹랑하게 정하지 않았고, 부담은 되지만 열심히 하면 성취할 수 있도록 신중하게 정했다. 또한 모든 사람들이 그의 생각을 받아들이게 할 수 있었던 것은, 목표를 정할 때는 평소에 늘 직원들에게 강조해온 기본적인 가치관과 관련시켰기 때문이다. 그 결과 5개년 목표는 자만심의 씨앗이 될 만한 것을 정기적으로 날려버리는 작은 폭탄 역할을 하였던 것이다.

진정한 리더는 일이 수습하기 힘들 정도로 악화되기 전에 인위적으로 이런 위기를 만들기도 한다. 한 예로, 해리는 보통 그의 습관대로 부하직원이 만들어 온 계획서를 놓고 시시콜콜 따지는 대신 그대로 받아주었다. 그 결과 예상소득은 30퍼센트나 줄었고, 이는 모든 사람들의 시선을 끌게 되었다. 이와 비슷한 예로, 헬렌은 도저히 믿을 수 없는 여러 가지 신제품 개발 계획을 보고받고는 그대로 받아들였다. 그리고는 그 계획들이 보기 좋게 실패하도록 내버려두었다. 그 결과 구태의연한 방식으로는 더 이상 회사가 돌아갈 수 없다는 것을 모든 사람이 알게 되었다.

사람들에게 경각심을 심어주기 위해 대규모 재정적자가 나도록 방치하기도 한다. 한 유명 회사의 최고경영자는 대차대조표를 깨끗이 무시한 채 여러 프로젝트를 새로 시작하도록 자금을 지원하였으며, 결과적으로 10억 달러에 가까운 손해를 보았다. 이런 사례가 흔한 것은 아니다. 이 최고경영자는 회사와 장기고용 계약을 맺고 있었고, 회사는 흘러넘치도록 많은 현금을 갖고 있었기 때문에 이런 실험이 가능했다.

자연발생적인 것이든 인위적인 것이든 큰 재정위기를 맞게 되는 회사의 문제점은 그렇지 않아도 부족한 회사 자원을 이 위기 때문에 더욱 고갈시키게 되어 결과적으로 운신의 폭이 좁아진다는 것이다. 10억이나 20억 달러 손해 보고 나면 많은 사람들이 위기감을 갖기는 하겠지만, 자금이 부족하여 새로운 프로젝트를 지원할 여유가 없게 된다. 경영혁신은 재정위기가 자연스럽게 발생할 때에 맞추어 시작하는 것이 훨씬 쉽겠지만, 가능하다면 그런 위기가 발생할 때까지 기다리지 않는 것이 더 현명하다. 더욱 좋은 것은 회사를 곤란하게 만들지도 모를 적자를 내기 이전에 직원들이 새로운 기회나 위기상황을 직시하도록 만드는 것이다.

고위직보다 하위직의 역할이 중요하다

경영혁신을 하고자 하는 대상이 생산공장이나 영업소, 또는 큰 조직 내의 한 단위 부서라면 제일 중요한 역할을 해야 할 사람은 그 부서를 책임지고 있는 관리자이다. 단 그들에게 자율성을 충분히 보장해야만 다른 부서의 간섭을 받지 않고 제몫을 해낼 수 있다.

자만심이 팽배한 회사에서 충분한 자율성 없이 작은 조직단위에서 혁신을 하기란 불가능하다. 혁신의 책임을 맡고 있는 하위관리자들이 어떤 노력을 할지라도 오래지 않아 여러 방면에서 타성의 힘이 끼어들기 시작하기 때문이다. 이런 환경에서 앞만 보고 경영혁신에 뛰어드는 것은 엄청난 실수를 저지르는 것이 된다.

사태가 이렇게 악화되면 흔히 해결 방법은 단 한 가지밖에 없다고 생각한다. 뒤로 물러나서 고위층에 있는 누군가가 강력한 지도력을 발휘해줄 때까지 기다리고 앉아 있자는 것이다. 그래서 경영혁신을 시도했던 사람들은 아무 일도 할 수 없게 되고 결국 그들을 화나게 만들었던 타성의 힘만 더욱 강해진다. 고위간부들은 권한이 있으므로 타성 해결에 중요한 역할을 할 수 있다. 그러나 항상 그런 것만은 아니다. 중간이나 하위직급에 있지만 용감하고 능력 있는 사람들도 경영혁신을 성공시키기 위한 분위기를 훌륭하게 조성할 수 있다.

내가 즐겨 인용하는 한 대형 여행서비스 회사에서 근무하던 중간관리자 이야기이다. 그 여자는 단신으로 점점 경쟁력을 잃어가고 있는 회사의 입지에 대하여 자료를 준비하고 최고경영진과 정면으로 부딪쳤다. 그녀는 우선 회사의 문제점을 들추어낼 컨설턴트를 고용하기 위한 핑계로, 새로운 유통업체를 이용하는 교묘한 방법을 썼다. 막후에서 그녀의 사주를 받은 컨설턴트는 회사가 직면한 대여섯 개의 근본적인 문제들을 먼저 해결하지 않고서는 이 새로운 유통망을 성공적으로 이용할 수 없다고 주장하였다. 이런 과정에서 동료들은 도망가 숨기에 바빴으나 그녀는 계속 앞으로 돌진해나갔다. 그녀는 정치적인 수완을 발휘하여 다른 사람들의 비판을 컨설턴트에게 돌려버렸으며, 회사의 문제점에 대한 컨설턴트들의 주장에 대해 다음과 같은 말도 만들어낼 정도로 대단한 능력도 가지고 있었다. "나도 정말 놀랐어요. 둘 중 하나예요. 컨설턴트가 엉터리든지, 아니면 문제가 진짜로 어렵든지." "컨설턴트가 그 보고서를 모든 사람에게 돌렸다니 믿을 수가 없어요. 그러지 말라고 했거든요." "당신이라면 이걸 믿겠습니까? 게리와 엘리스도 믿지 않아요. 이 일에 대해 의견을 나누어봤나요?"

최고경영진 모두가 현 상태에만 집착하는 소심한 관리자라면, 하위관리자가 아무리 용감하고 혁신적이 되려고 해도 그 결과는 항상 실패로 끝날 것이다. 그러나 다행스럽게도 최고경영진 전원이 하나같이 경영혁신에 반대하는 일은 거의 없다. 최악의 경우라도 경영층의 20~30퍼센트는 회사가 가진 잠재능력을 제대로 발휘하지 못하고 있다는 것을 알고 있고, 무엇인가를 해야겠다고 마음을 먹어 보지만 무력감에 의해 꼼짝 못하고 있을 뿐이다. 이때 중간관리자들이 경영혁신을 주도하면 이런 경영진의 체면도 세워주면서 자만심을 극복하는 좋은 기회가 되는 것이다.

경영혁신을 해야만 살아남을 수 있는 회사에서, 중간관리자들은 위기의식을 높이려 노력하지만 방법을 알지 못한다. 또 최고경영진이 적절하게 이들을 이끌어주지 못하면, 이런 관리자들은 아예 다른 직장을 알아보는 것이 더 좋을 것이다. 오늘날과 같은 경제 여건 하에서 사람들은 회사가 어느 방향으로 가는지도 모르면서 계속 그 직장에 매달려 있는 일이 많다. 규모 축소 때문에 한쪽에서는 직원들이 해고되고 있는데도 자기만은 아무일 없이 봉급과 보험 혜택을 꼬박꼬박 받을 수 있는 행운아라고 착각한다.

이런 태도를 이해할 수는 있다. 그러나 이제는 인생역정의 전 과정 내내 때를 가리지 않고 늘 배우고 성장하기 위해 노력 해야만 한다. 자만심으로 가득 찬 조직들이 갖고 있는 가장 큰 단점은, 경직성과 보수성이 학습을 방해한다는 것이다. 출근부에 도장을 찍고, 봉급을 타고, 배우는 것을 등한시하고, 위기감이 낮은 가운데 살아가는 편협하고 근시안적인 인생전략은 회사 전체나 직원들 하나하나에게 장기적인 성공을 보장하지 못한다.

위기감은 어느 정도가 적당한가?

경영혁신이 처음에 어떻게 또 누구에 의해 시작되었든 관리자들 모두가 현재 상태로는 도저히 안 되겠다고 믿고 있지 않으면, 경영혁신의 초기 2~4단계를 성공시키기란 매우 힘들다. 이 혁신을 7단계나 8단계까지 끌고 가기 위해서는 더욱 헌신적인 노력이 필요하다. 직원의 과반수 이상, 관리자의 경우는 아마도 75퍼센트 정도, 최고경영진은 거의 모두가 경영혁신이 꼭 필요하다고 믿어야 한다.

위기감을 조성하지 않고도 혁신을 시작할 수 있다고 믿거나, 또는 회사가 자만심에 빠져 있다고 공론화하는 것은 회사 내에 불안감을 조성할 것이라는 이유 때문에 제1단계는 생략하고 경영혁신을 시작하자는 유혹이 생길 수도 있다. 그동안 나는 여러 곳에서 제1단계를 생략하고 변화선도팀부터 만드는 사람, 또는 혁신을 위한 비전을 먼저 세우는 사람, 또는 이런저런 준비 없이 구조조정, 직원 해고, 기업 인수합병 등과 같은 경영혁신을 직접 해버리는 사람들을 보았다. 그러나 과거의 타성과 자만심으로 빚어지는 문제들은 항상 뒤늦게 불거진다. 어떤 때는 혁신이 쉽게 벽에 부딪치게 되는데, 예를 들면 위기감이 부족해서 경영혁신을 선도할 변화선도팀를 구성하는 데 영향력 있는 사람들을 충분히 모으지 못한다든지, 또는 기업을 인수합병하면서 흥분 속에서 몇 년은 잘 진행되지만 곧 여러 프로젝트들이 시들해지는 경우 등이다.

한편 정상적인 단계를 밟기 위해 자만심 낮추기부터 시작은 하지만, 아직도 해야 할 일이 많이 남아 있음에도 불구하고 이 작업이 완료되었다고 쉽게 믿어버리는 사람들도 있다. 개인적으로는 정말 탁월한 능력을 갖추고 있지만 이런 덫에 걸린 사람을 많이 보았다. 이런 사람들은 동료 간부들과 대화를 나누기는 하지만, 동료들을 자기 생각과 행동을 합리화시켜주는 도구 정도로만 생각한다. "혁신을 위한 준비는 모두 끝났다. 현재 상태를 변화시켜야지 그대로 두어서는 안 된다는 것을 모두 이해하고 있다. 또 현재로는 자만심이라는 것도 그렇게 많지 않다. 필, 캐롤 내 말 맞지?"

결국 기초가 튼튼하지 못한 상태에서 혁신을 시작하고 끝내 이를 후회하게 된다. 이런 경우 회사 밖에 있는 사람들이 도움이 될 수 있다. 여러가지 정보를 많이 갖고 있는 고객, 공급업자, 주주들에게 자신이 갖고 있는 생각을 말하고 그들의 의견이 어떤지 물어보라. '위기감은 충분히 높습니까? 자만심은 충분히 낮습니까?' 단, 현실을 호도하기 쉬운 동료들에게는 묻지 마라. 그리고 회사 밖에 있는 사람들이라도 단지 몇몇 소수의 친구에게만 물어서는 안 된다. 당신의 회사에 대해 아는 다른 사람들에게, 심지어는 당신 회사와 관계가 좋지 않은 사람들에게도 물어보라. 그리고 가장 중요한 것이 하나 더 있다. '남의 말을 조심스럽게 경청하는 용기'를 가져라.

앞서 한 얘기를 잘 따른다면, 좋은 의사결정을 위해서는 누가 충분한 정보를 갖고 있는지, 또 어떤 사람이 속으로 딴 생각을 하고 있는지 알 수 있다. 많은 사람들과 이야기를 나누다보면 이런 것 모두를 구별할 수 있게 된다. 요점은 내부에 있는 사람들이 갖고 있는 근시안적인 안목을 외부에서 얻은 객관적 자료를 가지고 이겨나간다는 것이다. 아주 빠르게 움직이는 이 세상에서, 내부인이 갖고 있는 근시안적 안목은 회사의 앞날에 치명적인 악영향을 끼칠 수 있기 때문이다.

변화관리 2단계
....

변화선도팀을 구성하라

    우리가 잘 아는 유명한 경영혁신들은 대개 어떤 저명인사와 깊은 관련이 있다. 예를 들어 1980년대 초 거의 망해가던 크라이슬러 자동차가 기사회생했다. 이 경우 대부분 리 아이아코카_{Lee Iacocca} 사장을 떠올린다. 보잘것없던 회사에서 업계 선두주자로 급부상한 월마트를 얘기할 때면, 샘 월튼_{Sam Walton}을 연상한다. IBM이 자기혁신을 위해 얼마나 노력했는지 읽다 보면 얘기는 어느덧 루 거스너_{Lou Gerstner}에 집중된다. 이러한 사례들을 보면 경영혁신을 성공시키는 데 꼭 필요한 리더십은 실제보다 훨씬 더 크게 느껴지는 한 개인으로부터 온다는 것을 쉽게 알 수 있다.

    그러나 이렇게 단정짓는 것은 매우 위험하다. 대규모 혁신은 성공시키기가 너무 어렵기 때문에 그 혁신을 이끌고 가기 위해서는 강력한 힘이 필요하다. 어떤 개인 혼자서는, 그가 비록 황제와 같이 막강한 힘을 가진 회장일지라도, 올바른 비전을 만들어내고 이를 많은 사람들이 알아듣도록 전파하며, 모든 장애요인들을 제거하고, 단기적 성공을 얻어내고, 수십 개의 혁신 프로젝트를 관리하고, 또 새로 도입된 제도를 기업문화 깊숙이 뿌리내리게 만드는 등의 모든 일들을 해낼 수 없기 때문이다. 여러 사람으로 구성된 팀이라 해도 힘이 없는 팀은 더더욱 이런 일들을 해낼 수 없다.

따라서 강력한 '변화선도팀'이 반드시 필요하다. 구조가 제대로 짜여 있고 신뢰도도 높으며 공감대가 잘 형성되어 있는 팀을 구축하는 것은 구조조정을 하고, 리엔지니어링을 하고, 전략을 새로 짜는 것과 같은 혁신 과정의 초기단계 성공시에 절대적으로 필요한 일이다.

독불장군 된 최고경영자의 최후

이제 소개할 식료품회사는 1975~1990년 사이에 놀랄 만한 경영성과를 거두었다. 그렇지만 이 회사는 식료품 산업의 환경이 변화하면서 큰 곤경에 처했다.

이 회사 대표이사는 개인적으로는 대단한 사람이었다. 20퍼센트는 리더로서, 40퍼센트는 관리자로서, 나머지는 재무관리의 귀재로서 기업합병할 때마다 매우 치밀했고, 이를 밀착 관리함으로써 회사를 성공적으로 이끌어나갔다. 그는 1980년대 후반 식료품 업계 전체가 급격한 환경변화를 겪게 되었을 때 이에 순응해서 회사를 혁신시키려고 했다. 그러나 과거 15년 동안 해오던 방식대로 즉, 참모를 거느린 황제와 같은 방식으로 변화를 시도하였다.

'황제' 헨리는 경영위원회를 가지고 있긴 했다. 그러나 이 위원회는 정보를 모으고 전파하는 정도일 뿐 의사결정권은 없었다. 정말 중요한 일들은 이 위원회의 밖에서 이루어졌다. 헨리는 늘 혼자 자신의 집무실에서 일에 대한 구상을 했다. 그리고는 샤로테에게 자기 생각을 이야기해주고 의견을 묻는다. 또 프랭크와 점심을 하면서 몇 가지 질문을 던져본다. 아리와는 골프를 치면서 자기 아이디어에 대한 그의 반응을 알아본다. 하지만 이것은 결과적으로 보면, 자기 혼자서 의사결정을 하는 셈이었다. 그러고 나서 결정된 사항의 성격에 따라 경영위원회에서 발표를 하든지, 아니면 좀 민감한 사항이면 사람들을 하나하나 자기 방으로 불러 얘기해준다. 이런 식으로 이야기를 들은 사람들은 필요에 따라 이 이야기를 다른 사람들에게 전달해주기도 한다.

이런 방식은 1975~1990년 사이에는 다음과 같은 네 가지 이유 때문에 아주 잘 먹혀들였다.

첫째, 업계의 변화 속도가 그렇게 빠르지 않았다. 둘째, 헨리 자신이 그 업계를 아주 잘 알고 있었다. 셋째, 회사의 지위가 업계에서 막강했기 때문에 비록 의사결정이 늦거나 잘못되었더라도 큰 위험부담이 없었다. 넷째, 헨리는 명석한 사람이었다.

그런데 그 후 업계 사정이 바뀌었다. 1994년 은퇴하기까지 마지막 4년을 헨리는 오랫동안 잘 써먹었던 옛날 방법을 그대로 이용하여 경영혁신을 이끌려 하였다. 그러나 이번에는 의사결정의 수나 성격이 과거와는 전혀 달랐기 때문에 그의 노력은 먹혀들지 않았다.

평균적으로 볼 때 1990년 이전에는 문제점이라는 것이 그리 크거나 복잡하지도 않았으며 감정적으로 좌우되지도 않았다. 현명한 그로서는 일 대 일로 만나서 이야기를 주고받는 식으로 의사결정을 잘 내릴 수 있었고, 이 결정들을 잘 수행해나갈 수 있었다. 그러나 업계가 급변함에 따라 회사 내부에서도 혁신이 필요하다는 분위기가 팽배해지자 문제점들은 생각보다 더 빨리 불거졌다. 그가 아무리 유능하다 할지라도 한 개인으로서 더 이상 이런 일련의 의사결정들을 제대로 해낼 수 없었다. 결정들이 너무 늦고 이를 전파하는 데도 시간이 너무 많이 걸렸다. 또한 직원들이 문제를 충분히 이해하지도 못한 상태에서 결정이 내려졌기 때문에 그들 입장에서는 이유도 모르고 희생을 강요당하는 느낌이었다.

2년이란 세월이 지난 뒤에야 헨리의 방법이 잘못되었다는 것을 입증해 주는 객관적인 사실들이 나타났다. 그는 혁신을 주도한다기보다 오히려 혁신에서 고립되는 신세가 되고 말았다. 결국 바람직하지 않은 기업인수와 이에 따른 직원 해고 문제로 이사회의 권고를 받고 은퇴했다.

신뢰받지 못하는 팀의 헛고생

경영혁신을 책임지고 주도하는 사람들은 인사나 품질담당 중역, 아니면 전략계획담당 최고경영자이기도 하다. 이런 참모기능에 속한 중역들은 종종 다른 부서 대표자들과 밖에서 초청해온 한두 사람의 컨설턴트로 구성된 변화선도팀을 맡는다. 이런 팀에는 조직에서 촉망받는 유망주들이 배정되기도 하지만 서열상 제일 높은 몇 명은 대개 제외된다. 그리고 최고위층에 속하는 15명의 중역 가운데 단지 두서너 명 정도만 이 팀에 가담시킨다.

팀 책임자는 대개 상당히 열정적인 사람이기 때문에 이 선도팀은 당분간 잘해 나간다. 그러나 정치적 감각이 뛰어난 사람들은 이 팀이 결국에는 성공하지 못하리라는 것을 재빨리 간파하고는 성심껏 지원도 하지 않고, 팀 활동에도 참여하지 않으며, 조언도 해 주지 않는다. 이 선도팀원들은 하나같이 모두 바쁘기 때문에, 또 어떤 사람은 이 팀에서 보내는 시간이 아깝다고 생각하기 때문에, 회사의 문제점들을 찾아내고 팀원 간의 신뢰를 구축하기 위해 충분한 시간을 갖기란 불가능하다. 오로지 회사나 직원들에 대하여 헌신적인 사명감을 갖고 있는 팀의 책임자만이 결코 포기하지 않고 가시적인 성과를 보이기 위해 많은 노력을 한다.

얼마 후에는 겨우 서너 명으로 된 소그룹이 모든 일을 떠맡는다. 이 소그룹은 대개 팀의 책임자, 컨설턴트 한 명, 그리고 젊은 팀원 한 명 정도로 구성된다. 나머지 사람들은 이 소그룹이 만들어낸 안*들을 자동으로 통과시켜버리고 팀 운영에 헌신은커녕 신경도 쓰지 않는다. 조만간 문제가 하나 둘 불거지기 시작한다. 중요한 문제해결 방안에 대해 의견 일치를 보지 못하거나, 문제해결 방안을 누구도 귀담아들으려 하지 않는다. 혹은 해결방안을 실행에 옮기려 하지만 눈에 보이지 않는 저항에 부딪히기도 한다. 좀더 열심히 노력하면 몇 가지 성과는 얻겠지만, 속도는 더욱 느려지고 겨우 얻는 성과 또한 눈에 보이지 않을 정도가 된다.

이 팀이 실패한 이유를 분석해보면, 회사가 당면한 문제점과 기회가 어떤 것이라는 것, 그리고 혁신에 얼마나 적극적이어야 하는지에 대한 공감대를 형성하면서 함께 힘을 발휘할 수 있는 팀으로까지 발전하지 못했다는 것이다. 그 팀은 출발할 때부터 강력한 리더십을 발휘하는 데 필요한 신뢰를 얻지 못했다. 신뢰성 없이 혁신을 추진하는 것은 마치 대형 트럭을 경운기로 끌려고 버둥대는 것과 마찬가지다. 혁신을 위한 노력들이 실패로 이어지는 동안, 그 회사의 경쟁력은 점점 더 약해지는 반면 업계의 선두주자는 한발 더 앞서나간다.

발빠른 팀의 활약

위에서 소개한 두 가지 예에서 공통적인 잘못은 시장 및 기술변화의 속도를 생각하지 않았다는 점이다. 별로 경쟁적이지 않거나 변화 속도가 느린 세계에서는 힘이 없는 팀도 회사가 그런 대로 환경에 적응해나가는 데 도움을 줄 수 있다. 그 팀은 많은 제안을 만들어낸다. 그러나 현장 요직에 있는 관리자들은 이 제안을 거절해 버린다. 팀은 추가 제안을 다시 만든다. 이번에도 현장부서에서는 움직일까 말까 하는 정도의 반응만 보인다. 팀은 다시 시도한다. 경쟁력이나 기술력의 변화가 크지 않은 경우에는 이런 접근방법이 통할 수 있다. 그러나 변화 속도가 빠른 세상에서는 이런 연약한 팀은 항상 실패하게 되어 있다.

서서히 변하는 세계에서 독불장군형 관리자는 개개인과 직접 대화를 나누고 그들이 한 얘기들을 음미해가면서 필요한 혁신을 선도해나갈 수 있다. 좀더 자세한 정보를 얻기 위해서 그들 각각을 다시 만나볼 수도 있다. 결정을 내린 다음에는 이를 하나하나 각 개인에게 전달할 수 있다. 이런 경우 정보처리는 순서에 따라 질서정연하게 수행할 수 있다. 그 독불장군이 능력과 시간적 여유가 있는 한 이런 방법은 옳다. 그러나 빠르게 변하는 세계에서 이렇게 더딘 업무처리 방식은 효과를 잃고 만다. 생생한 정보가 지체없이 전달되지 않기 때문이다. 따라서 해결방안들을 실행에 옮기는 데도 어려움이 따른다.

오늘날의 기업환경은 분명히 새로운 의사결정 방법을 요구한다(〈표 4-1〉 참조). 빠르게 변하는 세계에서 한 개인이나 강력하지 못한 위원회는 불규칙한 의사결정 문제를 다루는 데 필요한 정보를 확보할 수도 없으며, 조직혁신을 성공시키는 데 필요한 개인적 희생을 요구할 만한 신뢰성이나 시간적 여유도 없다.

제대로 짜여 있고 구성원 상호 간에 믿음이 충만한 팀만이 새로운 환경하에서 성공적으로 활동할 수 있다. 성공적으로 움직이는 변화선도팀은 더 많은 정보를 더 빨리 처리할 만한 능력이 있다. 그들은 새로운 제도의 실천에도 발빠르게 움직이는데, 능력 있는 사람은 정확한 정보를 장악함과 동시에 중요 결정사항에 대해서는 몸을 던져 실천에 옮길 줄 알기 때문이다.

그렇다면 왜 경영자들은 변화를 시도하기 위해 팀제를 더 자주 사용하지 않는가? 그것은 팀원들 간에 이해가 서로 엇갈리기 때문이다. 개인이 승진하는 것이지 팀 전체가 함께 승진하는 것은 아니다. 개인은 경력 관리를 위해 확실한 실적이 필요하다. '이러이러한 실적을 올린 팀에 내가 속해 있었다'는 주장은 별로 호소력이 없다.

그러나 더 중요한 이유는 회사의 전통과 관련이 있다. 대부분의 최고경영자는 팀워크가 별로 중요하지 않았던 시절에 관리교육을

표 4-1 오늘날 경영환경에서의 의사 결정

오늘날의 경영환경
- 새로운 경영전략, 리엔지니어링, 조직 재구축, 기업 인수합병, 기업축소, 신제품 개발, 신시장 개발 등을 통해 대대적인 경영혁신을 요구함.

↓

기업 내부에서 이루어지는 의사 결정의 특성
- 더 중요하고, 더 복잡하고, 더 감정적으로 얽힌 문제점
- 더 빠른 결정
- 더 불확실한 상황
- 실천자에게는 더 큰 희생을 요구

↓

새로운 의사 결정 과정
- 어느 한 개인이 그 많은 중요한 의사 결정을 하기 위해 필요한 모든 정보를 확보할 수 없고, 또 결정된 사항을 모두 집행할 수 있는 신뢰성을 가지고 있지 못하기 때문에 새로운 방법이 필요함.
- 하나의 조화된 팀으로 활동할 수 있는 변화선도팀의 도움을 받아야 함.

받았다. 당시에 '팀'이란 말을 사용했다 해도 스포츠적인 의미, 즉 실제로는 한 명의 두목과 여덟 명의 부하로 이루어진 피라미드식 팀을 의미했을 것이다. 빨리는커녕 오히려 모든 게 느리게 움직이는 팀제 속에서 살아 온 그들에게는, 비록 시간이 갈수록 일이 잘못되어간다 할지라도 옛날 방식을 고집하는 것이 더 편할 것이다.

결과적으로 사람들은 리엔지니어링 작업을 하거나 경영전략을 다시 짜고자 할 때 변화선도팀 구성이라는 단계를 아예 거치지 않거나, 거친다 해도 되도록 신경을 쓰지 않으려 한다. 그러고는 서둘러 다음 단계로 넘어가 비전을 수립하거나 조직을 축소 조정하는 등 다른 것을 시도하려고 한다. 그러나 혁신을 이끌고나갈 강력한 팀을 구성하지 않았던 것이 결정적 실수였음을 곧 깨닫는다.

성공적인 지도부 구성 방법

경영혁신을 이끌어갈 팀을 구성하는 첫 번째 단계는 자격이 갖추어진 사람을 찾아내는 일이다. 성공적인 지도부를 만드는 데 필수적인 특성은 다음 4가지다.

1. **힘이 있는 자리** | 요직에 있는 사람들, 특히 주요 실행부서 관리자들이 많이 참여하고 있는가? 그렇게 되면 다른 사람들은 혁신을 쉽게 방해하지 못할 것이다.
2. **전문성** | 추진하려는 혁신과제와 관련 있는 다양한 사람들이 전공분야, 현장경험, 국적 등의 차원에서 골고루 섞여 있어서 충분한 정보를 얻을 수 있고 현명한 결정을 내릴 수 있는가?
3. **진실성** | 회사 내에서 평판이 아주 좋은 사람들로 구성되어 있어서 그들의 발표를 다른 사람들이 진지하게 받아들이는가?
4. **리더십** | 혁신을 끌고갈 검증된 지도자들을 충분히 확보했는가?

표 4-2 변화선도팀의 4가지 유형

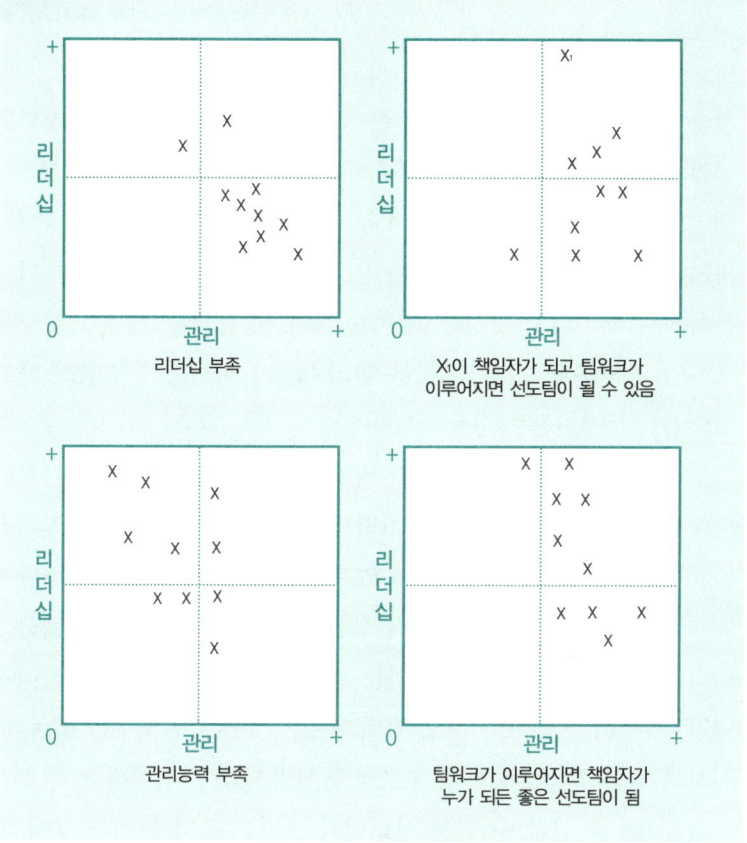

마지막 항목인 리더십은 특히 중요하다. 지도부에 속한 사람들에게는 관리 능력과 리더십이 동시에 필요하다. 이 두 능력은 서로 보완적이어야 하기 때문이다. 관리 능력은 혁신 과정 전체를 자유자재로 통제할 수 있는 반면, 리더십은 혁신을 밀어붙이는 추진력을 의미한다〈표 4-2〉는 리더십과 관리능력의 조합을 나타내고 있는데, 이

조합들에는 현실적인 것도 있고 그렇지 않은 것도 있다).

　좋은 관리자는 있고 좋은 리더가 없는 지도부는 성공하지 못한다. 관리자형으로 머리가 굳은 사람은 계획을 세울 줄은 알지만 비전을 제시하지는 못한다. 그들은 혁신에 대한 당위성이나 방향을 널리 알리는 데 힘을 발휘하지 못하고, 사람들에게 권한 위임을 통해 힘을 실어주기는커녕 오히려 통제하려고 든다. 이런 상황에서도 과거에 많은 성공을 거둔 회사들은 리더나 리더십을 거부하는 기업 문화에서 헤어나지 못하는 경우가 많다. 우습게도 회사가 성공을 거두면 거둘수록 점점 더 많은 관리자들이 회사를 통제하려 들고 리더십을 무시하는 타성을 갖는다.

　부족한 리더십은 다음 3가지 방법으로 보완할 수 있다. (1)회사 밖에서 새 사람을 불러온다. (2)리드할 줄 아는 내부인을 승진시킨다. (3)리더십이 필요한 직위에 있으나 이를 발휘하지 않는 사람에게 리더십을 발휘하도록 사기를 북돋아준다. 어떤 방법을 선택하든 리더십을 가진 팀을 얻는 결과는 마찬가지이다. 절대 잊어버리지 마라. 아무리 훌륭하다 해도 관리자로만 구성된 지도부는 결국 혁신하고자 하는 온갖 노력을 수포로 돌아가게 만들 것이다.

　성공적으로 일할 수 있는 선도팀의 크기는 조직 전체 규모에 따라 다르다. 변화는 흔히 두세 사람으로 시작한다. 중소기업이나 대기업 내의 소규모 사업부에서는 지도부 규모가 예닐곱 명 정도면 된다. 그러나 큰 회사에서는 이십 명에서 오십 명 정도로 구성된 변화선도팀이 필요하다.

피하거나 잘 감독해야 할 사람들

변화선도팀을 구성할 때 다음 두 가지 유형의 사람들은 어떤 희생을 치르더라도 피해야 한다. 첫째는 고집이 너무 세서 회의장을 자기 독무대로 만들고 다른 사람에게는 틈을 주지 않으려는 사람이다. 두 번째는 소위 뱀 같은 사람으로 서로 간의 반목을 부추겨 팀워크를 깨는 사람이다.

대부분의 회사에서 고위간부라고 하는 사람들은 개성이 매우 강하고 고집이 센 사람들이다. 이 고위간부들이 자신에게도 취약점이 있고 능력에 한계가 있으며, 다른 사람들도 나름대로의 장점이 있어 서로 보완할 수 있다는 사실을 인정하지 않든지, 또는 회사 전체 목표가 개인의 목표보다 더 중요하다는 것을 깨닫지 못한다면 이런 고위간부들이 변화선도팀에 미치는 폐해는 막대하다. 이런 사람이 변화선도팀의 핵심 인물이 되면 팀워크는 끝장이 나며 경영혁신은 물 건너간 것으로 보아야 한다.

비록 방법은 다르지만, 뱀 같은 사람들도 똑같이 조직을 파괴시킨다. 그들은 팀워크를 위해 반드시 필요한 신뢰감 형성에 상처를 준다. 뱀 같은 사람은 등뒤에서 샐리에게는 프레드에 대한 악담을, 프레드에게는 샐리에 대한 악담을 해서 이 두 사람의 관계를 망쳐놓는 데 이골이 난 사람들이다.

뱀같이 교활하거나 강한 고집을 가진 사람들은 어떤 때는 매우 영리하기도 하고 의욕도 대단하며, 해내는 일도 꽤 많다. 그렇기 때문에 그들이 고위간부로 승진하고 변화선도팀 요원의 후보자가 되는 것은 하나도 이상한 일이 아니다. 하지만 현명한 경영혁신 주체들이라면 이런 사람들을 일찍이 파악하고 팀에서 제외시킨다. 만약 그렇게 하는 것이 불가능할 경우에는 그들을 주의 깊게 관찰하고 매우 조심스럽게 다루어야 할 것이다.

경계해야 할 또 다른 종류의 사람들로는 마지못해 움직이는 사람들이 있다. 위기감이 극도로 팽배한 회사에서 변화선도팀에 사람을 끌어모으는 것은 어려운 일이 아니다. 그러나 대개 위기감이 그렇게 높은 경우는 흔하지 않으므로 사람을 끌어모으는 데 더 많은 노력을 들여야 할 때가 자주 있다. 특히 영향력은 많으나 변화선도팀 참여에는 별 관심이 없는 사람을 끌어들여야 할 때는 더 많은 노력을 들여야 한다.

제리는 유수 석유회사의 한 사업부에서 지나칠 정도로 일만 하는 재무담당 부사장이다. 매우 보수적인 그는 리더형이라기보다는 관리자형이고, 따라서 발생할지도 모를 혼란과 위험 때문에 대규모 경영혁신을 하자는 제안에 늘 의구심을 가졌다. 그러나 그는 과거 35년 동안 일을 잘해왔기 때문에 그냥 무시해버리기에는 너무나 힘이 막강하고 존경받는 인물이었다. 그래서 그 사업부를 맡은 사장은 제리에게 경영혁신이 꼭 필요하다는 것과 프로젝트가 성공하기 위해서는 그가 적극적으로 참여해야 한다고 설명하기 위해 두 달 동안 많은 시간을 쏟았다. 처음에 이 재무담당 부사장은 시간도 없고 능력도 없다면서 계속 변명만 늘어놓았다. 그러나 사장의 끈질긴 설득으로 마침내 변화선도팀에 참여했다.

이런 경우 제리와 같은 사람은 아예 포기해버리고 이런 사람 없이 혁신을 추진해나가고 싶은 생각이 굴뚝 같을 것이다. 그러나 이와 같이 많은 권한과 신용을 갖고 있는 중심인물을 제쳐놓고 일을 진행하는 것은 대단히 위험하다. 대개의 경우 제리와 같은 인물을 변화선도팀에 참여하도록 만드는 것은 제1단계인 위기감 조성이라는 근본문제로 귀착된다. 보수적이고 오만한 이들은 현재 회사가 당면한 문제와 기회 요인들을 정확히 알지 못하고 그들이 매일 상대하는 사람들도 마찬가지다. 이렇게 자만심에 빠져 있는 사람에게 변화선도팀에 참여해서 시간과 노력을 쏟아달라고 설득하는 것은 가망 없는 일이다.

제리 같은 사람이 고집불통 같은 성격까지 갖고 있다면 좋은 말로 퇴사를 유도하거나 은퇴시키는 것이 유일한 방법이다. 그들이 변화선도팀의 일원이 되는 것도, 그렇다고 회의장 밖에 남아 계속 문제를 일으키는 것도 달가운 일이 아니기 때문이다. 회사는 이런 문제와 정면으로 맞서는 것을 피하려 하는데, 이런 사람들은 대개 특수한 전문지식을 갖고 있거나 회사 내에 정치적 지지세력을 갖고 있기 때문이다. 그들이 남아 있는 한 어떤 대안도 묘책이 될 수 없다. 이런 사람들 때문에 회사의 전략을 다시 짜고 기업문화를 새롭게 만들려는 모든 노력들이 결국 수포로 돌아가기 때문이다.

대부분 이런 문제에 부딪히는 것이 두려워, 제리가 그렇게 나쁜 사람이 아니라거나 그 사람을 제쳐두고 혁신을 추진해나갈 수 있다고 생각한다. 그러고는 혁신을 시작하는데, 결국은 이 문제를 제대로 처리하지 않고 넘어간 일로 반드시 후회할 때가 온다.

이런 상황에서는 다음과 같은 말을 기억하라. 사람으로 인해 발생하는 문제는 모든 것이 순조로울 때는 별 문제가 안 되지만, 점점 거칠어지고 변화 속도가 빨라지는 세계경제 하에서는 심각한 재난을 가져올 수 있다.

신뢰와 공동목표가 팀워크의 생명이다

경영혁신을 주도하는 변화선도팀의 팀워크는 여러가지 방법을 통해 이루어진다. 그러나 어떤 방법을 사용하더라도 반드시 필요한 요소가 하나 있는데, 바로 '신뢰'다. 일반적으로 신뢰가 있으면 팀워크를 이룰 수 있고, 그것이 없으면 팀워크는 기대할 수 없다.

대부분의 회사에서는 신뢰를 찾아보기가 힘들다. 평생 한 부서나 사업부에서 일해온 사람들은 직속상사에게만 충성하도록, 또 비록 같은 회사에 근무하더라도 다른 부서 사람들은 믿지 말라고 배워왔다. 의사소통이 부족하다든지, 아니면 다른 이유들 때문에 부서 간에는 그릇된 적대감이 쌓여 있다. 그래서 엔지니어는 영업사원을 의심에 찬 눈으로 바라보고, 독일에 있는 자회사는 미국에 있는 모회사를 업신여기게 된다. 이런 소아小我적 풍토에서 자란 사람들이 변화선도팀에 모여 같이 일하게 되면, 서로 신뢰가 부족하기 때문에 팀워크가 쉽게 조성되지 않는다. 거기다 분파 간 알력까지 뒤따르면서 지상목표인 경영혁신은 성공을 거둘 수 없게 된다.

이와 같은 신뢰의 특성을 잘 이해하는 것이 적절한 팀을 만드는 관건이다. 사람들이 서로 이해하고 존경하며 보살펴주게 되면, 일은 자연히 제대로 굴러간다.

40여 년 전에는 대개 비공식적인 사교활동을 통하여 팀을 만들었다. 경영층에 속하는 모든 간부들은 서로 다른 사람들의 가족과 만나 골프를 치면서, 또는 크리스마스 파티나 저녁식사를 함께하면서 서로의 이해와 신뢰에 바탕을 두고 인간관계를 발전시켜나갔다. 아직도 가족 중심의 사교활동을 통해 팀을 만드는 경우가 있지만, 이런 방식은 오늘날에는 몇 가지 중요한 결점을 내포한다.

첫째, 이 방법은 매우 느리다. 팀을 만드는 것이 중요 목적이 아니기 때문에 이런 행사는 가끔씩이나 있는 일이고, 따라서 팀을 만드는 데는 10년이나 그 이상의 시간이 걸린다. 둘째, 이 방법은 부부 가운데 한 사람만 일할 때 최대 효과를 낸다. 부부 모두 일을 해야 하는 세상에서는, 두 개의 다른 회사가 각각 주최하는 사교모임에 빠지지 않고 모두 참석할 수 있을 만큼 시간이 많은 사람은 거의 없기 때문이다. 셋째, 이와 같은 집단형성 과정은 각 개인에게 그 집단이 갖고 있는 규범에 무조건 순응하도록 압력을 가한다. 정치적 생각이나 생활방식, 취미 등 모든 것이 획일화 된다. 남들과 다른 특색을 가진 사람은 그 집단에 동화되어버리거나 그렇지 않으면 그 집단을 떠나야 한다. 부정적 의미에서의 집단적 사고가 탄생하는 것이다.

오늘날에는 팀을 만들려면 더 빠르게 만들고 더 많은 다양성을 인정해야 하며 집에 남아 있는 배우자 없이도 만들 수 있어야 한다. 이제까지 개발된 것 가운데 이런 현실성을 모두 수용하면서 가장 일반적으로 쓰이는 방법은 회사 밖에서 열리는 일련의 '휴양지회의'다. 8명이나 12명, 또는 24명으로 짜여진 그룹은 이틀에서 닷새 정도의 시간을 잡아 더 결속력 있는 팀이 되겠다는 분명한 목적을 가지고 어딘가로 장소를 옮긴다. 함께 등산도 하고 여러 가지 야외놀이도 하면서 이야기도 나누고 분석하는 시간을 가진다. 서로의 이해와 신뢰를 증진시키기 위해서이다. 이런 방법이 처음 도입된 것은 약 30년 전이었는데, 그때는 이 방법을 간단한 집단치료법 정도로 생각했기 때문에 별로 성과가 없었다. 비교적 최근에 와서야

지성 개발에 초점을 맞춘 지적활동과 감성 개발에 초점을 맞춘 결속력에 역점을 두게 되었다.

회의에 참석한 사람들은 업계에 관한 자료들을 꽤 오랫동안 열심히 검토한 후 함께 배를 타고 바다로 나간다. 회사를 떠나 한적한 곳에서 열리는 이런 회의에서는 내부 진행요원이나 외부에서 초청한 컨설턴트의 도움으로 진행 계획을 작성한 후 대개 10~50명 정도의 간부 및 직원이 사흘에서 엿새 정도의 시간을 투자한다. 각 개인이 회사에 대해서 무엇을 생각하고 어떻게 느끼는지, 또 회사가 안고 있는 문제점과 기회 요인들에 대해서는 어떻게 생각하는지 솔직하게 토론할 수 있도록 많은 신경을 쓴다. 서로의 의사전달을 위해서 새로운 통로를 만들거나 있던 통로를 더욱 강화시킨다. 머리를 써야 하는 프로그램이나 사교적인 행사들은 상호 신뢰가 증진되도록 짠다.

역동적인 팀을 만들기 위해 이렇게 회사를 떠나서까지 회의를 가져본다 해도 이런 시도가 실패로 끝나는 경우는 아주 흔하다. 단 사흘 간의 행사에 처음부터 너무 큰 기대를 걸거나, 회의 자체가 충분한 준비작업 없이 또는 전문가의 도움 없이 짜여지기 때문이다. 그러나 대세는 분명하다. 사람들은 이런 행사를 추진하는 데 점점 익숙해졌고 또 좋은 결과를 얻고 있다.

예를 하나 들어보자. 가전제품 사업부 사장인 샘 존슨은 경영혁신을 위해서 열 명 정도의 사람을 모아 효과적인 변화선도팀를 만들려고 한다. 직속부하 일곱 명과 혁신운동의 중추역할을 맡을 그 사업부의 부장 한 명, 본부에 있는 수석 부사장 한 명, 그리고 자기 자신을 이 열 명에 포함시켰다. 아주 어렵사리 열 명이 일주일을 함께 보낼 수 있는 의미 있는 회의를 갖는 데 성공했다. 처음 이틀 동안은 배 타기나 등산과 같이 육체적으로 힘이 드는 야외활동을 하였다. 이틀 동안 회의에 참석했던 사람들은 서로를 더 잘 알게 되었고 왜 팀워크가 중요한지도 깨달았다.

셋째 날부터 다섯째 날까지는 한 호텔에 자리를 잡은 뒤 경쟁업체와 고객들에 대한 자료를 읽고 앞으로 있을 토의에 기초가 될 보고서를 제한된 시간 내에 만드는 미션을 수행했다. 참석자들은 팀 구성원이 계속 바뀌도록 만들어진 몇 개의 소그룹으로 나뉘어 아침 7시 30분부터 저녁 7시까지 오랜 시간 일에 몰두했다. 매일 저녁 7시부터 9시 30분까지는 저녁을 먹으면서 자신들의 생애나 앞날의 포부, 그리고 다른 사적인 이야깃거리들이 오갔다. 이런 과정을 거치면서 서로를 더 잘 알게 되었고 업계에 관해서 공통된 생각들을 갖게 되었다. 상호간의 이해가 증진된 점, 직접 같이 일해보는 과정에서 형성된 인간관계, 모든 사람이 공유하게 된 사업관 등은 모두 신뢰를 구축하는 데 큰 힘이 되었다.

샘은 이 일주일 동안의 행사가 성공적이긴 했지만 전체 혁신 과정으로 보면 단지 시작에 불과하다는 것을 잘 알고 있었다. 그래서 몇 달 뒤 이 그룹을 대상으로 3일 일정으로 또 다른 행사를 계획했다. 2년이 지나자 이 팀의 구성원은 전직이나 승진 등으로 자리를 떠나기도 했지만 그는 새로운 팀이 만들어질 때마다 앞에서와 같은 회의를 또다시 세밀하게 계획하고 실행했다. 눈에 띄는 이런 행사들 사이사이에도 팀워크에 필요한 신뢰를 쌓기 위해서 수십 가지의 다양한 행사를 똑같은 비중으로 주최했다. 아울러 이렇게 힘들게 쌓아올린 명성을 훼손시킬 수 있는 헛소문이 떠돌면 지체없이 정확한 정보를 공개함으로써 이런 소문을 일찍이 잠재웠다. 또한 서로 잘 모르는 사람들을 묶어서 또 다른 과업 추진팀을 만드는 한편 이미 팀워크가 잘되고 있는 앞서 소개한 열 명의 핵심요원은 사정이 허락하는 범위 내에서 다른 사교활동에도 적극 참여하도록 유도했다.

사실 이와 같이 적극적으로 꾸준하게 노력하는 것은 결코 쉽지 않다. 이 사례에서 소개한 열 명 가운데 두 사람은 개인주의가 매우 강해 처음에는 왜 다른 사람들과 함께 등산을 해야 하는지 이해할 수 없었다. 한 사람은 대단히 바빴기 때문에 그가 함께 참석하는 행사를 계획하는 것은 때때로 불가능하였다. 다른 한 사람은 도가 지나칠 정도로 고집이 셌다. 이러한 이미지 때문에 팀과 잘 어울리지 못할 뻔했으나, 샘은 이 모든 것을 극복하고 마침내 아주 효과적인 변화선도팀을 만드는 데 성공했다.

그가 성공한 이유는 다음과 같다. 우선 그는 자기 사업부가 좋은 영업성적을 올리기를 간절히 원했고, 그런 승리자가 되기 위해서는 대대적인 경영혁신이 필요하다고 굳게 믿었다. 또 그런 혁신은 효과적인 변화선도팀 없이는 성공할 수 없다는 것도 알았다. 어떤 의미에서 샘에게는 다른 선택의 여지가 없었던 것이다. 그는 신뢰와 팀워크를 만들어내지 않으면 안 되었다. 그리고 마침내 해냈다.

혁신을 주도할 선도팀을 만드는 데 실패하는 공통된 이유를 보면 사람들이 마음속 깊숙이 경영혁신의 필요성을 절감하지 못하거나, 혁신을 이끌기 위해서는 강력한 팀이 필요하다는 것을 알지 못하기 때문이다. 팀을 잘 만드는 기술 자체는 문제의 핵심이 아니다. 경영층이 팀워크가 좋은 변화선도팀을 꼭 만들겠다고 생각만 한다면, 이런 기술을 가진 능력 있는 조언자들은 얼마든지 찾을 수 있기 때

표 4-3 경영혁신을 성공시킬 수 있는 변화선도팀 구성

적합한 인물 찾기
- 강력한 권한을 행사할 수 있는 지위에 있고 경험이 풍부하며 확실히 믿을 수 있는 사람
- 리더십과 관리 능력을 둘 다 갖춘 사람, 특히 리더십이 뛰어난 사람

신뢰 구축하기
- 회사를 멀리 떠난 장소에서 벌이는 치밀하게 계획된 행사
- 많은 대화와 집단활동

공동목표 개발하기
- 지적인 면에서 합리적
- 정적인 면에서 강한 호소력

문이다. 그러나 의지가 없으면, 아무리 능력 있고 훌륭한 조언자가 있더라도 좋은 팀을 구성할 수 없다.

신뢰 외에도, 팀워크에 결정적으로 중요한 요소로는 '공동의 목표'가 있다. 변화선도팀에 속한 모든 사람들이 같은 목적을 성취하고자 진심으로 원하면 진정한 팀워크를 이룰 수 있다. 변화선도팀 구성원들을 하나로 결집시키는 대표적인 공동 목표는 일류가 되겠다는 굳은 의지, 즉 최고의 성과를 달성하겠다는 진정한 욕망이다. 리엔지니어링, 기업 인수합병, 그리고 새로운 기업문화 도입 등 여러 혁신운동이 실패하는 원인을 보면, 구성원 각자가 이런 차원 높은 욕망은 없으면서 대신 자기 부서, 사업부, 친구들, 그리고 자기 인생만을 걱정하는 소아병에서 헤어나지 못하기 때문이다.

서로 신뢰를 구축하는 것은 공동목표를 갖는 데도 큰 도움이 된다. 사람들이 최선의 노력을 하지 않는 가장 큰 이유는 다른 부서나 사업부 또는 동료간부조차 진정으로 믿지 않기 때문이다. 그들은 고객만족이나 원가절감을 위해 총력을 기울이고 싶어도 다른 부서 사람들이 정당한 몫의 노력을 함께 해주지 않기 때문에 열심히 일하는 사람만 손해 본다고 걱정한다. 가끔은 이런 주장에도 일리는 있다. 그러나 신뢰도가 높아진 분위기에서는 공동의 목표를 만들기가 훨씬 쉽다. 리더십도 상당히 도움이 된다. 리더들은 단기적이고 편협한 자기들만의 이익을 추구하지 않도록 사람들을 지도하는 방법을 잘 알고 있기 때문이다.

타성과 보수세력을 이겨내는 힘

팀 내에 구축된 신뢰감, 그리고 옳은 인품을 가진 사람들이 공유하는 공동목표, 이 두 가지를 잘 조화시키면 강력한 변화선도팀을 만들 수 있다.

이렇게 해서 탄생한 변화선도팀은 어떤 타성에도 당당히 맞서 경영혁신을 성취하는 데 필요한 능력을 지니게 될 것이다. 즉 이 변화선도팀은 최소한 다음과 같은 힘든 일들을 해낼 수 있는 잠재 능력을 갖게 된다. 회사의 미래 비전 만들기, 이 비전을 광범위하게 전파시키기, 실제로 일할 수 있도록 사람들에게 힘을 실어주기, 회사 내에 신뢰 정착시키기, 작지만 가시적인 성공 이룩하기, 수십 종의 혁신 프로젝트를 선도하고 관리하기, 그리고 이 모든 새로운 것들을 기업문화 차원까지 승화시켜 완전히 뿌리내리게 하기 등이다.

　다시 반복하지만, 변화 속도가 느리고 시장이 독과점적이며 세계화가 덜 된 경제환경에서는 이런 모든 노력들이 필요하지 않다. 그렇지만 오늘날, 그리고 가까운 미래에는 점점 더 많은 회사들이 경영혁신을 시도할 것이다. 이때 강력한 변화선도팀이 없다면 경영혁신은 공전空轉하게 되고 이를 무력화시키려는 보수세력은 또다시 득세하려 들 것이다.

변화관리 3단계

올바른 비전을 정립하라

다음과 같은 상황을 상상해보자. 각각 열 명씩으로 된 세 그룹이 있다. 이들은 비바람이 곧 몰아칠 것 같은 점심시간에 공원에 모였다. 첫 번째 그룹에서 한 사람이 나서서 말한다. "모두들 일어나세요. 그리고 나를 따르기만 하세요." 그가 걷기 시작하였을 때 단지 두세 명만 그를 따랐다. 그는 멈추어서서 뒤돌아보고 아직도 앉아 있는 사람들에게 소리친다. "뭐해요. 당장 일어나세요!"

두 번째 그룹에서는 한 사람이 다음과 같이 말한다. "우리는 지금 자리를 옮기지 않으면 안 됩니다. 계획은 이렇습니다. 모두 일어나서 사과나무 쪽으로 가는 것입니다. 앞사람과는 적어도 60센티미터는 거리를 두세요. 그렇지만 뛰지는 마세요. 어떠한 개인소지품도 이곳에 남겨두지 말고 절대로 나무 밑을 떠나지 마세요. 우리가 모두 거기에 도착하면…."

세 번째 그룹에서는 한 사람이 다음과 같이 말한다. "금방 비가

올 것 같습니다. 우리 저쪽으로 자리를 옮겨서 큰 사과나무 밑에 앉는 게 어때요. 그러면 비에 젖지도 않을 테고, 점심으로 맛있는 사과도 따먹을 수 있습니다."

놀랍게도 대단히 많은 사람들이 경영혁신을 시도할 때 위에서 예로 든 처음 두 시나리오, 즉 권위주의적 경영방식이나 미시적 경영방식을 사용한다. 두 방법 모두 지난 한 세기 동안 광범위하게 이용되었지만, 이미 사용되고 있는 제도를 현상유지하기 위한 것이었지 좀더 나은 것으로 개선하기 위한 방법은 아니다.

특히 권위주의적인 방법은 직원들의 행동을 바꾸고자 할 때, 조직의 책임자에게 강력한 힘이 없으면 사과나무 예에서 본 것처럼 아주 간단한 상황에서조차 잘 통하지 않는다. 더욱이 점점 복잡해져가는 현대 조직생활에서 이 방법은 전혀 먹혀들지 않는다. 왕과 같은 막강한 힘이 뒷받침해주지 않으면 권위주의는 모든 저항세력을 돌파해나갈 수 없다. 직원들은 권위주의자를 아예 무시해버리거나, 겉으로는 협조하는 척하면서 속으로는 권위주의자의 노력을 무력화시키기 위해 가능한 모든 방법을 동원한다.

한편 미시적 경영방식은 직원 각자가 해야 할 일들을 상세하게 지정해 주고 제대로 해내는지 항상 감시함으로써 이런 문제점들을 해결하려 한다. 이런 전술적 차원의 방법은 경영혁신을 가로막는 장애물들을 어느 정도는 무너뜨릴 수는 있지만 시간이 너무 많이 걸린다. 자세한 계획을 짜고 관계있는 모든 사람들에게 이를 알리는 것은 시간이 너무 많이 걸리기 때문에, 이런 방법에 의한 경영혁신은 점진적 변화로 끝나고 만다.

위에서 소개한 세 번째 시나리오만이 현상 탈피를 거부하는 보수

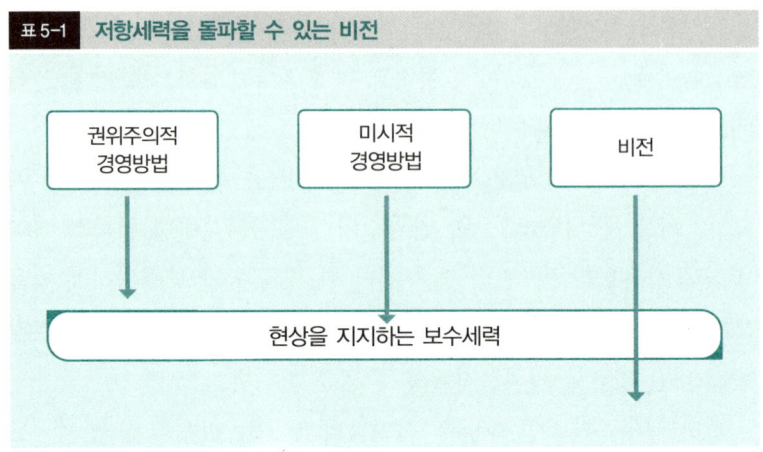

표 5-1 저항세력을 돌파할 수 있는 비전

세력을 돌파할 수 있고, 성공적인 경영혁신 사례들에서 찾아볼 수 있는 극적인 변혁을 유도해내는 힘을 갖고 있다(〈표 5-1〉 참조). 이 방법은 '비전'에 바탕을 둔 것으로, 비전이란 위대한 리더십의 핵심 요소다.

왜 비전이 반드시 필요한가?

비전이란 한마디로 말하면 '미래에 대한 그림'으로, '미래'를 만들기 위해 왜 노력을 해야 하는지 직·간접적으로 설명해준다. 경영혁신 과정에서 훌륭한 비전이라면 다음과 같은 3가지 중요한 목적을 수행한다.

첫째, 경영혁신의 기본 방향을 명확히 해준다. 예를 들면 "2, 3년 내에 현재 위치에서 더 남쪽으로 가 있어야 한다"는 말과 같이, 혁신과정에서 발생하는 많은 의사결정 문제를 간소화시킨다. 둘째, 비록 혁신 초기에는 대단히 고통스럽겠지만 각 개인들에게 단기적이고 개인적인 이익을 추구하기보다는 전체적인 안목에서 옳은 행동을 추구하도록 만든다. 셋째, 비전은 수천 수만이나 되는 서로 다른 사람들의 개성이 빠르고 효과적인 방법으로 조화를 이루도록 하는 데 효과가 있다.

  우선 좋은 비전을 세워 경영혁신 방향을 명확히 해놓는 것은 대단히 중요하다. 왜냐하면 지금 추진하는 경영혁신의 방향을 달가워하지 않거나, 방향이 어느 쪽인지 혼동하거나, 심지어 대대적인 경영혁신이 정말로 필요한지조차 모르는 사람들이 종종 있기 때문이다. 효과적인 비전과 그것을 받쳐주는 전략을 마련하는 것은 이런 문제를 해결하는 데 많은 도움을 준다. 즉 다음과 같은 설명이 필요하다. "세상은 지금 이렇게 변해가고 있습니다. 따라서 이런 목표들을 세워야 하고, 또 이 목표들을 달성하기 위해 새로운 제품을 개발해야 하는 (혹은 기업을 흡수합병하고, 새로운 품질관리제도를 도입해야 하는) 절박한 이유는 바로 이러이러한 것입니다."

  또한 방향을 명확히 제시해주면 의사 결정을 제대로 하지 못하는 데서 오는 무력감을 제거할 수도 있다. 잉여자금으로 어떤 회사를 인수해야 하는지, 영업사원을 얼마나 더 고용해야 하는지, 회사 조직 재편이 필요한지, 빠른 세계화 속도를 따라갈 수 있는지 등, 이런 모든 문제점들에 대해 끝없이 토론해야 하는 일이 필요없어진다. "이 문제가 비전이 제시하는 방향과 일치하는가?"라는 간단한 질문 하나만 던져보면 몇 시간, 며칠, 혹은 몇 달이 걸릴지 모를 비생산적인 토론을 하지 않아도 된다. 같은 논리로, 좋은 비전은 규모가 크고 시간도 많이 소요되는 여러 잡다한 일들을 깨끗이 정리하는 데 많은 도움을 준다. 나아갈 방향이 명확하면, 비록 정치적으로는 의미가 있으나 논리적으로는 적절치 못한 프로젝트들을 찾아내서 폐기해버릴 수 있다. 이렇게 해서 절약한 자원을 경영혁신을 위해 전용할 수 있다.

비전의 두 번째 필수 기능은 개인의 단기이익보다 회사 전체에 도움이 되는 행동을 유발해 경영혁신을 촉진시킨다는 것이다. 잘 짜인 비전을 실현하기 위해서는 큰 변화가 필요한데, 여기에는 고통이 따르기 마련이다. 때로는 더 좋은 미래를 얻기 위해 치러야 하는 희생이 의외로 적은 경우도 있다. 사과나무의 예에서 그들이 치른 값이란 단지 나무까지 걸어가는 동안에 겪어야 하는 번거로움 정도이다. 그러나 점점 더 많은 조직원들이 그들의 안전지대 밖으로 내몰리는게 되는데, 예를 들면 부족한 자원으로 일을 해내지 않으면 안 된다든지, 싫지만 새로운 기술이나 행동양식을 배워야 한다든지, 직장을 잃을 수도 있다든지 하는 경우들이다.

이성적인 사람이라면 이런 일들을 당하는 것이 기분 좋을 리 없다. 좋은 비전이란 직원들에게 희망을 주고 동기를 부여함으로써 그들의 저항을 이겨낼 수 있어야 한다. 또 좋은 비전이란 희생을 동반해야 한다는 사실을 솔직하게 인정해야 한다. 다만 이런 희생을 치름으로써 각 개인은 경영혁신을 하지 않을 때 얻을 수 있는 단기적인 이익보다 훨씬 더 나은 이익과 만족을 얻을 수 있다는 사실도 분명히 하여야 한다.

회사의 규모를 축소하기 위해 감원을 해야만 하는 상황에서 모두 의기소침해진 나머지 미래에 대해 아무 말 하고 싶지 않더라도, 제대로 된 비전이라면 직원들이 이런 난국을 헤쳐나갈 수 있도록 호소력 있는 명분을 제시해주어야 한다. 예를 들면 다음과 같다. "현재 우리가 가는 방향으로 계속 가면 틀림없이 파산하게 될 것이다. 그렇지만 이 새로운 비전이 제시하는 대로 새로운 길로 가게 되면 여러 일자리를 살려낼 수 있고, 우리와 거래하고 있는 많은 고객과 공급업자들에게 생길 문제도 예방할 수 있다. 또 우리 회사에 퇴직연금이나 다른 저축 자금을 투자하고 있는 수많은 일반 중산층 가족들도 도울 수 있을 것이다."

세 번째로 비전은 직원 개개인의 힘을 한 방향으로 모으는 마력을 가지고 있어서 직원들의 각기 다른 행동을 가장 효과적으로 조화를 이루게 한다. 비전을 이용하지 않고 다른 방법을 쓴다면 무수한 지시를 내리고 끝없는 회의를 해야 하기 때문에, 일 처리가 느려지고 비용도 많이 든다. 비전을 명확하게 해주면 관리자나 일반직원들은 상사나 동료들에게 계속적인 지시나 도움을 받지 않고서도 스스로 무슨 일을 어떻게 해야 할지 알게 된다.

비전의 이 세 번째 특성은 대단히 중요하다. 경영혁신 추진 과정에서는 부서간 업무협조가 반드시 필요한데, 많은 사람이 관련되어 있을 때는 발생하는 비용이 엄청나다. 회사가 나아갈 방향에 대한 공감대가 형성되어 있지 않으면 직원 각자는 모두 독불장군이 되어 매사에 의견 충돌이 생길 것이고 끝없이 회의만 하게 된다. 비전으로 인해서 모든 사람의 생각이 같아지면, 직원들은 어느 정도의 독립성을 갖고도 일을 처리해나갈 수 있으므로 서로 방해가 되지 않도록 행동하게 된다.

효과적인 비전이란?

'비전'이란 말은 '무엇인지 잘은 모르겠지만 어쨌든 거대하고 신비스러운 것'을 연상케 한다. 그러나 비전은 의외로 간단하면서 일반적인 것이다. 예를 들면 "곧 비가 쏟아질 것 같습니다. 비를 피하기 위해서 저 사과나무 밑으로 자리를 옮기고 그런 김에 점심으로 신선한 사과도 먹기로 합시다"와 같은 것이다.

비전은 별로 특색이 없거나 간단해도 좋다. 왜냐하면 성공적인 경영혁신 과정에서 비전이라는 것은 전략, 기획, 예산 등과 같이 대형시스템을 구성하는 한 요소에 지나지 않기 때문이다(〈표 5-2〉 참조). 그러나 비록 큰 시스템의 한 요소에 불과할지라도 비전은 매우 중요한 요소이다. 비전이 없는 전략수립 과정은 끝없는 논쟁의 연속이 될 테고, 예산수립 작업은 아무 생각도 없이 작년 실적치를 이리저리 5퍼센트 정도 상향조정하는 작업에 지나지 않게 된다. 더욱이 좋은 비전을 갖고 있지 않으면 아무리 현명하게 짠 전략이나 논리적인 계획일지라도 여러가지 부수적인 협조를 얻어내지 못한다.

너무나 일반적인 얘기로 들릴지 모르지만, 효과적인 비전은 적어도 다음과 같은 특징을 가지고 있다(〈표 5-3〉 참조).

첫째, 가까운 장래 혹은 꽤 먼 미래에 그 조직이 어떤 일을 하게 되고 어떤 모양이 되어 있을지에 대하여 설명해준다. 둘째, 이해관계 당사자들 즉, 고객과 주주, 직원들이 기대할 수 있는 이익에 대해서 명확히 설명해준다. 반대로, 잘못된 비전은 당연히 기대되는 이익조차 보장해주지 못하는 경우가 있다. 셋째, 효과적인 비전은 현실적이라야 한다. 비전은 듣기에는 그럴싸하지만 실현이 불가능

표 5-2 비전, 전략, 계획 및 예산의 상호관계

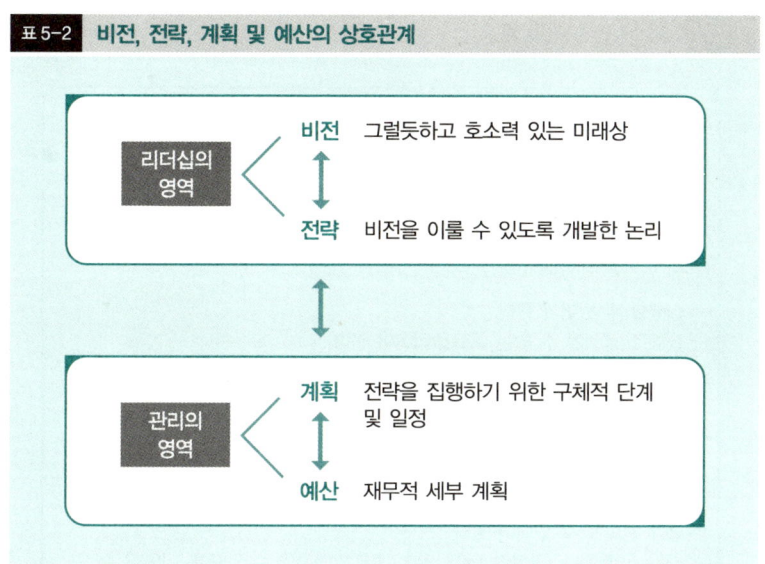

한 환상이 아니다. 잘못된 비전은 맑은 하늘에서 느닷없이 빵이 떨어지는 것처럼 허무맹랑한 것을 기대하게 만든다. 넷째, 훌륭한 비전이란 목표를 성취할 수 있도록 직원들의 동기를 유발할 정도로 명료하되, 동시에 각자의 독자성을 인정하는 융통성도 있어야 한다. 좋지 못한 비전은 어떤 때는 너무 모호하고 어떤 때는 너무 자세하다. 마지막으로, 효과적인 비전은 공유하고 전달하기가 쉬워야 한다. 잘못 만들어진 비전은 전파시키기가 매우 힘들다.

고객, 주주, 직원의 이익을 보장하라

사내신문에 다음과 같은 기사가 났다면 당신은 어떤 생각을 할

표 5-3　효과적인 비전의 특징

- **상상할 수 있는 것이어야 한다**
  미래에는 회사가 어떻게 될 것이라는 그림을 보여주어야 한다.

- **모두 원하는 것이어야 한다**
  회사에 이해관계를 갖고 있는 종업원, 고객, 주주 및 기타 사람들의 장기적 이익을 대변해야 한다.

- **실행할 수 있어야 한다**
  실제로 달성할 수 있는 목표들이어야 한다.

- **구체적이어야 한다**
  의사 결정에 도움을 줄 수 있도록 명료해야 한다.

- **융통성 있어야 한다**
  환경 변화에 적응할 수 있도록 각 개인의 독자성을 인정해야 한다.

- **쉽게 전파될 수 있어야 한다**
  쉽게 전달할 수 있어야 한다. 5분 내에 알아들을 수 있도록 설명할 수 있어야 한다.

것인가? "우리의 비전은 직원에게는 가능한 한 월급을 적게 주면서 물건값은 되도록 높게 받아 이로 인해 생기는 이익은 주주와 고위간부끼리 나누어 갖되 되도록 고위간부에게 많이 돌아가게 하는 회사가 되는 것이다." 말도 안 된다고 할지 모르지만, 오늘날 많은 회사들이 경영혁신을 하면서 실제 제시하는 비전들은 거의 이와 비슷한 것들이다. '잘들 놀고 있네'라고 우리는 조소를 금치 못할 텐데, 이런 회사들이 지금은 잘나간다 해도 그것은 짧은 기간 동안이지 오래가지는 못한다.

　리엔지니어링, 구조 조정, 그리고 다른 어떤 경영혁신 과제들도 그 회사에 이해가 걸려 있는 사람들, 즉 직원, 고객, 주주, 부품공급업자, 지역사회 등에 호감을 주는 비전이 뒷받침해주지 않으면 절대로 오래가지 못한다. 훌륭한 비전이라는 것은 더 좋은 미래를 만들기 위해 이런 사람들 전부 혹은 일부에게 희생을 요구하지만, 그렇다고 해서 어떤 특정 사람들에게 돌아가야 할 당연한 이익을 장기간에 걸쳐 무시해서는 안 된다. 이해당사자 가운데 어떤 특정인의 편에 서서 다른 사람들의 권리를 짓밟는 비전은 가장 좋지 못한 비전이다. 이런 종류의 비전은, 특히 카리스마적인 지도자의 손안에 있을 때 잠시 성공하는 듯하지만, 결국 따르고자 하는 사람들의 사기를 꺾고 반격의 구실을 제공한다. 이들 반격은 경영진을 압박하는 대주주, 구매를 중지하거나 법정싸움으로 몰고가려는 고객, 그리고 눈에 보이지 않는 저항으로 경영혁신을 실패하게 만들려는 직원 등 여러 방면에서 온다.

회사의 제품이나 서비스가 유통되는 시장의 현실을 깊이 이해하지 못하고 만든 비전은 기필코 기업을 파국으로 몰아넣는다. 오늘날 모든 산업계에서 선택의 주도권을 잡게 된 고객들은 자기들의 관심사항에 신경을 쓰지 않는 회사로부터는 발길을 돌린다. 금융시장이나 노동시장에서도 마찬가지이다. 직원이나 투자가들도 선택권을 갖고 있는데, 이런 사람들의 요구를 무시하는 기업은 스스로 몰락의 길을 걷는 것이다.

어째서 그렇게 현명하다고 하는 사람들이 고객이나 직원, 그리고 투자가들의 요구를 무시하는 비전을 추구하게 되는가? 내가 관찰해 온 바에 의하면, 경영자가 어떤 특정 집단으로부터 거센 압력을 받는 반면 다른 집단들에게는 거의 일방적인 권한을 행사할 수 있게 될 때 이런 일이 흔히 발생한다.

한 예를 들어보자. 강력한 노조가 더 높은 임금과 더 좋은 복지혜택을 요구할 때 무능한 경영자는 이에 필요한 모든 비용을, 선택의 여지가 없는 소비자에게 떠넘기는 것으로 해결하려 한다. 또는 다음 예에서 보는 바와 같이 그 반대일 수도 있다. 세계 어디에서나 물건을 구매할 수 있게 된 소비자들은 품질은 더 좋되 가격은 더 싼 제품을 요구한다. 그러자 된 경영자들은 힘 없는 직원들의 월급이나 다른 혜택을 깎아서 이 문제를 해결하려 한다. 당장 어쩔 수 없이 견뎌내야 하는 중압감, 그리고 이미 저지른 실수를 어떻게든 합리화하려는 인간의 본성, 이 두 가지 때문에 이성을 가진 사람들이 비이성적인 행동을 하게 된다.

다음은 비전이 얼마나 잘 만들어졌나를 판단할 수 있는 기본적인 질문들이다.

1. 비전이 그대로 실현된다면 고객들에게는 어떤 영향을 미칠까? 현재 만족하고 있는 고객들을 그때에도 계속 만족시킬 수 있을 것인가? 현재 충분히 만족하지 않는 고객들을 더 만족시킬 수 있을까? 현재 우리 제품을 사지 않는 고객들을 그때에 가서는 사게 만들 수 있을까? 수년이 지나서도 고객들의 욕구를 만족시킬 수 있는 더 좋은 제품과 서비스를 경쟁업체보다 더 잘 공급할 수 있을까?

2. 이 비전이 주주들에게는 어떤 영향을 미칠 것인가? 그들을 계속 만족시킬 수 있을까? 현재 주주들이 행복해하지 않는다면, 이 비전이 그들의 행복을 개선시킬 수 있을 것인가? 우리가 추진하는 경영혁신이 성공한다면, 다른 방법보다 더 많은 이익을 주주들에게 줄 수 있을까?

3. 이 비전은 직원들에게 어떤 영향을 미칠 것인가? 현재 그들이 행복해 한다면 이 비전은 그들을 계속 행복하게 만들 수 있을 것인가? 그들이 현재 불만을 갖고 있다면, 이 비전은 그들의 마음을 사로잡을 수 있을 것인가? 만약 혁신에 성공한다면, 우리는 직원들에게 다른 경쟁업체보다 더 좋은 대우를 해줄 수 있을 것인가?

지난 10여 년 동안 '이해 당사자 간의 균형을 어떻게 맞출 것인가'를 두고 많은 연구가 이루어졌다. 그 연구내용을 자세히 소개하려는 것이 아니다. 중요한 것은 고객, 직원, 주주 누구에게나 똑같은 이익을 제공함으로써 단지 이해 당사자간의 완벽한 균형을 추구하려는 비전은 경영혁신을 성공시키지 못한다는 것이다. 경쟁적인 고객, 금융, 노동시장에서는 그 이상의 것이 필요하다. 각 개인 모두가 최상으로 대우받길 원한다. 이제 우리가 던져야 하는 질문은 '원가를 줄여야 할까 아니면 제품의 품질을 높여야 할까?'가 아니라 '어떻게 하면 원가도 줄이고 동시에 제품의 질도 높일 수 있을까?'이며, 높은 봉급을 주어야 하는 고급기술자를 확보해야 할까 아니면 저원가 전략을 추구해야 할까'가 아니라 '어떻게 하면 원가가 제일 낮은 제품을 생산하면서도 일류급의 인력을 유지할 수 있을까?' 이어야 한다.

매우 어려운 일이지만, 이런 힘든 일을 해낼 수 있는지 없는지에 따라 승자와 패자가 결정된다.

실현 가능성을 생각하라

큰소리로 약속만 했지 경영혁신을 구체적으로 어떻게 추진할 것이며 어떻게 그것이 가능한지 제대로 설명하지 못하는 비전도 있다. '현재 우리 회사의 생산성은 업계에서 최하위지만 곧 최정상에 오를 것이다.' 대단한 의욕이다. 그러나 어떻게? '우리 회사는 현재 별 특징이 없는 그렇고 그런 회사이지만 곧 고객들이 제일 먼저 찾아오는 회사로 변신할 것이다.' 훌륭한 생각이다. 그러나 어떻게?

실현 가능한 비전은 허황된 꿈과는 다르며 그 이상의 것이다. 미래를 적절하게 그린 그림은 회사가 가지고 있는 여러 자원과 장점을 그 능력 이상으로 발휘할 수 있게 만드는 방안도 포함하여야 한다. 연 3퍼센트의 생산성 향상을 목표로 하는 비전은 급변하는 기업환경 속에서 살아남기에 필요한 의식 변화나 경영혁신을 성공시키지 못한다. 반대로 경영혁신 목표가 너무 높아 성취가 불가능해 보이면, 신뢰도가 떨어져 사람들의 의욕을 북돋우지 못한다. 어느 정도의 목표가 사정권 내에 드는가 하는 문제는 전적으로 회사 내의 의사 전달 기능에 달려 있다. 위대한 지도자는 불가능하게 보일 정도로 야심찬 목표도 가능하게 보이도록 만드는 비결을 갖고 있는 사람이다. 이 점에 대해서는 다음 장에서 더 논의하겠다.

또한 실현 가능성이란 조직 자체에 대해서, 시장환경에 대해서, 경쟁의 변화 추세에 대해서 모든 것을 합리적이고 확실하게 이해한 다음 비전을 만드는 것을 의미하기도 한다. 이때 '경영전략'이 중요한 역할을 한다. 전략은 비전을 어떻게 현실화할 수 있는지 논리적으로 보여주는 제1단계 계획이다. 예를 들면, 오늘날 시장 환경의 가장 큰 흐름은 변화 속도가 더욱 빨라지고 경쟁은 더욱 심화되는 것이다. 그러므로 시장에서 성공을 거두고 투자수익률을 높이기 위해서는 회사 분위기가 내부지향적이거나 중앙집권식이거나 또는 피라미드형 조직구조가 되어서도 안 되고, 의사결정이 느려서도 정치적인 조직이 되어서도 안 된다. 좋은 비전과 이를 뒷받침하는 훌륭한 전략이란 이런 현실적인 일들을 사려 깊게 다룰 수 있어야 한다.

특히 지난 20여 년 동안 기업들을 도와서 이런 문제들을 해결하고자 하는 산업이 꽃을 피웠다. 바로 '경영전략 컨설팅 회사'들인데, 이들은 시장이나 경쟁업자들에 대한 온갖 정보를 모아서 어떤 제품을 생산해야 하는지, 그리고 이를 어떻게 가장 잘 만들 수 있는지에 대해서 많은 회사를 도와 왔다. 이렇게 컨설팅 업계가 괄목할 만하게 성장한 사실을 보면, 기업 스스로가 과거의 잘못된 관습을 청산하고 새로운 경영전략을 짜고 또 그 실현 가능성을 평가하는 것이 얼마나 어려운 일인지 잘 알 수 있다.

구체성, 융통성 그리고 전달의 용이성

훌륭한 비전이란 그저 막연한 그림이 아닌 매우 구체적인 그림이다. 특히 어떤 일들이 중요하고 어떤 일들이 중요하지 않은지에 대해 직원들에게 지침을 줄 수 있어야 한다. 회사가 나아갈 방향이 아주 모호해서 사람들이 이를 잘 인용하지 않는다면, 그 방향은 전혀 도움이 되지 않는다. 그래서 '가장 좋은 회사가 되는 것'이라는 표현은 좋은 비전이라 할 수 없으며, 더 구체적으로 표현한 '통신업계에서 가장 좋은 회사가 되는 것'도 좋은 비전이 되지 못한다. 이 두 가지 경우에서 우리가 알 수 없는 것은 '무엇에서 최고냐?' 하는 것이다. 구내식당 음식이 최고라는 것인가, 아니면 제일 좋은 주차장을 갖겠다는 것인가?

물론, 어떤 때는 지나칠 정도로 모든 것을 분명하게 하려는 사람들도 있다. 좋은 비전은 개개인이 독자성을 발휘할 수 있도록, 또 경영환경 변화를 수용할 수 있도록 끝이 열려 있는 비전이라야 한다. 길게 그리고 세세한 것까지 언급하는 비전은 너무 꼭 죄는 양복저고리 같아서, 급속하게 변하는 세계에서 곧 쓸모없게 돼버린다. 그렇게 해서 끊임없이 수정해 나가야만 하는 비전은 신뢰성을 상실하게 된다.

극도로 모호하거나 반대로 너무 지나치게 자세한 두 비전의 양극 사이에는 충분한 공간이 있다. 경영혁신을 성공적으로 선도해나가는 경영자라면, 이 공간의 어디쯤을 목표로 잡아야 할지 그 기준으로 '비전이 얼마나 쉽게 전파될 수 있을까' 하는 전달의 용이성을 본다. 비록 누구나 다 희망하고 있고, 구체적으로도 기술되어 있으며, 실현 가능성이 높은 비전이라도, 그 내용이 너무 복잡하여 많은 사람들에게 전달하기가 불가능하면 무용지물이 된다. 여기서 얘기하고 싶은 것은 '좋은 비전을 힘들여 만들어 놓고 그것을 무용지물로 만들지 말자'는 것이다. 다음 장에서 논의하겠지만 단순한 비전일지라도 이를 많은 사람들에게 전달하는 것은 매우 어려운 일이다. '간결함'이 그 비결이다.

훌륭한 비전과 쓸모없는 비전 사례들

어떤 면으로 봐서 경영혁신을 잘 해낼 수 있는 비전보다는 그렇지 못한 비전을 설명하는 것이 더 쉬울 수도 있다.

1. '주식당 수익률 15퍼센트 올리기'는 좋은 비전이 아니다. 많은 회사들에서 보아 왔듯이 이런 재무적인 목표를 달갑게 여기지 않는 사람들이 있고 이런 목표는 성취가 불가능하다고 생각하기도 하며, 또 이를 성취하기 위한 방법을 잘 알지도 못한다.
2. '품질개선 프로그램'의 자초지종을 설명한 두께가 10센티미터나 되는 지침서 같은 것은 훌륭한 비전이 아니다. 800페이지나 되는 지침서를 읽고 나면 거의 모든 사람들은 동기부여가 되기는커녕 오히려 머리만 혼란스러워진다.
3. 긍정적이기는 하지만 아주 모호한 가치관들을 기계적으로 나열해놓은 것도 좋은 비전이라 할 수 없다('우리는 성실성, 안전한 제품, 깨끗한 환경, 원만한 노사관계를 추구한다' 등). 이런 종류의 비전은 명확한 방향을 제시하지 못하고 극단적인 이상주의자를 제외한 모든 사람들의 흥미를 잃게 만든다.

그렇다면 훌륭한 비전은 어떤 것인가? 미국의 한 보험회사 경영진은 다음 내용이 회사를 혁신하는 데 큰 도움을 주었다고 말한다.

10년 안에 우리 업계에서 세계 제일의 회사가 되는 것이 우리의 목표다. '세계 제일'의 뜻은 다른 어떤 경쟁자보다도 높은 수익을 올려 더 많은 이익을 창출하는 것이며, 고객들의 욕구를 더 잘 충족시킬 수 있도록 기술 개발을 계속해 나가는 것이며, 직원들에게는 더 좋은 업무환경을 마련해주는 것이다. 이와 같이 야심찬 목표를 달성하기 위해서는 수익과 이익의 성장률이 매년 두 자릿수가 되어야 할 것이다. 또한 우리는 내부 지향적인 것에서 탈피하여 더욱 더 외부중심적이어야 하고 절대로 관료적으로 되어서는 안 되며 제품 중심적이기보다는 서비스 중심적인 회사가 되어야 한다. 우리가 모두 힘을 합쳐 함께 노력한다면 이런 혁신적인 목표를 달성할 수 있으며, 그러는 과정에서 주주, 고객, 직원, 그리고 지역사회가 소망하는 회사가 될 것임을 믿어 의심치 않는다.

이와 같이 아주 간단하게 보이는 성명도 어떤 때는 공허한 희망적 독백으로밖에 보일지 모른다. 그러나 다시 한 번 읽어 보면 그 속에 상당한 정보가 들어 있음을 알 수 있을 것이다. 이 성명은 상세한 지시사항 같은 것은 담고 있지 않지만 (1)일어날지도 모르는 여러가지 일들을 미리 배제하고 있고(예를 들면 문어발식으로 다각화한 기업이 된다든지, 철저히 미국에서만 사업을 하는 회사로 남는다든지, 아니면 노동력을 착취한다든지), (2)혁신이 필요한 분야를 구체적으로 명시하고 있고(예를 들면 제품 중심적인 문화에서 서비스 중심적인 문화로 바꾸는 것), (3)목표를 분명히 밝힘(10년 안에 업계에서 제1인자가 되겠다는 것)으로써 구체성을 보여주고 있다. 소망 사항도 직접 언급하고 있다('주주들이 소망하는…' 과 같이). 또한 성명이 그렇게 길지도 않기 때문에 이를 다른 사람에게 설명하기도 꽤 수월하다.

이와 같이 짧은 문장으로 된 비전을 확대하면 A4 석 장 정도로 긴 비전이 될 수도 있고, 당면한 문제점을 구체적으로 열거하고 전략을 함께 거론하면서 그 해결 가능성까지도 포함시킬 수 있다. 그러나 석 장에 이르는 긴 내용도 단 5분 안에 전달할 수 있어야 한다. 내가 제시한 간단한 법칙을 기억하라. '비전을 5분 안에 설명해서 상대방의 흥미를 불러일으키지 못한다면, 경영혁신을 계속 밀고나가기 전에 이 문제부터 먼저 해결해야 한다.'

예를 하나 더 소개하겠는데, 이는 어떤 특별한 프로젝트에 관한 것이므로 조금 더 구체적인 데 초점을 맞춘 것이다.

지금 우리 부서가 추진하는 리엔지니어링을 시작하게 만든 비전은 아주 간단하다. 우리는 원가를 30퍼센트 줄이고 고객 요구에 대응하는 속도는 40퍼센트 향상시키고 싶다. 이런 목표가 과욕이라 할 수도 있다. 그러나 오스틴에서 실시했던 시험 프로젝트의 결과를 보면 우리들 모두가 협동해서 노력한다면 해낼 수 있다. 이 리엔지니어링이 완성되는 것은 약 3년 후가 되겠지만, 우리는 제일 큰 경쟁업체를 훨씬 앞질러 있을 것이고 거기에 따르는 모든 부수적 이익도 얻을 수 있다. 이런 이익이란 고객이 더 많은 만족감을 느끼게 되는 것, 더 높은 수익성장률을 실현하는 것, 더 안정된 일자리를 확보하는 것, 그리고 눈에는 보이지 않는 것이지만 위대한 일을 성취함으로써 얻을 수 있는 자부심 등이다.

앞의 두 예에서 본 것처럼, 지난 몇 년 동안 내가 경험한 경영혁신 가운데 가장 성공적이었던 비전들을 분석해보면 모두 다음과 같은 특징을 갖고 있다.

1. 아주 야심적이어서 사람들이 편안하고 일상적인 틀에서 벗어나지 않

으면 안 되게 만든다. 5퍼센트 개선하겠다는 것은 목표가 아니다. 어떤 분야에서 최고가 되겠다는 것이 목표가 된다.
2. 일반적으로 좀더 낮은 원가로 좀더 좋은 제품이나 서비스를 제공하는 것을 목표로 삼는다. 그렇게 해서 고객이나 주주들에게 대단한 호평을 받는다.
3. 중요한 환경변화, 특히 세계화 움직임이나 신기술 등을 최대한 이용한다.
4. 어느 특별한 사람이나 집단을 무시하지 않으므로 도덕성을 바탕으로 하는 힘을 갖게 된다.

어떻게 만드는가

지난 10년 동안 경영혁신을 위해서 효과적인 비전을 만든 기업들을 관찰해온 결과, 다음과 같은 결론을 얻었다. 좋은 비전을 만들어내는 것은 명석한 두뇌와 풍부한 감정의 합작품이라는 것, 시간이 오래 걸린다는 것, 많은 사람이 참여해야 한다는 것, 또 상당히 어려운 일이라는 것 등이다.

비전의 초안은 대개 한 사람이 만들어낸다. 그는 그럴듯하게 보이면서도 재미있는 아이디어들을 찾기 위해 우선 자기 자신의 경험이나 가치관에서 출발한다. 변화선도팀은 이렇게 한 사람이 모은 아이디어들을 충분히 토의한다. 그 과정에서 불필요한 것은 삭제하고 필요한 것은 첨가하며 문장들을 명료하게 가다듬다 보면 본래 아이디어는 십중팔구 수정되게 마련이다. 이런 과정을 공식적인 계획 수립 과정처럼 틀에 박힌 절차로 생각하는 사람들도 있는데, 그렇게 되면 일을 그르치기 쉽다. 비전을 만드는 작업은 항상 혼란스러워 보이고 힘도 들며, 또 어떤 때는 감정적인 요소가 많이 작용하는 작업이기도 하다.

예를 하나 들어보자. 중간 규모 정도의 한 유통회사 사장은 인사담당 부사장과 전략담당 부사장에게 사장의 생각을 기초로 해서 비전 초안을 만들도록 하였다. 이 초안에 대해 이틀 동안 사외에서 개최된 경영회의에서 집중적으로 진지하게 논의했다. 회의가 절반쯤 지났을 때였다. 회의 분위기가 얼마나 엉망이 되었는지, 회의가 햇빛 찬란한 휴양지에서 열리고 있는데도 참석자들은 눈이 60센티미터나 쌓이고 눈보라치는 집으로 당장 돌아가고 싶은 심정들이었다. 사장도 같은 심정이었다. 그렇게 된 이유는 서로 상충하는 경영위원회 위원들의 세계관이 비전 초안으로 표면화되면서 논쟁이 격렬해지고 갈수록 복잡해졌기 때문이다. 특히 한 사람은 극도로 흥분했는데, 이 비전에 의하면 그가 현재 맡은 부서가 지금보다 훨씬 낮은 위치로 전락하고 말기 때문이었다. 또 참석자 몇 사람에게는 이런 회의진행 방법이 너무나 질서가 없고 박력도 없어 보였다. 오늘에 와서야 비로소 그때 그 회의가 정말 중요했고 토의 내용도 값진 것이었음을 깨달았지만, 당시에는 정말 재미 없는 회의였다.

회의석상에서 갈등이 불거졌을 때 사장은 뒤로 물러나 앉는 대신, 부드럽지만 확고한 자세로 밀고 나갔다. 그는 꽤 잘 다듬어진 대인관계 기술을 적절히 구사하며 회의의 중압감을 사람들이 견뎌낼 수 있는 수준으로 유지했다. 만약 경영혁신이 거쳐야 할 전 과정 가운데 처음 두 단계를 건너뛰었더라면 회의는 아마 산산조각이 나고 말

앉을 것이다. 그렇지만 위기감이 조성되어 있었고, 상호 신뢰감과 훌륭한 일을 해내겠다는 헌신의 의지가 상당 수준 건실하게 형성되어 있었다. 덕분에 그 경영위원회는 여러 어려운 주제들을 헤쳐나갔고 잠정적이긴 하지만 수정된 비전에 모두 동의할 수 있었다.

사장은 그 회의에서 논의한 내용들을 정리한 속기록과 그 후 참모들이 추가로 작업한 내용을 바탕으로 비전을 수정했다. 이를 6개월에 걸쳐 변화선도팀 사람들과 다시 토의하였다. 이렇게 갈고 다듬은 비전을 여러 사람들에게 공개했고, 그 후 4년이라는 시간을 두고 새로운 내용을 첨가하거나 수정을 가했다.

비전 만들기는 최소한 다음 다섯 가지 이유 때문에 매우 힘든 작업이다. 첫째, 재능있는 사람들을 여러 세대에 걸쳐 관리자로만 길렀지, 리더 또는 리더 겸 관리자로 길러내지 못했다. 지금까지 비전은 관리 위주의 경영에서는 꼭 필요한 요소가 아니었다. 관리에서 비전 만들기에 해당하는 것은 기획이다. 훌륭한 관리자에게 그의 비전이 무엇인가 물어보라. 아마도 그가 만들어 놓은 실행계획서 이야기만 할 것이다. 예를 들면, 신제품 발표는 6월에 하고, 9월까지는 X라는 사람을 새로 영입하며, 금년 순이익은 Y달러가 되게 만든다는 것 등이다.

그렇지만 기획이란 비전이 할 수 있는 것처럼 직원들을 지휘하지도, 일관성을 유지시키지도, 행동을 고쳐시키지도 못한다. 그렇기 때문에 경영혁신을 위해서는 기획만해서는 안 된다. 변화 속도가 빠르지 않았던 과거에는 이런 일들을 가르칠 필요가 없었고 따라서 가르치지도 않았다. 그러나 역사는 우리에게 우호적인 방향으로 흘러가지 않는다.

표 5-4 효과적인 비전 만들기

- **첫 번째 초안**
  처음에는 한 사람이 비전의 초안을 만들어내는데, 보통 시장환경이 필요로 하는 것과 그의 꿈을 반영한다.

- **변화선도팀의 역할**
  첫 번째 초안은 항상 변화선도팀이나 더 많은 사람들이 오랜 시간에 걸쳐 다듬는다.

- **팀워크의 중요성**
  최소한의 효과적인 팀워크가 없이는 집단 의견 수렴 과정은 성공할 수 없다.

- **두뇌와 가슴의 역할**
  논리적인 사고와 이상에 대한 동경은 전 과정에 걸쳐 필수불가결한 요소다.

- **과정의 혼란성**
  비전 만들기는 대개 두 걸음 전진 한 걸음 후퇴, 한 걸음 왼쪽 한 걸음 오른쪽 하는 혼란한 과정을 밟는다.

- **소요 시간**
  비전은 절대 단 한 번의 회의에서 만들어지지 않는다. 몇 달, 어떤 때는 몇 년이 걸린다.

- **최종 결과물**
  모두가 희망하고 실행 가능하며, 구체적이고 유연한, 그리고 5분 이내에 상대방에게 설명할 수 있는 '회사가 나아갈 방향'이다.

둘째로, 훌륭한 비전은 고상하면서도 단순한 것이지만, 그것을 만들어내는 데 필요한 자료나 거쳐야 할 통합 과정은 결코 간단하지 않다. 쌓아 놓으면 높이가 3미터나 될 서류뭉치들, 보고서, 재무계획, 통계수치들이 기업의 미래상에 대한 단 한 장짜리 문장을 만들어내는 데 동원되기도 한다. 그렇다고 해서 이런 방대한 정보를 분석해내기 위해서 간단히 슈퍼컴퓨터에 맡겨버릴 수도 없는 일이다.

세 번째로, 두뇌(이성)와 가슴(감성) 모두가 비전을 만들어내는 과정에 필요하다. 16년 이상 교육을 받아온 우리 대부분은 머리를 어떻게 써야 하는지는 알지만 가슴을 어떻게 써야 하는지에 대해서는 잘 모르고 있다. 그렇지만 모든 효과적인 비전은 철저하게 분석적인 사고를 통해서뿐 아니라 의미 있는 가치관을 서로 공유할 때 얻을 수 있는 것이다. 이 가치관은 변화선도팀에 속한 모든 사람들이 마음 깊숙이 공감할 수 있는 것이라야 한다.

따라서 비전 만들기란 새로운 사업 기회를 찾아내고 회사의 역량을 평가하는 등의 전략수립 과정과는 다른 것이다. 이 과정에서는 우선 스스로를 이해해야 한다. 즉 우리 자신은 과연 누구이며 우리가 소중히 여기는 것은 무엇인가를 알아내는 것이다. 개인적인 차원에서 비전을 만들어보는 것은 매우 유익한 일이다. 물론 자기성찰이나 자아인식 경험이 부족한 사람은 이런 작업이 매우 어렵고 불안할 수도 있다.

넷째로, 변화선도팀 내에서 팀워크가 제대로 이루어지지 않으면, 비전 만들기 작업은 분파의식 때문에 끝없는 협상의 연속이 될 위험이 크다. 언젠가 한 컴퓨터 제조회사의 경영진이 경영혁신에 필요한 비전을 만드는데, 그 속에 고려해야 할 기본요소들에 대해서 의견 통일을 보는 데만 2년이란 세월이 걸렸다. 공식 혹은 비공식회의, 또 일 대 일로 하는 회의까지 모두 합치면 여기에 소모된 시간은 실로 엄청났다. 그렇지만 이 경영자들은 그들의 목표—멋있는 비전을 만들어내는 것—를 이룰 수 없었다. 가장 큰 문제는 적은 수의 사람들만이 이 목표를 성취하려고 노력했다는 것이다. 대부분의 다른 사람들은 자기 집단의 이익만을 보호하는 데 급급했다.

마지막으로, 위기감이 충분히 높지 않으면 이 단계를 마무리 짓는 데 필요한 시간을 충분하게 확보하지 못할 것이다. 우선 회의 시간을 정하기가 어렵다. 회의와 회의 사이에 하는 일도 매우 더디게 진행될 것이다. 이런 사실들을 감지하지 못한 채 1년이란 세월이 후딱 지나가고, 돌아보면 그동안 이룬 것은 아무것도 없을 것이다. 무엇인가를 성취해야겠다는 압박감이 계속 쌓이다 보면 원래 의도보다는 훨씬 못한 결과로 만족하게 되고, 이러면서 시간은 계속 흘러가버린다. 이런 상황하에서 최종적으로 얻은 비전이란 현재의 것보다 조금 나아졌거나 조금 더 강한 어조로 바뀐 것에 지나지 않을 것이다. 더욱이 변화선도팀에 속한 사람이라면 누구도 이를 진심으로 받아들이지 않을 것이다. 비전이 제대로 만들어지지 않았고, 또 비전이 그렇게 야심적이지 못하고 지원세력도 충분하지 못하다면 경영혁신은 실패로 끝나고 만다.

비전을 만들 때 발생하는 불안과 갈등 때문에 비전 만들기 단계를 너무 일찍 끝내는 경우가 종종 있다. 변화선도팀 사람들이 생각하고, 느끼고, 토론하고, 반추해보기도 훨씬 전에 비전은 설익은 상태로 액자에 새겨져 벽에 걸리거나 깨끗이 인쇄되어 여러 사람에게 배포된다. 이렇게 되면 경영혁신을 추진하는 전체 과정은 큰 상처를 입는다.

반드시 기억해야 할 것이 있다. '제대로 만들어지지 않은 비전은 아예 없는 것보다 못하다.' 제대로 만들어지지 않은 비전을 따르게 하는 것은 사람들을 벼랑 끝으로 내모는 것과 같다. 스스로 헌신적이지 않으면서 입발림만 하는 것은 환상만 일으켜 사람들을 혼란에 빠뜨릴 위험이 있다. 사람들은 튼튼한 기초 위에 건물을 짓고 있다고 생각하겠지만, 결국에 가서는 기초가 붕괴하고 그들이 이루어놓은 것 모두가 무너지는 것을 지켜보아야 한다. 이유가 어떻든 비전 만드는 과정이 서둘러 중단되었기 때문에 모든 문제가 발생했다는 것을 알게 되면, 직원들은 경영혁신에 대해 더욱 냉소적인 시선을 보낸다. 이렇게 된 직원들과 더불어 경영혁신을 성공시키기란 거의 불가능한 일이다.

앞에서 이미 언급하였지만 다시 한 번 반복하고자 한다. 경영혁신을 위한 8단계 전 과정에서 한 단계라도 끝까지 마무리 짓지 못하고 건너뛴다면, 대부분 뒤에 가서 대가를 톡톡히 치른다. 튼튼한 기초를 만들어 놓지 않은 상태에서 만들어진 비전은 어느 시점에 가서 곧 무너지게 되고, 원위치에서 다시 시작하지 않으면 안 되게 만든다. 제3단계, 즉 비전 만들기와 전략 수립 단계에서는 그것을 완벽하게 끝내기 위해 충분한 시간을 할애해야 한다. 더 좋은 미래를 창조하기 위한 하나의 투자, 그것도 아주 중요한 투자다.

변화관리 4단계

참여를 이끌어내는
의사소통을 전개하라

　비전이 훌륭하다면, 단지 몇몇 핵심인물만 이해하고 있어도 회사의 목적을 달성하는 데 큰 도움을 준다. 그러나 대개는 경영혁신에 참가하는 모든 사람들이 비전에 담긴 목표와 가고자 하는 방향에 대한 생각이 같아야만 진정한 힘을 발휘한다. 바람직한 미래상에 대하여 모든 사람들이 같은 생각을 가질 때 비로소 동기가 유발되고, 경영혁신을 위해 필요한 여러 조치들이 조화를 이룰 수 있기 때문이다.

　기업이 가야 할 새로운 방향을 직원들에게 이해시키고 그들의 헌신적 봉사를 얻어내는 것은 결코 쉬운 일이 아니다. 현명하다고 하는 사람도 이 점에서 많은 실수를 저지르며, 유명 회사들조차 비전을 서투르게 전파해 실패를 맛본다. 의사 전달에 익숙하지 못한 경영자, 그것도 아주 형편없는 경영자들이 우리 주위에 아주 많다. 아니면 무심코 일관성 없는 언행을 일삼는 경영자들도 아주 많다. 어떻든 결과는 마찬가지이다. 경영혁신은 진척되지 못한 채 그 자리에서 흐지부지되고 만다.

의사 전달 과정에서 실패한 두 가지 사례

정보통신 사업을 맡고 있는 한 사업부 사장은 경영혁신을 위해 비전을 만들게 한 뒤 이를 폭넓게 홍보하기 위해 많은 시간을 쏟았다. 그러나 그 회사에서 몇 단계 아래로 내려가보면, 그 사람들 이야기는 다르다. "비전이라고요? 무슨 비전?" 그러나 조금 더 조사해보면 이렇게 상하 간에 일관성이 없는 이유를 금세 알 수 있다. 고위간부들은 충분한 시간을 들여 비전을 여러 사람들에게 알렸다고 얘기한다. 연례 전략수립 회의에서 비전을 어떻게 전파시킬까 하는 주제를 놓고 귀중한 시간을 들여가며 토의도 했고, 사내신문에 비전에 관한 서너 개의 특집기사도 실었으며 홍보용 비디오도 제작하였다. 그리고 적어도 12차례 이상의 경영회의에서 이 주제를 회의안건에 포함시켰다.

그러나 일선관리자들에게 조금만 다그쳐 물어보면 무엇인가는 들은 것 같은데 잘 기억할 수가 없다고 솔직하게 말한다. 대개 너무 많은 이야기를 들어서 혼란스럽거나 또 수많은 홍보 내용 중 극히 일부분만이 새로운 비전과 관계있는 것이었기 때문이다.

"고객이나 동료의식에 관한 얘기들이었던 것 같은데, 그렇지 않던가요?" 좀더 솔직한 사람은 이렇게 말할 것이다. "전부 말장난에 지나지 않습니다. 새 비전이 발표된 지 2주도 안 되어서 그 비전과는 거리가 먼 친구가 승진하였습니다."

안됐지만 흔히 발생할 수 있는 또 다른 이야기 하나를 소개한다. 회사의 비전이 가끔씩 직원들에게 전달은 되지만 제대로 되지 않는 경우이다. "우리의 목표는 통신산업과 정보산업이 하나로 합쳐지는 추세 속에서 격의 없는 조직을 만들고 패러다임을 변화시킬 수 있는 전략을 구사함으로써, 최초로 진정한 의미의 세계화된 기업을 이룩하는 것입니다."

우습게 들릴지 모르지만 위 문장에는 주의해야 하는 아이디어들이 여러 개 숨어 있다. 그러나 의사 전달이라는 차원에서 보면, 비록 여러 번 반복한다 하더라도 별로 효과가 없는 문장이다.

왜 그럴까? 경영혁신 8단계 과정 가운데 처음 세 단계에서 어떤 실수가 있었다면 이 네 번째 단계에서 문제가 생기기 마련이다. 회사 내에 위기감이 충분히 조성되어 있지 않으면(1단계의 실수), 직원들은 새 비전에 어떤 내용들이 담겨 있는지 주의깊게 듣지 않는다. 변화선도팀이 제대로 구성되지 않으면(2단계의 실수), 추진하고자 하는 경영혁신에 옳은 의미를 부여하지도 못하고, 이를 전달하는 데도 많은 어려움을 겪을 것이다. 비전 자체가 너무 모호하거나 그 속에 담긴 아이디어들이 별로 좋은 것이 아니면(3단계의 실수), 나쁜 물건을 팔고 다녀야 하는 것처럼 전파하기가 매우 힘이 든다.

비록 처음 세 단계가 성공적으로 잘 마무리되었다 하더라도 혁신 내용을 전파시키는 일 자체가 대단히 중요한 일이기 때문에 힘이 많이 드는 경우가 자주 있다. 수백, 수천, 때로는 수만 명의 직원들에게 어떤 특정한 비전을 이해시키고 받아들이게 하는 것은 정말 힘든 일이다. 단지 관리자로서만 살아온 사람들에게는 비전을 전파시키는 일이 유난히 어려울 수도 있다. 왜냐하면 관리자는 대개 비전에 영향받을 수 있는 광범위한 구성원들의 다양한 입장에서가 아니라, 자신들의 바로 아래나 위에 있는 사람의 입장에서만 생각하는 경향이 있기 때문이다. 또한 그들은 미래 지향적인 전략이나 희망보다는 일상적인 사실들을 전달하는 것을 더 편안해한다. 물론 관리자도 배울 수는 있다. 그렇지만 배우는 데는 많은 시간과 노력이 필요하고, 무엇보다 문제의 본질이 무엇이고 어떻게 이 문제를 해결할 수 있을까 하는 데 대한 명확한 감각이 결여되어 있다.

비전을 전파하는 일곱 가지 원칙

비전 전파에 실패하는 이유로, 부하직원의 낮은 지적능력이나 변화에 저항하는 인간의 본성, 대개 이 둘 가운데 하나를 꼽는다. 그러나 이 두 가지 이유는 그럴듯하게 보일 뿐 문제의 본질은 아니다.

비전을 개발해내는 과정에서 변화선도팀에 속한 사람들은 정보를 모으고, 이를 소화하고, 다른 대안을 생각해보고, 마지막 결정을 내리기까지 수백 시간을 소비하는 게 보통이다. 그러나 수개월 간 이렇게 열심히 작업해온 경영진이 새로운 비전을 알기 쉽게 정리하는 마지막 순간에 대개 큰 어려움을 겪는다. 그들이 똑똑하지 못해서 그런가? 절대 그렇지 않다. 그러면 변화에 반대하기 때문인가? 그런 어느 정도 맞는 말이다. 그러나 더 근본적인 이유는, 혁신과정 자체가 안고 있는 어려움 때문이다.

미래에 대한 비전을 받아들이는 것은 정신적인 면에서 감정적인 면에서 모두 어려운 일이다. 이런 경우에 처하면 으레 많은 질문을 던진다. 이 비전이 나에게는 어떤 의미를 가지고 있는가? 동료들에게는? 회사 전체에게는? 다른 대안이 있을 수 있지 않겠는가? 그 대안 가운데 어떤 것이 더 좋은 것일까? 일을 다른 방법으로 처리할 수도 있지 않을까? 이 비전을 달성하기 위해 내가 꼭 희생해야 하는가? 이런 희생에 대해 나 스스로는 어떻게 생각하는가? 회사가 나아갈 방향에 대해서 많이 듣고 있는데 나는 정말 그것을 믿는가? 다른 사람들이 자기들 입지만을 강화하기 위해 술수를 쓰고 있는 것은 아닌가?

  비전 만들기가 매우 어려운 작업이라고 말하는 가장 큰 이유는 변화선도팀 사람들이 스스로 이런 많은 질문들에 대한 해답을 찾아야 하고, 그러다 보면 시간도 많이 걸리고 충분한 의사교환도 필요하기 때문이다. 순수하게 머리만 쓰는 작업이라도(이는 전략경영 컨설턴트에게 맡길 수도 있다) 역시 어려운 일이며, 전체를 놓고 볼 때는 한 부분에 지나지 않는 일이다. 감정적으로 해결하여야 할 일은 더욱 어렵다. 즉 사람들이 현재 상태를 더 이상 고집하지 않게 만드는 일, 다른 대안에 미련을 갖지 않게 만드는 일, 희생을 기꺼이 감수하게 만드는 일, 다른 사람들을 믿게 만드는 일 등. 그러나 이와 같이 힘든 일들이 끝난 바로 그 순간, 변화선도팀 사람들은 마치 회사 내 모든 사람들이 벌써 비전이 무엇인지 분명히 알게 되었고 마음의 평정도 찾은 것으로 착각한다. 그래서 비전과 관계있는 엄청난 양의 정보가 단지 일상적인 의사 교환의 흐름 속에 희석되어 곧 잊혀져버린다(〈표 6-1〉 참조).

  그렇다면 현명한 사람들이 왜 이렇게밖에 하지 못하는가? 한 가

| 표 6-1 | 의사 전달 실패 : 경영혁신 비전이 혼란 속에서 사라지는 과정 |

1. 3개월 동안 직원들에게 전달하는 정보의 양 = 2,300,000개의 낱말이나 숫자.
2. 그 가운데 경영혁신 비전에 대한 정보의 양 = 13,400개의 낱말이나 숫자(30분짜리 연설 1회, 1시간짜리 회의 1회, 600단어로 된 사내 신문용 기사 1회분, 2,000단어로 된 메모지 한 장).
3. 13,400/2,300,000 = 0.0058 경영혁신을 위한 비전은 전 의사 전달 과정에서 단지 0.58퍼센트밖에 차지하지 못하고 있다.

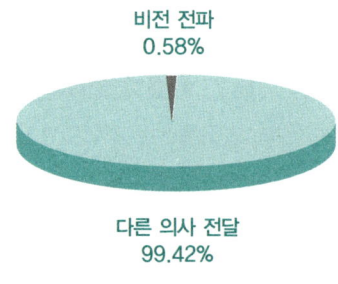

비전 전파
0.58%

다른 의사 전달
99.42%

지 이유는 아랫사람에게 은혜를 베푸는 듯한 경영자의 구태의연한 오만함 때문이다. "나는 경영자고 당신은 근로자다. 나는 당신이 이런 일을 이해할 수 있으리라고 생각하지 않는다." 비전을 제대로 전파시키지 못하는 더 중요한 이유는 의사 전달을 어떻게 해야 하는지 구체적인 방법을 모르기 때문이다. 변화선도팀에서 썼던 방법을 1만 명이나 되는 직원들에게도 똑같이 사용하면 되지 않을까? 그렇지 않다.

만약 똑같은 방법을 택하면 작업 규모는 엄청날 것이다. 변화선도팀이 비전을 만드는 데 150시간을 쓰고 그 가운데 20퍼센트를 전달하는 데 썼다고 가정하면, 전체적으로 걸리는 시간은 일인당 30시간이고 이에 1만 명을 곱하면 나온다. 돈으로 따져보면, 임금을 시간당 14달러, 복지후생비를 시간당 6달러로 계산해서 총액은 20×30×10,000 = 600만 달러가 된다. 예산상 600만 달러를 추가로 지불할 여유가 있는 회사는 그렇게 많지 않다.

그렇다면 이 문제를 어떻게 해결할 것인가? 경영혁신에 성공하기 위해서는 이 단계에서 다음 일곱 가지 원칙을 반드시 지켜야 한다.

첫 번째 원칙 | 쉬운 용어를 사용하라

비전을 효과적으로 전파하는 데 소요되는 시간과 정력은 전달하고자 하는 내용이 얼마나 명확하고 단순한가에 달려 있다. 초점을 잘 맞추고 전문용어가 섞이지 않은 정보는 서투르고 복잡하게 작성된 정보보다 훨씬 적은 비용을 들여 쉽게 전달할 수 있다. 전문 기술용어라든지 경영대학원에서 배운 것 같은 말투를 쓰면 혼란과 의심만 불러일으켜 듣는 사람에게 소외감을 주고 오히려 방해가 된다. 의사 전달이라는 것은 내용이 솔직하고 간단한 데서 오는 우아함을 보일 때 가장 효과가 좋다.

쉽게 또 솔직하게 의사를 전달하는 것이 어려운 이유는, 우선 머릿속의 생각을 명확하게 정리할 줄 알아야 하고 동시에 어느 정도 용기도 있어야 하기 때문이다. '시간이 좀더 있었더라면 더 간단한 편지를 쓸 수 있었을 텐데'라는 말도 있듯이 많은 말을 쓰면서 복잡하게 표현하는 것보다 명료하면서도 간단하게 표현하는 것이 훨씬 어려운 일이다.

또 간단하다는 것은 남을 속이지 않는다는 것을 말하기도 한다. 기술적 전문용어를 쓰는 것은 무엇인가를 방어하기 위한 하나의 책략이다. 본래 생각이 어리석은 것이었다면 당연히 다른 사람들도 그렇게 느낄 것이다. 어리석음을 숨겨주던 보호막을 치워버리면 당장 공격을 받기 때문에 그 방패를 쉽게 버리려 하지 않는다.

몇 가지 예

문형 1 | 우리의 목표는 매개변수를 수정하는 데 소요되는 평균시간을 국내외 모든 중요 경쟁자들보다 현격하게 줄이는 것이다. 같은 맥락으로 신상품 개발 주기, 주문서 발급시간, 그리고 다른 고객 관련 작업들도 변화시키는 것이다.

문형 2 | 우리의 목표는 업계의 어느 경쟁자보다 빠르게 고객의 욕구를 만족시키는 것이다.

전문직에 종사하는 사람들은 자기들만이 쓰는 특수용어를 개발해내는 경향이 있다. 꼭 맞는 말이 없어서 만들어내는 경우도 있지만, 스스로를 차별화할 목적으로 만들기도 한다. 같은 전문직종에 종사하는 동료들끼리 대화를 나눌 때는 이런 특수언어가 큰 도움이 된다. 그러나 다른 직종에 종사하는 사람들이 전문용어를 쓰면 혼란을 가져 온다. 대부분의 회사들은 몇십 종의 전문직(기계기술자, 회계사, 시장조사원, 관리자 등)에서 일하는 직원이나 사외 관련자(고객, 공급업체)가 있기 때문에 어떤 한 사람이 특수용어를 쓰면 일부 사람은 이를 이해하고 편하게 느끼지만, 다른 사람들은 어리둥절해하고 소외감을 느낀다. 결론적으로 말해서 성공적인 경영혁신을 위해서는 모든 의사 전달 과정에서 특수용어를 사용하지 말아야 한다. 다른 예를 하나 더 들어보자.

문형 1 | 우리는 비관료주의화 과정을 통해서 현장 직원들이 개별적 독특성을 가진 고객의 욕구를 충족시키도록 권한을 위임할 것이다.

문형 2 | 우리는 회사 규정을 되도록 간소화하여 고객들이 원하는 일을 할 수 있도록 직원들에게 재량권을 줄 것이다.

두 번째 원칙 | **은유법, 유추법 그리고 사례를 이용하라**

사람들은 곧잘 이렇게들 말한다. "우리 회사는 규모가 크고 아주 복잡하기 때문에 그렇게 민감한 비전을 짧은 시간 안에 모든 사람에게 전달하는 것은 불가능합니다."

이렇게 말하는 사람들이 모르고 있는 점은 은유법, 유추법 그리고 사례, 그것도 아니면 평범하지만 다채로운 언어에 복잡한 아이디어를 빠르고 효과적으로 전달하는 힘이 있다는 사실이다. 예를 들어보자.

문형 1 | 우리는 매우 경쟁적이고 힘든 기업환경 속에서 우리 자신을 보호하고 고객을 확보해나가기 위해 경제 규모의 장점을 계속 유지하면서 동시에 관료적이 되어서는 절대 안 되며 의사 결정을 지체해서도 안 된다.

문형 2 | 우리는 코끼리같이 되기보다는 고객에게 친절한 육식공룡이 되어야 한다.

다루기 힘든 공룡의 이미지를 부각시키고자 하는 것이 좀 이상하게 보일지 모르겠다. 그러나 전자회사의 입장에서 보면 이 아이디어를 쉽게 이해할 수 있다. 이 업계는 폭발적인 경쟁환경을 경험하고 있다. 매달 작은 회사들이 수없이 무너지고 큰 회사들조차 적자를 보고 있어 회사가 살아 남기 위해서는 육식공룡같이 한층 더 공격적이 되어야 한다. 호랑이 이미지는 어떨까 하는 생각도 들지만 호랑이 정도로 표현하기에는 회사가 이미 너무 커져서 의미 전달이 제대로 되지 않는다. 더욱이 아주 빠르고 강력하게 고객 서비스를 할 수만 있다면 회사가 크다는 것이 이점이 되기도 한다. 그렇기 때문에 '고객에게 친절한 육식공룡'이라는 아이디어는 꽤 그럴듯하다.

이 회사의 경영진이나 직원들 대다수가 오히려 코끼리 이미지를 좋아하고 육식공룡 이미지를 싫어한다면 이 방법은 효과를 거두지 못할 것이다. 그러나 사실은 그 반대다. 말로는 설명하기 힘든 어떤 감성적인 요인 때문에 대부분의 사람들은 공룡 중의 제왕이라는 이미지를 사랑하게 된다. 이런 이미지는 사람들을 경영혁신에 대한 관심에 붙잡아두는 데 많은 도움을 준다. 또 다른 예를 들어보자.

문형 1 | 우리는 고객들이 특이하다고 생각하고 쉽게 알아볼 수 있으며 유명하다고 생각할 제품들을 설계하고 생산해내기를 원한다. 이런 상품들은 상당히 비쌀 것이고 판매이익도 높을 것이다.

문형 2 | 우리는 피아트보다는 벤츠를 더 많이 만들 것이다.

반복하는 이야기지만, 만약 직원들이 벤츠보다 피아트를 더 좋아한다면 이런 표현은 실패작이다. 또는 외딴 산간 마을에 격리되어 있어 자동차에 대해 별로 알지도 못하는 사람들에게는 별로 의미가 없을 것이다. 그렇지만 여기에서 언급한 회사에서는 이 두 가지 가정이 모두 적용되지 않는다. 그렇기 때문에 이렇게 단 몇 마디로 된 문장은 감정에 호소할 수 있으므로 복잡한 내용을 전달하는 데도 쉽게 성공할 수 있다.

적절한 단어들로 쓰인 메시지는 수백 가지 다른 정보들과 섞여 있어도 기억하기에 쉽다. 광고 활동에 유능한 사람들은 이미지에 맞는 어휘를 찾아내는 데 익숙하다. 반면에 공학이나 경제학, 체육학 또는 재정학을 배운 사람들은 대개 그렇지 못하다. 그렇지만 누구나 다른 전문가의 도움을 받아서 소기의 목적을 달성할 수 있다. 그리고 적어도 내 경험에 의하면, 대부분은 연습을 통해 자신의 생각을 효과적으로 전달하는 방법을 쉽게 찾아낸다.

세 번째 원칙 | 다양한 방법과 기회를 이용하라

비전을 효과적으로 전파하기 위해서는 다양한 기회와 방법을 이용해야 한다. 대규모 회의, 메모지, 사내신문, 포스터, 비공식적인 일 대 일 면담 등. 똑같은 이야기를 각기 다른 기회를 통해서 여섯 번이나 들으면, 지적으로나 감성적으로 이를 더 잘 이해하고 기억할 수 있다. 그래서 A라는 기회를 이용하면 사람들이 가질 수 있는 어떤 의문점에 대해 더 좋은 대답을 줄 수 있고, 기회 B를 이용하면 또 다른 특정 의문에 대답을 줄 수 있다.

원가에 관심 있는 사람이라면 의사 전달이 공짜가 아니라는 것을 곧 지적할 것이다. 실제로 회사들은 비전 전파를 위해 엄청난 비용을 쏟아붓기도 한다. 이때 성공적인 경영혁신의 지도자들은 그 비싼 의사전달 통로가 하찮은 정보들로 채워지고 있다는 사실을 알고 이에 잘 대처한다. 연례 경영회의 주제를 보면, 3분의 1 이상이 더 이상 토의할 필요가 없는 주제들인데도 관례에 따라 상정됐거나 어떤 특정인이 고집을 부려 상정된 주제들이다. 결과적으로는 시간만 낭비하는 꼴이다. 대다수 사내신문은 별 의미도 없는 일반기사들로 가득하거나 특정인의 주장이나 선전기사만 실려 있어서 얼굴을 붉힐 정도로 유치하다. 우리가 갖는 일상적인 대화에서도 최소한 그 10퍼센트가 스포츠나 새 영화, 또는 쇼핑에 관한 이야기들이다. 이런 대화의 일부분만이라도 잘 이용한다면 돈을 더 들이지 않고도 중요한 정보를 전달할 기회를 얼마든지 확보할 수 있다.

네 번째 원칙 | 반복, 반복 그리고 또 반복

아무리 잘 짜여진 메시지라도 단 한 번의 발표만으로는 듣는 이의 의식 속에 쉽게 젖어들지 못한다. 사람들의 마음은 너무나 많은 생각들로 가득차 있고, 주의를 끌기 위해서는 수많은 다른 얘기들과 경쟁해야 하기 때문이다. 더군다나 단 한 번의 발표로는 그에 따른 의문사항들에 해답을 주지 못한다. 그렇기 때문에 효과적인 정보 전달을 위해서는 '반복하기'를 이용하여야 한다.

다음 두 가지 시나리오를 비교해보자. A의 경우, 새 비전은 연례 경영회의에서 행해진 세 가지 연설 모두에서 부분적으로 언급되었고 또 사내신문도 이를 주제로 세 번이나 기사를 실었다. 비전이 6개월 동안 총 여섯 차례나 반복된 셈이다. B의 경우에는, 회사 중역 25명이 각각 하루에 네 번씩 직원들과 대화할 기회를 갖는데, 이때 대화를 모두 비전과 연계시키기로 약속했다. 그래서 히로는 그의 참모 20여 명과 월 단위 계획 및 성과를 검토하는 회의를 가질 때, 모든 결정사항을 새 비전에 비추어 평가하라고 반복해서 요구했다. 글로리아는 부하들의 업적을 평가할 때, 경영혁신 내용과 잘 부합되는가를 기준으로 했다. 잰은 공장에서 질의응답 시간을 가질 때, 첫 번째 질문에 대해 다음과 같이 답변했다. "나는 그렇다고 생각합니다. 그 이유를 설명하겠습니다. 경영혁신의 추진 방향을 제시해주고 있는 비전에 의하면…."

이런 다양한 활동들의 결과는? 25명의 중역이 6개월에 걸쳐서 매일 4차례씩 반복한 결과 총 1만 2,000회에 걸쳐 직원들에게 비전을 상기시킬 수 있었다. 6회와 1만 2,000회의 차이를 상상해보라.

성공한 경영혁신을 보면, 어떤 경우든지 직원들이 지적으로나 감성적으로 힘든 문제들을 헤쳐나갈 수 있도록 힘을 북돋아주기 위해 수없이 많은 대화의 기회를 갖는다. '비전 전파'라는 과업을 홍보부 혼자만이 전담해야 하는 하나의 '프로젝트'로 생각하지 않기 때문이다. 다시 말하면 수많은 관리자, 감독자, 그리고 경영자 모두가 그들이 하는 매일매일의 일을 새로운 비전의 관점에서 보려고 노력하기 때문이다. 이렇게 될 때, 사람들은 경영혁신의 방향에 대해 이야기할 좋은 방법들, 즉 특정한 사람이나 그룹에 알맞은 전달 방법을 쉽게 찾아낼 수 있는 것이다.

윌리와 그의 부하 세 사람이 함께 회의장으로 걸어가는 도중, 품질혁신 프로그램에 대한 포스터가 벽에 걸려 있는 것을 보았다. 월리는 포스터를 가리키며 물었다. "어떻게 생각해? 무슨 말인지 알겠나? 당신들은 어떻게 받아들이고 있나?" 프랜시스와 그의 부하 15명은 회의장에 앉아서 예산 배정을 요구하는 부서의 설명을 듣고 있다. 공식적인 설명이 끝나자 프랜시스가 묻는다. "지금 우리가 벌이고 있는 리엔지니어링 작업과는 어떤 관계가 있습니까? 리엔지니어링의 기본 방향을 제시하는 우리의 비전에 의하면…."

구내식당에서 토드는 200여 명과 이야기를 나누고 있다. 누군가가 질문한다. "더 많은 사람을 고용할 수 있다고 생각하십니까?" 그는 대답하길 "우리의 비전을 성공적으로 실천한다면 물론 가능합니다. 이제 비전이 무엇인지 분명해졌습니까? 믿을 수 있습니까?"

여기에서 한 문장, 저기에서 한 문단, 회의 도중에 단 2분, 대화 마지막에 5분, 연설 중에 인용되는 서너 가지 사례, 이런 모든 것들이 합쳐져 엄청난 양의 의사 전달이 된다. 이는 감정적으로나 이성적으로나 사람들을 감동시키기에 충분한 양이다.

다섯 번째 원칙 | **솔선수범이 중요하다**

회사가 나아갈 새로운 방향을 전파시키는 데는 '행동'으로 보여주는 방법이 있다. 이는 가장 강력한 방법 가운데 하나이다. 5명에서 50명에 이르는 최고경영진이 경영혁신의 비전을 몸소 생활화하면, 회사 직원들은 이를 사내신문에 실린 수백 가지 이야기보다 더 진지하게 받아들이며, 경영혁신이나 비전이라는 것이 정말 믿을 만한 것인가 아니면 일시적인 장난질에 불과한 것인가에 대한 의구심도 모두 사라진다.

다음과 같은 예를 생각해보자. 한 항공회사에서 벌이고 있는 새로운 경영혁신의 중심사상은 고객만족이다. 이 회사 대표이사는 불평을 호소하는 고객의 편지를 받을 때마다 48시간 안에 친히 회답을 보낸다. 오래지 않아 그가 이렇게 한다는 소문이 회사 안에 쫙 퍼진다. 그 결과는? 한 외부 연구기관이 확인한 바에 의하면, 90퍼센트의 직원이 경영혁신을 위한 비전이 무엇인지 스스로 설명할 수 있었고 또 80퍼센트에 해당하는 직원이 최고경영진은 정말로 비전을 실현시키기 위해 헌신하고 있다고 믿고 있다는 것이다.

또 다른 예가 있다. 대단히 큰 부대를 맡고 있는 한 장군은 국방예산이 계속 감축되고 있기 때문에 절약운동에 더욱 박차를 가하라고 군인들에게 애써 설명하고 있다. 그래서 그는 여행할 때면 늘 하던 대로 국방성 바로 밖에 대기하고 있는 미육군 블랙호크 헬리콥터를 타고 앤드류 공군기지까지 가서 거기서 전용기인 미공군 C-12 제트기를 타는 대신 다음과 같은 방법으로 바꿨다. 국방성 지하로 내려가 워싱턴국립공항역까지는 80센트짜리 지하철을 타고 가고, 공항청사까지는 왕복 연결버스를 이용하고, 마지막으로는 값싼 일반여객기를 이용한다. 이 장군의 이와 같은 여행 이야기는 순식간에 전 조직에 알려진다.

이런 행동을 '솔선수범에 의한 리더십'이라고 부른다. 개념은 간단하다. 말로 하는 것은 쉽지만 행동으로 보여주는 것은 쉽지 않다. 특히 냉소적인 사람들은 말로 하는 것은 믿지 않고 행동으로 보여주어야만 믿는 경향이 있다.

같은 맥락으로, 입으로는 이렇게 말하고 행동은 저렇게 하는 언행 불일치는 비전 전파를 망쳐버리는 첩경이 된다. 한 사업부장인 오루크는 1,200여 명이나 되는 직원들에게 자기 사업부의 상징은 첫 번째도 속도, 두 번째도 속도, 세 번째도 속도라고 말한다. 그런데 한 제품담당 매니저가 요청한 투자 승인을 9개월이나 끄는 바람에 경쟁업체가 새로 개발된 시장의 대부분을 차지해버렸다. 대표이사 존스는 기회 있을 때마다 원가를 낮추라고 외치면서 자기 사무실을 새로 단장하기 위해서 15만 달러를 쓴다. 수석부사장 로즈는 고객에 대한 서비스를 끊임없이 강조하지만, 새 제품에 대한 고객들의 불만이 물밀듯이 들이닥치고 기자들이 문의 전화를 해오면 고객을 보호하기보다는 자기 회사 제품만 변호하려 애쓴다.

정리하면 다음과 같다. 비전을 회사 내에 전파시키는 과정에서 비전에 모순되는 중요인사들의 언행만큼 해로운 것은 없다. (1)최고경영진이 솔선수범하기 전에는 비전을 전파시키기란 매우 어렵다. (2)여건이 좋은 경우에도 고위관리자들의 언행을 주의 깊게 관찰해야 한다. 이는 말과 행동이 일치 하지 않을 때 쉽게 이를 발견해서 고칠 수 있기 때문이다.

여섯 번째 원칙 | 모순처럼 보이는 사실은 분명히 해명하라

최근에 폭넓은 경영혁신을 추진하면서 그 일환으로 원가절감 운동을 대대적으로 펼치고 있는 은행을 방문한 적이 있다. 직원들은 고통을 느끼고 있었고, 경영진 스스로도 제몫을 제대로 하고 있는지 아주 예민했다. 그런데 불행하게도 경영진이 제 역할을 못 하고 있다는 징후가 여러 곳에서 발견되고 있었다.

생산성 향상 추진반이 원가절감을 위해 불철주야 애쓰는 동안에도, 회사는 임원 전용 제트기를 여섯 대나 임대하여 사용하고 있었다. 직원 수백 명이 여기저기에서 해고당하고 있는데도 최고경영진은 호화로운 숙소에서 생활했다. 비용을 절약하기 위해서 어떤 부서는 크리스마스 파티도 취소했는데 사장은 단 한 차례의 회의를 위해 경영진 모두를 일등석 비행기에 태워 런던으로 날아갔다.

내가 이런 모순점들을 지적하면 임원들은 시선을 피하거나 아니면 단호하게 방어적인 자세를 취한다. "당신 지금 무슨 말을 하고 있는 겁니까? 조금 고상하게 보이는 나무장식을 뜯어내서 이 사무실을 쓰레기장처럼 보이게 하라고요?" "그렇지 않아도 이미 여섯 차례나 분석을 해봤는데, 이런 제트 비행기를 보유하는 것이 훨씬 싸게 먹힙니다. 그게 없으면 멀리 떨어져 있는 생산공장도 방문할 수 없어요. 비행장까지 가서는 일반 여객기를 기다려야 하고, 도착해서는 다시 다른 통근 비행기로 갈아탄 뒤 차로 또 두 시간이나 달려야 합니다. 이런 방법이 우리같이 바쁜 사람에게 효율적이라고 생각하십니까? 우리 비전의 하나는 사업의 세계화이므로 우선 이사회를 세계화시켜야 합니다. 그렇기 때문에 런던에서 회의를 여는 것입니다. 우리 이사들이 미국식 사고방식에서 헤어나지 못하기를 바라십니까?"

경영진은 그들이 사용하는 전용제트기, 마호가니로 된 값비싼 사무집기, 그리고 자주 하는 해외여행 이야기만 하면 매우 당혹스러워하는데, 이런 것들이 왜 필요한지 쉽게 납득하도록 설명할 수 없기 때문이다. 직원들 사이에 냉소적인 분위기가 생기지 않기를 바라지만, 그렇다고 해서 본사건물을 당장 팔아버린다든지, 전용제트기 임대나 런던행 여행도 취소한다는 것 또한 바보스런 일이다. "본사 건물을 팔아치우는 것도 깊이 생각해보았지만 그로 인해서 생기는 업무 중단이나 새 장소로 이전하는 데 드는 비용도 엄청나다. 어쩌란 말인가?" 어떤 경우는 사무실도 비행기도 당장 팔아버리고 여행도 하지 않는 것이 정답이 될 수 있다. 그렇지만 어떤 때는 그렇게 하는 것이 현실적으로 불가능하든지 아니면 논리적으로도 맞지 않을 때도 있다. 그렇다면 이런 경우의 정답은 이런 문제점을 솔직하고 분명하게 설명하는 것이다. 예를 들어보자.

우리가 지금 전사적으로 벌이는 원가절감 운동에 비추어볼 때, 어느 누구도 돈을 낭비하는 것은, 특히 호화로운 일에 돈을 쓰는 것은 용납할 수 없다. 이런 뜻에서 우리 임원들이 쓰는 사무실이나 집기들은 정당하지 못하다고 생각한다. 그러나 검토 결과 당장 본사건물을 팔고 호화롭지 않은 곳으로 이사하는 것은 비용이 더 많이 든다는 것을 알았다. 그래서 이 과분함을 줄여 나가기 위해 비용 대 효과를 늘 염두에 두면서 현실적인 방법을 계속해서 찾을 것이다.

가끔 냉소적인 사람들은 이렇게 직선적이고 솔직한 설명도 비웃을지 모른다. 만약 대부분의 직원들이 아직도 경영진을 의심하고 있다면 이런 메시지는 아무런 도움이 되지 못한다. 하지만 회사를 믿으려 하는 직원들에게는 이런 식의 의사 전달이 대개 큰 환영을 받는다. 진실성과 신뢰성이 더욱 쌓여 결과적으로 경영혁신을 위한 비전을 전파하는 데도 크게 기여한다.
  오만하고 거드름을 피우는 경영방식은 이제 사라지고 있다. 빠르게 변하는 세계에서는 직원들의 감성과 이성을 함께 끌어들여야 하므로, 의사전달을 제대로 하지 못하는 경영자는 강력한 회사를 만들지 못한다. 정보를 혼자 움켜쥐고 있거나 거짓말을 쉽게 하면서도 경쟁에서 이기는 경우를 많이 보아온 우리는 이런 주장을 쉽게 믿으려 하지 않을 것이다. 그러나 이것은 사실이다.
  경영혁신을 성공적으로 이루려면, 직원들에게 전달할 메시지에 숨은 중요한 모순점들을 항상 분명하게 해명해야 한다. 어차피 혼란을 피할 수 없을 때는 항상 간단하고 솔직하게 설명해야 한다.

일곱 번째 원칙 | 먼저 잘 들은 뒤, 잘 듣게 만들어라

  비전 내용을 회사 내에 전파시키기가 힘들다는 이유로, 직원들의 유익한 의견을 무시한 채 그저 일방적인 발표만으로 모든 것을 끝내버리는 경우가 있다. 그러나 이는 직원들 스스로 자긍심을 느끼지 못하게 만드는 결과를 초래한다. 성공하는 경영혁신을 보면 이런 일이 거의 일어나지 않는다. 이는 의사 전달이 항상 양방향으로 일어나도록 노력하기 때문이다.
  변화선도팀 자체가 비전을 정확하게 이해하지 못하는 경우도 가끔 있는데, 이때 정보만 제대로 주었더라면 오히려 일반 직원들이 문제를 사전에 막을 수 있는 경우도 있다. 일부러라도 직원들의 의견을 수렴하려는 노력을 하지 않았기 때문에 잘못된 점을 고칠 기회를 놓치고 만 경우들이라 하겠다.

　한 사례에서는 이런 문제 때문에 엄청난 대가를 치렀는데, 이는 필요하지도 않은 정보기술에 많은 돈을 쏟아부은 경우다. 컴퓨터를 조금이라도 아는 젊은 영업사원 몇 사람만이라도 이 프로젝트에 대한 설명을 미리 들었더라면, 영업부서에 설치될 컴퓨터의 소프트웨어와 하드웨어를 구매하기 위한 기본방침이 크게 잘못되었다는 것을 금방 지적해낼 수 있었을 것이다. 그렇지만 새 장비가 도착하기 전까지는 아무도 이 프로젝트에 대해 설명을 듣지 못했다. 컴퓨터에 대한 지식도 별로 없는 한 중간관리자가 회사의 비전을 잘못 이해하고 이미 이 프로젝트를 시작해버린 뒤였다. 그러니 이제 와서 이를 수정하려면 상당히 많은 노력과 비용이 들게 되었다.

　여기서 근본적으로 얘기하고 싶은 것은, 양방향 의사 전달은 경영혁신 과정에서 생길 수 있는 모든 의문점을 해결할 수 있는 반드시 필요한 방법이라는 것이다. 앞에서 설명하였듯이 명확하고 간단하며 기억하기 쉬운 의사 전달 방법, 자주 반복하고 되도록 많은 기회를 이용하는 의사 전달 방법, 그리고 앞뒤가 맞고 경영자가 솔선수범하는 의사 전달 방법 모두가 중요하다. 그러나 대개의 사람들은, 특히 교육을 많이 받은 사람일수록 한번 부딪쳐 직접 경험해본 것이라야만 쉽게 받아들이는 특성이 있다. 여기서 부딪쳐 경험한다는 것은 질문해보고, 도전해보고, 토론해보는 것을 의미한다.

　경영혁신을 처음 시도하는 사람들은 비용 문제 때문에 양방향 의사 전달 방법을 기피한다. 그들의 논리는 단순하다. 양방향 의사 전달에 드는 비용은 한 방향 의사 전달에 드는 비용보다 두 배나 된다는 것이다. 그들은 모든 사람들이 다 변화선도팀이 경험했던 것과

표 6-2 비전을 성공적으로 전파하는 일곱 가지 원칙

- **쉬운 용어**
  전문용어나 기술용어를 사용하지 마라.

- **은유법, 유추법 그리고 사례**
  '말로 묘사하는 그림'은 천 마디 낱말보다 낫다.

- **다양한 기회 이용**
  크고 작은 회의, 메모와 신문기사, 공식적이거나 비공식적인 접촉, 이 모든 것들이 뜻을 전달하는 데 매우 효과적이다.

- **반복**
  아이디어는 여러 번 거듭해서 들어야만 마음 깊숙이 뿌리를 내린다.

- **솔선수범에 의한 리더십**
  비전과 일치하지 않는 중요 인사의 언행은 다른 의사 전달도 망쳐버린다.

- **모순처럼 보이는 것은 충분히 설명**
  앞뒤가 안 맞는 것처럼 보이는 것은 충분히 해명하라. 그렇지 않으면 모든 의사 전달에 대한 신뢰성이 떨어진다.

- **서로 주고받기**
  양방향 의사 전달이 일방통행식보다 더 유용하다.

똑같은 과정을 거칠 수 없다는 것은 잘 알지만, 직원들이 모든 일을 비전의 관점에서 처리하게 될 때 얼마나 큰 힘을 발휘하게 될지는 잘 모른다.

사람들이 이렇게 비전의 안목으로 하루하루를 생활할 때, 비용을 별로 들이지 않고서도 비전을 전달할 수 있는 수십 가지의 대화방법을 찾아낼 수 있다. 신제품 발표회에서 5분 동안 이야기하는 것, 복도를 걸으면서 2분 동안 대화를 나누는 것, 연설 마지막 부분에서 10분 동안 소개하는 것, 이렇게 해서 몇 분씩을 모으면 쉽게 수천 시간이 될 수 있는 것이다.

경영혁신의 주도자로서 양방향 의사 전달을 의도적으로 회피하는 때가 있는데, 이는 자신들의 비전이 권투시합에서 단 2회전을 버텨낼 수 없을 정도로 취약하다고 생각하기 때문이다. 이런 행동을 이해할 수는 있지만, 바람직하지는 않은 일이다. 사람들이 비전을 자기 것으로 받아들이지 않으면, 경영혁신 과정에서 다음 두 단계, 즉 폭넓게 행동할 수 있도록 '직원들에게 힘 실어주기'와 '단기간에 작은 성공 이루기'는 실패로 끝날 것이다. 직원들은 그들이 부여 받은 권한을 제대로 사용하지도 않을 것이며 단기적 성공을 얻어내려는 어떤 노력도 하지 않을 것이다. 또한 비전을 인정한다 하더라도 제대로 이해하지 못하고 왜곡되게 실천한다면, 위에서 소개한 정보기술 관련 사례에서 본 것처럼 귀중한 시간과 자원을 낭비하고 그 결과 엉뚱한 사람들만 고생하게 될 것이다.

구태여 양방향 의사 전달의 나쁜 점을 들라면, 비전이 잘못되었기 때문에 다시 만들어야 한다고 주장하는 직원들이 있을 수 있다는 사실이다. 그렇지만 긴 안목에서 꾹 참고 그들의 말대로 비전을 다시 만드는 것이, 잘못된 방향이나 다른 사람들이 따르지 않는 방향으로 계속 밀고나가는 것보다 훨씬 더 좋은 결과를 얻을 수 있다.

변화관리 5단계

부하직원의 권한 넓혀주기

최근에 "권한 위임이란 말을 들으면 이제 신물이 난다"라고 말하는 사람을 만난 적이 있다. 그는 이제 누구나 다 알게 된 이 단어를 쓰면 쓸수록 이 말이 갖는 진정한 의미가 퇴색된다며 분통을 터뜨렸다. "그 말은 이미 정치적으로 이용되는 상투어가 돼버렸다"라고 덧붙인다. 사람들에게 권한 위임이 진정으로 무슨 뜻이냐고 물으면, 그들은 분명하게 대답을 못 하고 어물어물하거나 아니면 내가 혹시 달나라에서 온 사람이 아닌가 하고 이상한 눈으로 쳐다본다."

몇 년 전에는 나도 똑같은 생각을 했다. 그러나 오늘날에는 그렇지 않다. 아직도 그런 유행어를 좋아하진 않지만, 이렇게 변화 속도가 빨라지는 세상에서 사람들의 권한을 넓혀줌으로써 그들을 더욱 강하게 만드는 것은 매우 중요한 일이기 때문이다.

경영환경의 변화는 조직을 변하게 만든다. 많은 사람들이 도와주지 않으면 대규모 경영혁신은 거의 성공하지 못한다. 그런데 직원들이 무력감에 빠져 있으면 경영혁신을 도우려 하지도 않고 또 도울 수도 없다. 그래서 권한 위임이 중요한 것이다.

경영혁신 전체 과정 가운데 1단계에서 4단계까지를 성공적으로 끝냈다고 하는 것은 이미 사람들에게 많은 힘을 실어주었다는 뜻이다. 그러나 위기감을 높게 유지하고 있고, 변화선도팀이 적절한 비전을 이미 만들어냈으며, 또 이 비전을 이미 전 직원들에게 잘 전달했다 하더라도 아직도 많은 장애물이 혁신을 방해할 수 있다. 제5단계의 목적은 경영혁신 과정 가운데 이 시점에서 되도록 많은 사람들에게 권한을 넘겨주고 행동반경을 넓혀줌으로써 경영혁신의 비전 실현에 걸림돌이 되는 장애물을 가능한 한 많이 제거하는 것이다.

그렇다면 제거해야 할 가장 큰 장애물은 어떤 것들이 있는가? 다음 네 가지가 특히 중요한 장애물이다. 조직구조의 문제, 기술의 문제, 시스템상 문제, 그리고 일선 감독자들이 갖고 있는 문제 등이다 (〈표 7-1〉 참조).

상급자 위주의 조직구조 개선

지금 소개하는 회사는 오스트레일리아에 있는 한 금융서비스 회사이다. 새로 부임한 사장은 위기감도 높게 조성해 놓았고, 고위급으로 구성된 변화선도팀도 만들어놓았으며, 이들이 고객 서비스를 최상의 목표로 하는 새로운 방향을 찾아내도록 독려도 하였다. 기본 개념은 단순했다. 단지 오스트레일리아 내에서만 시장 점유율을 높일 것이 아니라, 전 아시아에 걸쳐 새로 부상하는 시장에서도 성공

표 7-1 | 권한 위임의 장애물

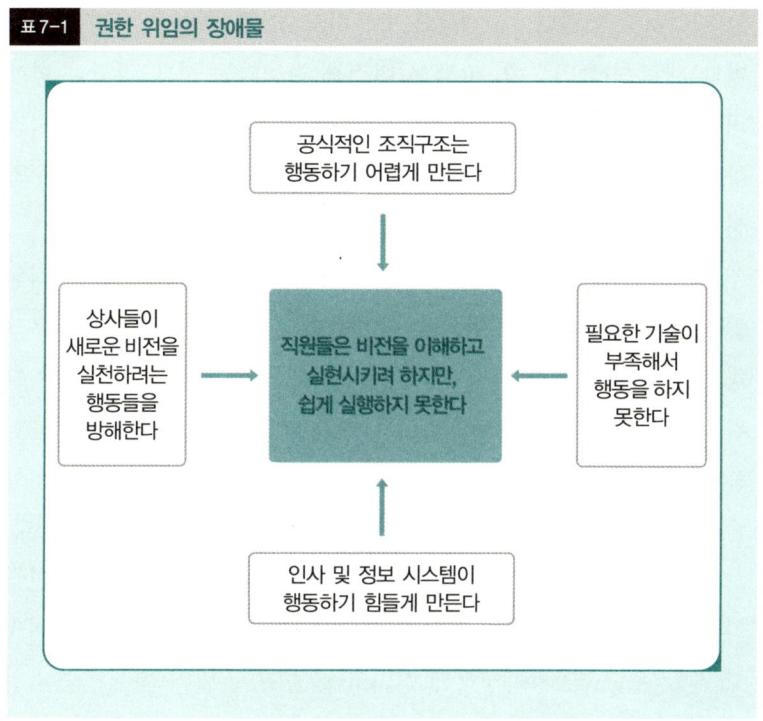

적으로 경쟁할 수 있는 능력을 개발하자는 것이다. 이 새로운 비전을 모든 직원에게 성공적으로 전파시킨 결과 그들은 회사가 제대로 가고 있다고 믿게 되었다. 최고경영진은 경영혁신을 위한 여러 조치에 대해 직원들이 열렬하게 지지하는 것을 보고 경영혁신 과정에서 가장 어려운 고비는 넘겼다고 생각하게 되었다. 이 때문에 지도층 모두가 주의를 다른 곳으로 돌려버리는 잘못을 지지르게 되었다.

24개월이 지나도 목표를 달성하지 못한 고위관리자들은 도대체 무엇이 잘못되었는지 알아보았다. 그들은 나름대로 최선을 다했다고 생각하고 있었다. 고객들을 방문하고 고객만족도를 측정하는 방법도 새로 만들었으며, 고객 서비스를 강조하는 사내 강연과 함께 외부 컨설턴트의 도움으로 시장 요구에 더 적합한 제품이나 서비스를 만드는 노력도 했다. 하지만 무슨 이유 때문인지 한때는 아주 열성적이었던 사람들이 목적을 달성하지 못하고 있었다.

그 후 대책회의에서 다음과 같은 사실들을 발견했다. 많은 직원들이 진정으로 최상의 제품과 서비스를 만들어내길 원했고, 또 그렇게 하려 노력도 했다. 그렇지만 회사의 조직구조상 동원해야 할 자원이나 권한이 너무 세분되어 있었기 때문에 새로 개발된 금융상품 가운데 어느 것 하나 제대로 판매할 수 없었다. 예를 들면 한 상품을 판매하기 위해서는 최소한 4개 부서 사람들이 협조해야 했다. 그래서 여러 부서 사람들로 구성된 팀을 만들어 제품이나 고객만족 차원에서 일을 해보려했지만, 절차가 너무 까다로워 곧 포기해버리고 말았다. 조직 내에 강하게 버티고 있는 부서 할거주의는 수십 가지 묘한 방법으로 팀 활동을 무력화시켰다. 이 때문에 고객들에게 적기에 새로운 상품을 공급하지 못했다. 이런 불만을 상사에게 하소연하면 팀 활동을 좀더 잘 해보라고 타이르기만 했다.

조직구조가 근본적으로 잘못되었을지 모른다고 말을 꺼내면, 경영진은 조직을 바꾸는 것이 왜 불가능한지, 또는 그것이 왜 회사에 도움이 되지 않는지, 또 시간이 얼마나 많이 걸리는지 등 수십 가지 변명만 늘어놓았다. 자기들에게는 전혀 힘이 없다는 것을 알게 된 직원들은 이제 비전을 실현시키려는 노력을 아주 포기해 버렸다. 조직구조에 문제가 있다고 생각한 사장이 관리자들을 만나 조직구조에 대한 의견을 물으면, 그들은 다음과 같이 대답했다.

1. 새 비전을 달성하는 것은 매우 복잡한 일이다.
2. 회사 직원들의 능력이 형편없고 이를 고치려면 많은 시간이 걸린다.
3. 자기들 나름대로 옳다고 생각하는 일들을 하느라 중간 관리자들은 모두 지쳐 있다.
4. 이런 문제에 대한 확실한 해결책은 없다.

이런 주장에도 어느 정도 일리는 있다. 그러나 관리자들은 일주일 내내 꼬박 일을 하는 데서 오는 스트레스뿐만 아니라 신상품이나 서비스를 고객들에게 제대로 공급하기 위해 조직을 새로 개편해야 한다는 압박에 시달렸다. 이 과정에서 자기 영역을 지켜야 하는 스트레스도 상당히 컸다. 일반적인 경영혁신 과정에서 자주 보듯이, 모든 사람이 다 저항했던 것은 아니다. 단지 몇몇 관리자가 일을 의도적으로 지연시켰던 것이다. 그들의 마음을 돌리기가 매우 어려웠는데, 왜냐하면 그들 스스로가 회사를 위해서 옳은 일을 하고 있다고 굳게 믿고 있었기 때문이다.

콜린은 수동적으로 마지못해 일을 하는 대표적인 인물이다. 그는 자신이 25년이란 긴 세월 동안 많은 시간과 정력을 바쳐 만들어놓은 조직의 가치를 누구보다도 잘 알고 있었다. 조직 개편안에 들어 있는 여러 가지 계획에 의하면 그가 거느린 부서를 해체해야 하고 그의 업무량도 크게 줄어들 뿐만 아니라 과거 조직체계에서 그가 누려왔던 여러가지 사업상 혜택도 없어진다. 만약 콜린이 군소리 없이 새로운 비전과 이에 따른 조직개편을 깨끗이 수용했더라면, 그가 감수해야 하는 손해는 그다지 크지 않았을 것이다. 그러나 이 비전은 실현될 가능성이 겨우 25퍼센트밖에 되지 않는 하나의 즐거

표 7-2 조직구조가 어떻게 비전을 해치는가?

비전
- 고객에 초점 맞추기
- 하위직 직원들에게 더 많은 권한 위임
- 생산성을 증가시켜 저원가 전략 구사
- 모든 것을 빠르게 진행

조직구조
- 그러나 실제 조직구조는 제품과 서비스에 필요한 자원과 책임을 분산시키도록 되어 있음.
- 그러나 직원들의 능력을 믿지 않고 비판하는 중간관리자가 있음.
- 본사에는 비싼 봉급을 받는 대규모 참모그룹이 있고, 그들은 비용이 많이 드는 업무절차와 프로그램들을 아무 생각 없이 만들어냄.
- 부서 영역 다툼은 의사소통을 방해하고 모든 것이 느리게 진행되도록 함.

운 몽상에 지나지 않는다고 생각했다. 결국 그는 자신이 손해 볼 것은 분명한 반면 얻을 수 있는 이익은 불분명하고 가능성도 희박한 것이었으므로 이리저리 지연작전만 썼던 것이다. 결과적으로 회사는 옛날 조직을 손도 못대보고 그대로 내버려두었고, 새 비전을 실현시키려는 직원들의 노력은 수포로 돌아갔다.

조직구조가 항상 장애물이 되는 것은 아니다. 특히 초기단계에서는 장애물이 될 가능성이 그렇게 크지 않다. 그러나 잘못된 조직구조 때문에 직원들이 일을 스스로 처리할 수 있는 권한을 갖지 못하면, 결과적으로 비전을 성취하지 못할 확률은 아주 높다(〈표 7-2〉 참조).

전력회사의 예를 하나 더 들겠다. 이 회사 일선 직원들은 새로운 비전에 따라 더 많은 책임을 맡기로 되어 있다. 이는 계층 수가 많고 의사결정권이 중간관리자들에게 집중되어 있는 현재 조직 형태와는 앞뒤가 맞지 않았다. 일선 직원들이 새 비전을 실현하기 위해 의사결정을 내려도 중간관리자들이 인정하지 않았으므로 새 비전을 실현할 수 없었다. "이런 점도 고려해보았는가?" "존스하고 먼저 상의를 했어야지." "당신이 지금 무슨 일을 벌이고 있는지 알고나 있는가?" 쉽게 예상할 수 있듯이, 이런 식으로 얼마가 지나고 나니 일선 직원 대부분은 힘이 쭉 빠지고 의욕을 상실하여 모든 것을 포기하고 옛날 방식으로 되돌아가버리고 말았다.

조직구조 때문에 생기는 장애물을 제때에 제거하지 않으면 직원들의 실망은 커지고 경영혁신 전체에 대한 관심도 잃는다. 그렇게 되면 나중에 조직을 바르게 개편한다 해도 이미 비전 실현에 사용할 에너지를 잃고 난 뒤일 것이다.

왜 이런 일들이 일어날까? 수십 년이 넘게 사용해왔을 조직형태에만 익숙해져 있어서 다른 방법은 잘 알지 못하기 때문이다. 또 개인적인 선호나 능력의 한계 때문에 어쩔 수 없이 오랫동안 한 가지 조직형태만 사용해왔을 경우 그것을 바꿔 겪게 될 두려움 때문이기도 하다. 또 고위관리자들은 조직개편이 필요하다는 것을 알기는 하지만 개편 과정에서 중간관리자나 동료와 다투게 되는 것을 원치 않을 때도 있다. 그러나 무엇보다 경영혁신을 위한 기초작업조차 준비되어 있지 않은 경우가 많다. 중간관리자들이 조직개편에 저항하는 경우는 스스로 위기감을 느끼지 못할 때, 혁신 전담팀이나 그럴듯한 비전이 없을 때, 또는 다른 사람들도 이 비전을 믿고 있는 것 같지 않다고 생각할 때 등이다.

직원 교육훈련 실시

20여 년 전, 미래 지향적인 한 자동차부품회사가 경쟁업체를 앞지르기 위해서 생산공장을 대대적으로 혁신했다. 다른 경쟁업체들이 중간관리자의 수를 줄이고 하위직 직원들에게 더 많은 권한을 넘겨주기 훨씬 이전에 이미 이 회사는 이런 방법이 제품의 질을 높이고 생산원가를 줄일 수 있다고 생각했다. 물론 개척자들이 으레 그렇듯이 회사 변화선도팀도 많은 실수를 저질렀다. 그렇지만 그들은 중간관리자가 별로 없고 대부분 작업자들로 구성된 팀을 만들어 새로운 공장을 남동쪽 농촌지역에 성공적으로 지었는데, 이는 분명히 시대를 앞서가는 일이었다. 공장을 새로 짓고 운영한다는 것은 쉽지 않은 일이었지만, 그것은 전혀 문제 되지 않았다. 일일 생산량이 목표치의 70퍼센트에 다다랐을 때, 공장장은 이제 어려운 일은 모두 끝났다고 마음을 놓았다. 그러나 사실은 그렇지가 않았다.

겨우 목표치의 75퍼센트 선에서 머물게 된 생산량은 손익분기점에도 미치지 못하는 수준이었다. 작업자들은 점점 기분이 언짢아졌다. 실제로 한 생산팀에서는 싸움이 벌어지기도 했다. 파격적인 이 운영방식에 처음부터 회의적이었던 관리자들은 '노동자'들이 과연 '경영자적 책임감'으로 일을 해낼 수 있는지 비판하기 시작했다. 불만에 찬 직원 몇 명은 노동조합이 주장하는 비판에 마음이 끌리기도 하였다. 본사에 있는 몇몇 사람은 사건이 걷잡을 수 없게 되기 이전에 이 운영방법을 '중단'하자고 제안하기도 했다.

이런 경우에 흔히 있는 일인데, 공장에 있는 몇몇 사람이 문제점은 올바로 찾아냈지만 다른 사람들이 그들의 말을 들으려 하지 않았던 것이다. 결국 공장장은 거의 모든 직원들과 일일히 대화를 가진 후에야 왜 생산량이 75퍼센트 선을 넘지 못하는지에 대한 해답을 찾아냈는데 이는 한 고용관계 전문가의 진단이었다. 그가 한 이야기의 요점이다.

우리는 관리자와 작업자를 합쳐 모두 200명이나 되는 사람들에게 그들이 지금까지 전혀 경험해보지 못한 일들을 하게 만들었다. 그런데 그들 모두가 오랜 시간에 걸쳐 쌓아온 나름대로의 경험들은 이제 더 이상 쓸모없는 것들이 되었고 심지어는 방해가 되기까지 했다. 특히 나이 든 사람들의 경우는 더욱 심각했다. 원래 우리 작업자들은 책임 회피에 관한 한 꽤 단수가 높은 사람들이다. 그들 중 작업현장에서 팀을 만들어 스스로 일을 처리해 나가는 방법을 아는 사람은 없다. 관리자 대부분이 5년에서 35년간의 회사생활을 통해 문제에 대해 결정을 내리는 것만 배웠지 직원들에게 권한을 위임하는 것은 배우지 못했다. 그동안 우리가 받아온 교육훈련을 돌이켜보면 불행하게도 이러한 새로운 상황에 대처하는 데 전혀 도움이 되지 못하는 것들이었다.

우리는 이 공장이 꼭 성공하기를 갈망했기 때문에 초기에는 정말 열심히 일했다. 어떤 면에서 보면 꼭 필요한 기술이 없었기 때문에 이를 보완하기 위해 단지 열심히만 일했다고 얘기할 수도 있다. 그러나 장기적으로 보면 열심히 일만 해서는 모든 문제를 해결할 수 없었다. 결국 우리는 오늘과 같이 지치고 실망스러운 지경에 이르고 말았다.

이와 같은 문제는 대규모 리엔지니어링 프로젝트에서 흔히 나타난다. 교육훈련을 실시하는 하지만 그 양이 충분하지 않거나 교육

내용도 맞지 않고, 혹은 시기를 놓치는 수도 있다. 단지 닷새 간의 교육만 시켜 놓고 수년 혹은 수십 년에 걸쳐 굳어진 습관들을 바꾸라고 주문한다. 그러나 사람들은 그동안 기술적인 잔재주만 배웠지 새로운 제도를 운영하는 데 필요한 인간사회에서의 행동요령이나 자세는 배우지 못했다. 새로운 일을 시작하기 전에 그 일을 수행하는 데 필요한 지식만 배웠지 그 일을 하는 도중에 부딪치게 될 어려움들을 어떻게 해결해야 하는지 가르치는 보충교육은 받지 못한 것이다.

우리가 이런 함정에 빠지는 이유는 대개 두 가지다. 첫째, 대대적인 경영혁신을 추진할 때 어떤 종류의 행동양식과 기술, 그리고 마음가짐이 필요한지 충분히 검토도 하지 않고 일을 시작한다. 그렇기 때문에 어떤 교육훈련이 적절한지도 모른다. 둘째, 어떤 교육훈련이 필요한지 정확히 알기는 하지만, 그 막대한 규모에 압도되고 만다. 1만 명이나 되는 직원들을 2일 과정 교육프로그램에 모두 보내자고 누가 감히 나서서 주장하겠는가? 또는 한 특별교육 프로그램을 위해 300만 달러나 되는 거액을 쓰자고 누가 과감히 주장하겠는가?

1980년대 중반, 두 유럽 항공사의 매우 성공적인 경영혁신 사례가 있다. 한 항공사는 수만 명의 직원들을 모두 이틀 간의 교육프로그램에 보냈고, 다른 항공사는 교육훈련에 수백만 달러를 과감히 내놓았다. 두 경우 모두 고객 지상주의 비전을 추구했고, 변화선도 팀에서는 비전과 전략을 실천하기 위해서는 직원들의 태도를 근본적으로 바꾸어 놓아야 한다고 믿었다. 그 2일 코스는 한 덴마크 컨설팅회사가 심혈을 기울여 개발한 것이긴 하지만 직원들의 행동양식, 기술, 그리고 마음가짐에 관계되는 모든 문제를 단 한 번에 해결할 수 있는 만병통치약은 아니었다. 대신 연속적인 강의와 실습 과정을 통해서 '사람 먼저'라는 일상의 태도가 직장 안팎을 막론한 우리 인생에 얼마나 많은 이익을 가져다주는지 설명했다. 이런 사례들은 교육훈련 프로그램이 권한 위임을 강화시켜 새로운 비전을 실현하는 데 결정적 역할을 했다는 것을 증명해주고 있다. 이런 과정을 거친 두 항공사는 훨씬 더 강력하고 성공적인 경쟁자로 부상했다.

 항공사의 예에서 보았듯이 마음가짐을 훈련하는 것 또한 기술 훈련만큼 중요하다. 지난 한 세기 동안, 관리자가 아닌 수백 만의 직원들은 되도록 책임지는 일은 피하도록 배워왔다. 이런 사람들에게 느닷없이, "됐어, 당신들은 이제 충분한 권한을 갖게 되었으니 그것을 행사하시오"라고 말할 수는 없을 것이다. 어떤 사람은 당신의 말을 순순히 믿으려 하지 않을 것이고, 또 어떤 사람은 자기들을 이용하려는 또 다른 속임수로 여길 것이다. 누군가는 스스로 그럴 능력이 없다고 체념하며 그대로 주저앉아 버릴 지도 모른다. 새로 터득한 경험만이 이런 자괴감을 불식시킬 수 있고, 새로운 경험은 교육훈련을 통해서 효과적으로 얻을 수 있다.

 경영혁신을 시도할 때마다 모든 회사들이 교육훈련 비용으로 수백 만 달러를 지출해야 한다는 것은 아니다. 교육예산이 그렇게 많이 필요하지 않은 경우도 있다. 바로 특별히 새로운 기술이나 행동양식, 또는 마음가짐을 배울 필요가 없는 경우이다. 교육프로그램을 잘만 짜면, 과거 구태의연한 교육방식에 지출했던 비용의 절반이나 그 이하만 들이고도 큰 효과를 거둘 수 있다.

한편 교육을 시킨다 해도 진정한 의미가, "더 많은 권한을 당신들에게 주고자 합니다. 당신들이 새로운 권한을 잘 다룰 수 있도록 도와주기 위해서 이 교육을 실시하는 것입니다" 대신 "여러 소리 말고 시키는 대로나 해"와 같은 식으로 전달되면 그 교육은 오히려 직원들의 의욕만 뺏어버리는 결과를 초래한다.

요점을 정리해보자. 경영혁신 과정에서 이 단계에 이르면 어떤 형태로든 교육훈련이 필요하다. 만약 하기로 결정한다면 제대로 해야 한다. 문제 해결에 돈을 물 쓰듯 하거나 사람들을 깔보는 듯한 태도는 현명하지 못하다.

노력한 만큼 보상하는 인사관리 시스템

한 관리자가 찾아와 상담을 요청했다. "우리가 할 수 있는 일은 다 했습니다. 그러나 그들은 아직도 반대하고 있습니다."

"그래요? 좀 더 자세히 말씀해 주시겠어요?"

"장차 나아갈 방향을 제시하는 흥미진진한 비전을 만들어내기 위해 많은 노력을 했습니다. 또 비전 속에 담긴 아이디어들을 모든 가능한 수단과 방법을 동원해서 계속 전파시켰습니다. 작년에는 이 새로운 개념에 맞게 회사 조직구조도 개편했습니다. 필요에 따라 사람들도 재훈련시켰습니다. 많은 시간과 노력이 필요했지만 힘써서 모든 것을 해냈습니다."

"그런데 무엇이 문제지요?"

"아직도 많은 사람들이 옛날 방식대로 일을 하고 있습니다."

"그래요? 이유가 뭐라고 생각합니까?"

"변화에 저항하는 것이 인간의 본성이 라는 생각이 듭니다."

"만약 천만 달러짜리 복권이 당첨됐다면 그 돈을 거절하시겠습니까?"

"지금 농담하시는 겁니까?"

"마찬가지입니다. 많은 돈을 벌게 된다는 것을 알게 되면 사람들은 그들의 생활을 획기적으로 바꿀 것입니다."

"그래서요?"

"그럴 경우에 당신도 변화에 계속 반대하실 건가요?"

"예, 예, 알겠습니다. 아마도 사람들은 변화라고 해서 무조건 다 반대하지는 않을 것 같습니다."

"그러면 반대하지 않을 경우는 어떤 때일까요?"

"변화하는 것이 자기들 이익과 잘 맞아떨어질 때일 것입니다."

"그렇다면 당신 회사의 인사관리 시스템은 새로운 비전이 성공적으로 이루어질 때 개개인에게 이익이 돌아가도록 잘 짜여져 있다고 생각하십니까?"

"인사관리 시스템이라니요?"

"업적평가제도, 봉급제도, 승진제도, 중요지위 승계제도 등을 말합니다. 이런 모든 것들이 새 비전과 맞아떨어집니까?"

"꼭 그렇지는 않을 겁니다."

이 회사의 인사관리 제도를 조사해본 결과 다음과 같았다.

- 직원의 업적평가서 항목 중에는 고객과 실제적으로 관련된 것이 하나도 없다. 그렇지만 새 비전에는 고객만족이 핵심사항이었다.

- 직원들이 받는 보수는 새로운 일을 얼마나 성취했느냐 하는 것보다는 실수를 얼마나 하지 않았느냐에 따라 결정된다.
- 승진 결정은 매우 주관적인 방법으로 이루어지며, 경영혁신을 위해 노력한 것과는 별로 관계가 없는 듯이 보인다.
- 직원 신규채용 제도는 10년 이상 된 것으로, 낡아서 경영혁신을 유도하는 데 별로 도움을 주지 못한다.

좀더 자세히 조사해보니 경영정보시스템도 경영혁신에 도움이 안 됐다. 마찬가지로 공식적인 전략수립 절차도 충분히 개선하지 않은 채 아직도 단기적 재정상태에 관한 정보에만 지나치게 집중했다. 시장 및 경쟁환경 분석에는 별로 도움이 되지 않는 시스템이었다.

물론 대규모 경영혁신을 해나가는 과정에서 전반부에는 시간, 정력, 자금 등이 충분하지 않기 때문에 모든 것을 한꺼번에 변화시킬 수는 없다. 여러가지 작은 혁신 프로그램들이 모두 끝나기 전에, 또한 성과가 있었다는 분명한 증거가 나타나기도 전에, 기업문화 차원의 장애물들을 완전히 제거하기는 대단히 어렵다. 시스템을 바꾸기는 쉽지만, 새로 그린 비전과 현재의 시스템 사이에 있을 수 있는 세세한 모순까지 한꺼번에 모두 없애려 든다면 일은 실패로 끝나고 말 것이다. 일단 단기간에 확실한 성과를 보여주지 못하면 변화선도팀는 대대적인 변혁을 추진할 만한 힘을 갖지 못하게 된다.

다만 현 체제에 얽힌 이해관계나 절차들이 새 비전과 도저히 맞지 않을 때는 단호하게 해결해야 한다. 이런 문제를 회피하는 것은 오히려 직원들이 스스로 일할 수 있는 권한을 뺏는 꼴이 되어 경영혁신을 추진하고자 하는 의욕을 무력화시킨다. 시스템, 특히 인사관리 시스템이 혁신의 걸림돌이 되는 경우가 매우 많다.

역사적으로 보면, 인사관리 담당자들은 대단히 관료적인 기능을 수행해 오면서 리더십 발휘를 방해하고 인사관리 제도의 변혁을 아주 힘들게 만든 당사자들일 때가 많다. 이런 구태舊態에서 탈출하기란 쉬운 일이 아니다. 그렇지만 어떤 성공 사례에서 보면, 인사관리 담당자들이 새 비전에 맞게 기존 시스템을 바꿀 수 있는 여건을 더 적극적으로 만들어주고 있다. 힘이 있는 실행부서나 다른 인사담당 동료의 지원이 없는데도 그러한 여건을 만들어주는 사례도 있다. 그들이 그렇게 하는 이유는 직원들 입장에서 생각하기 시작했고, 경영혁신 노력들을 잘못 다루었을 때 일어날 수 있는 나쁜 결과를 걱정할 수 있을 만큼 통찰력이 커졌기 때문이기도 하다.

권한을 독차지하려는 일선감독자 다루기

프랭크는 아직도 상황을 제대로 파악하지 못하고 있는 것 같다. 그는 그들 업계에서는 창의력 확보가 성공의 관건이므로 회사가 더욱 능동적으로 혁신을 해야만 살아남을 수 있다는 이야기를 열 번 이상 들었지만, 창의성을 순식간에 말살해 버리는 '지시·통제 Command-and-Control' 식 관리 방법을 바꾸려 하지 않았다. 그가 자기 부서를 운영하는 것을 가만히 보고 있노라면 '권한 박탈Disempowerment' 분야에서 박사학위를 따지 않았나 하고 의심이 갈 정도다. "권한 위임 같은 건 전에도 해봤어요"라고 그는 거듭 변명한다. "일이 제대로 되지 않을 가능성에 대해서도 철저한 분석이 필요해"라고 그는 부하들에게 말한다. "그런 것까지 할 시간이 없어. 제발 시키는 대로만 해!" "그래? 그거 참 재미있는데. 하지만 그 보고서를 여러 사람에게 돌리지는 마시오. 다른 사람들은 그런 정보를 몰라도 되니까." "마사, 다음부터는 무슨 일이든 시작하기 전에 내 허락부터 받으세요."

프랭크가 맡은 부서 직원은 약 100여 명이다. 혁신의 파도가 그의 방문까지 밀려들어 와서 그 문을 박살내고는 다시 바다로 물러갔다. 프랭크의 방해공작에도 불구하고 많지는 않지만 몇몇 부하직원은 회사의 혁신 프로그램을 적극 도우려 했다. 그러나 대부분은 그러지 못했다. 처음에 좀 노력하는 것 같다가도 곧 포기해버리거나 프랭크처럼 아예 시작조차 않았다. 매우 신중하고 정치적인 어떤 직원은 상사의 지시만 기다리고 있었다.

경영혁신을 열렬히 지지하던 사람들은 프랭크를 악마처럼 생각지만, 사실 프랭크는 근본적으로 나쁜 사람은 아니었다. 그는 과거의 산물이었다. 일찍부터 지시·통제식 경영스타일을 배웠고, 이런 행동방식이 회사 내에서 잘 먹혀들어 남들보다 빨리 출세할 수 있었다. 자연히 점점 더 깊게 이런 버릇에 빠져들었던 것이다.

프랭크의 문제가 단지 한 가지 버릇에서만 비롯된 것이었다면 경영혁신을 좀더 쉽게 추진할 수 있었을 것이다. 하지만 열 대여섯 개의 서로 다른 습관들이 복합적으로 그의 경영스타일을 형성하고 있었으므로 단 한 가지 습관만을 바꾸고자 해도 그것과 관련된 다른 습관들 때문에 금새 옛날 상태로 되돌아갔다. 그에게 필요한 것은 그 모든 버릇들을 한꺼번에 바꾸는 것이었지만, 이는 한꺼번에 담배도 끊고, 술도 끊고, 기름지고 맛있는 음식도 먹지 않겠다는 것처럼 대단히 어려운 일이다.

새로운 비전을 전적으로 믿지도 않고, 또 비전을 실현시키기 위해서는 무슨 일을 어떻게 해야 하는지도 전혀 알지 못하는 것이 그의 행동 변화를 더욱 어렵게 만들었다. 그리고 그는 상황 합리화를 매우 잘했다. 자신의 눈에는 자기가 매우 훌륭한 회사의 일원인 반면 다른 사람들은 모두 정치적이고 자기 본위이며 무능력한 사람들로 보였다.

프랭크와 같은 사람은 리엔지니어링, 구조 조정, 또는 전략혁신 등 어느 경영혁신 과정에나 다 있다. 만약 이런 사람이 많거나 그가 거느린 직원 수가 아주 많을 때는 문제가 상당히 심각하다. 프랭크처럼 권한이 특별히 센 사람들을 경영혁신 초기에 제대로 잡아놓지 않으면, 경영혁신 전체를 망쳐버릴 수도 있기 때문이다.

프랭크 같은 사람들이 서너 개 이상의 요직을 차지한 회사를 그동안 꽤 많이 보았다. 경영혁신을 열성적으로 주도하는 사람이나 그의 동료들은 이런 문제를 초기에 과감히 해결하지 못한 채 혁신 과정 제1단계에서 제4단계까지 질질 끌고 오기 일쑤였다. 그러나 제5단계까지 와서도 이런 관리자를 제거하지 않는다면, 그렇지 않아도 지금까지 제대로 시행되지 못하던 경영혁신은 완전히 벽에 부닥치고 만다.

세상에 널려 있는 프랭크 같은 사람들을 제때에 처리하지 못하는 가장 주된 이유는 그들이 변할 수 없다는 것을 잘 알고는 있지만 그들을 강등시키거나 파면시키고자 하는 의지가 없기 때문이다. 이는 죄책감 때문인데, 특히 그가 친구이거나 이전 상사일 경우는 더욱 그렇다. 이런 경우에 정치적인 고려도 크게 작용한다. 만약 권력 투쟁이 벌어지면 프랭크 같은 사람들은 세력이 강하기 때문에 싸움에서 이길 수 있고, 그렇게 되면 혁신 주도세력조차 쫓아낼지 모른다. 혹은 그들이 단기적으로는 좋은 성과를 보여줄 수 있는 재주가 있어 상황을 역전시킬 수 있기 때문이다.

이럴 때 이런 문제들을 쉽게 해결할 수 있는 좋은 방법은 별로 없다. 이런 현실을 잘 아는 경영자들은 간혹 복잡한 정치적 전략을 꾸미기도 한다. 프랭크 같은 사람을 구석으로 몰고 가서는 그곳에 가두어두거나 아니면 스스로 사라지게 만든다. 단, 이 방법은 결과가 나오기까지 매우 더디고 만약 밖에 알려지면 난처하게 될 수도 있다는 단점이 있다. 자칫 밖에서 보기에 회사의 조치가 천박하거나 잔인하고 혹은 불공정하게 보일 수 있기 때문이다.

내가 관찰해온 바에 의하면 이런 문제를 해결하는 가장 좋은 방법은 솔직하게 서로 대화를 나누는 것이다. 업계, 회사, 회사의 비전, 회사가 그에게 받아야 할 도움, 그리고 이런 모든 일들을 해내야 하는 시한이 얼마 남지 않았다는 등에 대한 속사정을 솔직히 이야기한다. 당신의 도움을 받으려면 우리가 당신에게 무엇을 해주어야 하는가? 사태가 정말 돌이킬 수 없을 정도로 악화되어 그 사람을 교체할 수밖에 없는지는, 대화를 시작하자마자 곧 알 수 있을 것이다.

또한 그 사람이 회사를 위해 무언가 돕고 싶지만 방법을 모르고 있다면 대화를 나누면서 해결책을 찾아볼 수 있다. 일은 하고 싶어 하지만 능력이 없을 때는, 회사가 그에게 기대하는 것과 시한을 분명하게 밝혀줌으로써 그가 교체되더라도 덜 섭섭하게 생각하도록 납득시켜야 한다. 이렇게 하면 죄의식을 극복할 수 있다. 또 이런 식의 합리적이고 사려 깊은 대화는, 단기적 성과를 망쳐 버리거나

표 7-3 성공적인 경영혁신을 위한 권한 위임

- **직원들에게 비전을 설득력 있게 전파시킬 것**
  직원들 사이에 어떤 목적에 대한 공감대가 형성되어 있다면, 목적을 이루기 위한 활동을 유도하기가 쉽다.

- **조직구조를 비전에 걸맞게 만들 것**
  비전과 일치하지 않는 조직구조는 직원들의 행동 변화를 방해한다.

- **직원들이 필요로 하는 교육훈련을 제공할 것**
  올바른 기술과 자세를 갖추지 못했을 때 무력감을 느낀다.

- **정보 및 인사관리 시스템을 비전과 일치시킬 것**
  비전과 일치하지 않는 시스템은 행동 변화를 방해한다.

- **경영혁신을 좀먹는 감독자들을 조치할 것**
  질이 나쁜 상사만큼 사람들을 힘 빠지게 만드는 것은 없다.

프랭크 같은 사람들이 정치적 역공세를 펼 수 있는 위험을 최대한 줄여주기도 한다.

죄의식, 정치적인 고려, 단기적 성과 기대 등이 항상 이런 솔직한 대화를 막는다. 경영자들은 경영혁신 과정에서 생긴 문제들을 좀더 일찍 조치하지 못한 것을 뒤늦게 후회하며 다음과 같은 이야기를 한다. "할, 조지, 아이린 같은 사람을 좀더 일찍 손봤어야 했는데."

그리고는 프랭크 같은 사람을 처리하는 일을 주저하곤 하는데, 이런 훼방꾼은 꼭 필요한 일들을 못 하게 만든다. 더욱 중요한 것은 이런 훼방꾼이 제거되지 않는다는 것을 다른 사람들이 알면 일할 용기를 잃어버린다는 것이다. 용기를 잃은 직원들은 경영혁신을 가속화하는 데 필수불가결한 '단기 성과'를 이루어내지 못하고, 결국 경영혁신 과정에서 꼭 필요한 소규모 혁신프로젝트를 완성하는 데 아무런 도움도 안 된다. 대신 새로운 제도들이 기업문화 속까지 뿌리내리는 결승점에 도착하기 훨씬 전에 모든 것을 포기해야 하는 사태가 벌어지고 말 것이다.

엄청난 잠재력을 끌어올려라

용기를 잃고 모든 권한을 빼앗긴 직원들은 무한경쟁의 경제환경 속에서 자기 회사를 절대로 승리자로 만들 수 없다. 그러나 누구나 잘 이해하고 받아들인 비전에 바탕을 둔 올바른 조직구조, 교육훈련, 시스템 그리고 일선 감독자를 가진 회사들은 회사의 성과를 향상시키는 데 그들이 갖고 있는 자원의 막대한 힘을 잘 이용할 수 있다. 이런 회사들은 수많은 사람들이 각자의 리더십을 발휘하도록 만들어 경영혁신을 성공시킨다.

변화관리 6단계

단기간에
눈에 띄는 성공을 이끌어내라

    내가 알고 지내던 아주 카리스마 넘치고 앞날도 잘 내다보는 경영자 한 사람이 미국에 본사를 둔 대기업의 한 사업부 사장으로 부임했다. 연간매출액이 17억 달러나 되던 그 사업부는 그가 부임하자 흥분에 휩싸였다. 그가 부임한 첫 해에 많은 직원들은 그가 몰고 온 신선한 공기에 황홀한 기분까지 느꼈다. 회의에서는 평범하고 시시하게 보이는 안건들이 갑자기 사라지고 보다 대담한 아이디어들을 논의하기 시작했다. 별로 할 이야기가 없는 사람들은 회의에 참석하지 않기 시작했지만, 반대로 문제점이나 사업 기회에 대해 할 이야기가 있는 사람은 누구나 이야기할 수 있었다. 이렇게 해서 새로운 지도자 주위에는 하나의 집단이 생겼고, 이 팀은 회사의 기본 전략을 바꾸는 문제에 대해서 토의하기 시작했다.

    세계에서 가장 강력한 회사가 되자는 비전이 모습을 드러냈다. 신기술을 최대한 이용해서 최고 품질의 기초 건축자재를 아주 싼 가격으로 공급하는 회사가 되자는 것이었다. 이듬해 중반쯤 되었을 때는 이미 새로운 비전에 대한 개념이 회사 모든 부서에 전달되었다. 그다음 해 초반까지는 이 비전을 실현하기 위한 여러 조치들을 구체적으로 진행하고 있었다. 새로운 제품을 출시하고 새로운 교육훈련 프로그램을 도입했으며 조직을 개편했다. 재무부서에서는 대규모 리엔지니어링을 시작했고 요직에 있던 한 임원이 조기퇴직했으며 꽤 큰 기업을 인수하기 위해 5억 달러에 가까운 돈도 썼다. 정말 신나는 활동이었다. 업계 신문들이 이런 변신에 찬사를 보냈으며 그 해 중반에는 이 회사가 추진하는 경영혁신을 칭찬하는 기사가 네 곳에나 실렸다.

이 이야기를 듣고 문제가 될 만한 징조를 전혀 찾아볼 수 없었던 것은 아니었지만, 대단히 감동했다. 예를 들면 이 영웅적인 사람이 만든 변화선도팀은 그룹 본부와 튼튼한 연결고리를 만들어 놓지 못하고 있었다. 그러나 그가 하는 일 대부분이 목표에 맞게 추진되고 있었으므로, 삼 년째 되는 해에 누군가가 나에게 질문했다면 나는 48개월 이내에 이 회사가 업계 리더가 될 것이라고 자신있게 말했을 것이다. 이 회사의 경영혁신이 좌초하리라는 것은 상상도 할 수 없었던 것이다. 하지만 내 생각은 틀렸다.

이야기를 간단히 줄이면, 4년째 되던 해 중반 비전을 이끌던 리더는 파면당했다. 그후 12개월도 채 못 되어 그가 그동안 추진해온 많은 독창적 일들이 무너지고 사라져버렸다. 같은 기간 동안 두세 명의 임원이 강제로 회사를 떠나야 했고 적어도 6명 이상이나 되는 임원은 스스로 회사를 그만두었다. 직원들의 사기는 완전히 땅에 떨어졌다. 길고 긴 하향곡선을 그리기 바로 전 몇 분기 동안은 회사 재무 상태가 잠시 개선되기도 했으나, 내가 이 글을 쓰는 이 순간에도 그 사업부는 계속 엉망진창인 상태에 있다.

지금 그때를 돌이켜보면 무엇이 잘못되었는지 금방 알 수 있다. 변화선도팀에는 본사 임원 가운데 단 한 사람만이 참여했는데 그 사람조차 어떤 영향력을 발휘할 수 있는 지위에 있는 사람이 아니었다. 2년째 되던 해 중반쯤 가서는 변화선도팀을 좋아하지는 않았지만 나름대로 경영혁신을 도우며 노력했던 사람들의 충고조차 묵살해버리는 분위기가 형성되었다.

그러나 무엇보다도 가장 커다란 실수는 '단기적 성공'을 만들어내야 한다는 점에 충분한 주의를 기울이지 않았다는 것이다. 사람들은 대부분 큰 꿈에만 사로잡혀 있었기 때문에 당장 벌어지는 일에는 관심이 없었다. 경영혁신을 위해 지금 벌이는 모든 활동들이 회사를 옳은 방향으로 끌어가고 있다는 사실을 증명할 수 있는 객관적 자료를 보여달라고 요구하는 소리에 몇몇 시원치 않은 것을 제외하고는 납득할 만한 성과를 제시할 수 없었다. 변화선도팀이 혁신에 불만을 품은 사람들에게 비전이 없는 바보 집단이라고 비난하는 것을 보고, 본사 사람들은 무엇인가 잘못되어 가고 있다고 경계심을 갖기 시작했다. 3년째 되는 해 그 사업부가 경영목표치들에 가까이 다가가긴 했지만 모두 달성하지 못하고, 또 이를 사전에 본사에 보고하지 않았기에 대표이사는 의구심을 갖기 시작하였다. 4년째 되던 해 제2분기에 그 사업부는 적자를 보았고, 카리스마 넘치는 사업부 사장은 사전 경고 없이 전격 해임되었다.

회사 안팎에는 그 사업부 사장을 해고한 대표이사가 일을 잘못 처리한 것이라고 생각하는 사람들이 아직 있다. 그렇게 생각하는

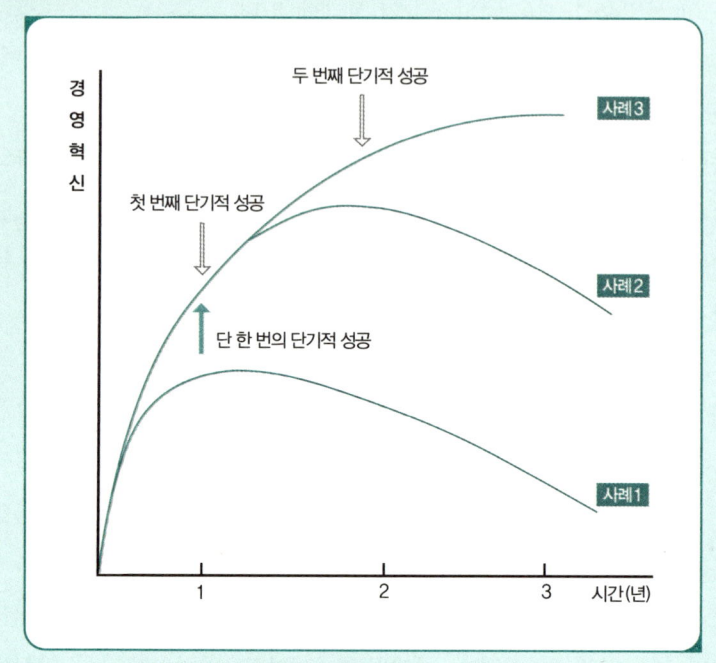

표 8-1 단기적 성공이 경영혁신에 미치는 영향

사례 1 단기적 성공 사례가 없음
사례 2 14개월 후에 단기적 성공을 거둠.
       그러나 1년 후에는 다른 성공 사례가 없음
사례 3 14개월 후, 26개월 후에 단기적 성공 사례가 각각 있음

사람들이 옳을지도 모른다. 그러나 카리스마 넘치는 사업부 사장은 의심할 여지 없는 아주 큰 잘못을 하나 저질렀다. 단기적인 성공을 만들어내지 못했다는 것이다. 대대적인 경영혁신을 성공시키기 위해서는 오랜 기간에 걸쳐 상부로부터 지지를 받아내야 하는데, 단기적 성과를 보여주지 못했기 때문에 거기에 필요한 신뢰를 쌓지

못했던 것이다.

  대규모 경영혁신은 시간이 걸리기 마련이다. 혁신에 열광적인 사람들은 무슨 일이 생기든 상관없이 자기가 맡은 일을 밀고 나간다. 그러나 나머지 대부분의 사람들은 혁신을 위해 쏟아부은 노력들이 결실을 맺고 있다는 것을 눈으로 직접 확인하고 싶어한다. 믿을 마음이 처음부터 없었던 사람들은 더 확실한 증거를 요구한다. 그들은 경영혁신이 효과를 거두고 있다는 것을 증명해주는 자료와 경영혁신 과정에서 투입된 많은 자원들로 인해 회사가 위험에 처하지 않았다는 사실을 확인할 수 있는 자료를 보고자 한다.

  어떻게 하면 단기적 성공을 거둘 수 있을까 하는 문제를 심각하게 생각하지 않고 경영혁신을 추진하는 것은 대단히 위험한 일이다(〈표 8-1〉 참조). 어떤 때는 운이 좋아 별로 노력하지 않고도 가시적인 결과를 얻을 수 있다. 그러나 위에서 소개한 야심찬 한 사업부 사장 이야기처럼 운이 따르지 않을 때도 있다.

단기적 성공의 유용성과 한 가지 사례

  한 보험회사가 리엔지니어링을 통해 대규모 경영혁신을 추진하고 있는 중이다. 이 프로젝트를 완성하기까지는 최소 4년이 걸린다는 것을 아는 변화선도팀 사람들은 스스로 이렇게 물어본다. "어떻게 하면 6개월에서 18개월이란 짧은 기간 동안 달성 가능한 구체적 목표를 정하고 이룩할 수 있겠는가?" 심사숙고 끝에 세 가지 분야를 결정했다. 일 년 안에 원가를 대폭 줄일 수 있는 부서 하나, 고객이 쉽게 이해하고 좋아하게 될 공정 개선 하나, 직원의 사기를 진작시킬 수 있도록 조직을 개편할 부서 하나. 그러고 나서 이 세 분야 각각에 대해 구체적인 목표를 정하고 이를 성취할 수 있는 세부계획들을 회사의 2개년 운영예산에 반영했다. 변화선도팀의 한 사람에게는 이 세 분야에서 벌어지는 일들만 전적으로 감독하는 책임을 맡겼고, 경영회의에서는 적어도 매 60일마다 이 소형 프로젝트들을 평가, 검토하기로 했다.

짧은 기간에 성공을 거두기란 쉽지 않았다. 중간관리자들은 조직개편을 지연시키려 했고, 심지어 리엔지니어링에 매우 열성적인 사람들조차 고객들에게 가시적으로 보일 수 있는 사무 공정 개선 작업을 늦추려 했다. 일을 더욱 복잡하게 만든 것은 회사가 사용하는 현재 정보시스템으로는 실질적 개선효과를 정확히 측정해낼 수 없었다는 것이었다.

누군가가 세 가지 업무개선 프로젝트를 적극적으로 관리하지 않았더라면 이들은 단기적 성공을 결코 이룩할 수 없었을 것이다. 여러가지 저해 요인들이 이 프로젝트를 지연시키거나 사람들의 관심을 다른 곳으로 돌려버렸을 것이기 때문이다. 또한 기존 시스템은 성과를 분명하게 측정해줄 수 있는 구체적 자료들도 만들어내지 못했을 것이다. 몇 가지 성과에도 불구하고 이 일에 회의적이었던 사람들은 이 리엔지니어링 프로젝트가 너무 많은 비용이 들고 추진속도도 느리며, 아예 착상부터가 잘못된 것이라는 것을 보여줄 수 있는 증거들을 찾으려 했을 것이다.

그러나 작지만 단기적인 성공들은 이런 회의론자들을 무력하게 만드는 효과가 있다. 가시적인 성과를 보여줌으로써 변화선도팀은 그들의 비전이 옳다는 것을 확실히 믿게 해 여론을 좋은 쪽으로 몰고갈 수 있다. 또한 단기적 성공을 미리 계획해보는 것은 대대적인 경영혁신을 성공시키려고 열심히 노력하는 사람들에게 중간점검과 같은 역할을 한다. 그런데 실제로 이런 성공을 이루어내는 것은 자신들이 대견하다고 스스로 칭찬할 수 있는 계기를 마련해주는 것이기도 하다.

단기적 성공의 특성

6단계에서 우리가 만들어내야 하는 결과물은 가시적이어야 한다. 모호한 것은 하등 도움이 되지 않는다. 비슷한 정도로도 도움이 되지 않는다.

그럴듯한 회의를 개최한다는 사실 자체는 단기적 성공이 아니다. 두 사람이 다투는 것을 말리는 것도, 엔지니어링 담당부장이 훌륭하다고 칭찬할 정도로 새로운 설계도를 만들어내는 것도, 새 비전을 소개하는 설명서를 5,000부씩이나 만들어 회사 내에 배포하는 것도 모두 마찬가지다. 이런 일들 모두가 중요한 것이긴 하지만, 그 어느 것도 훌륭한 단기적 성과의 표본이 되지는 못한다.

단기적 성공에는 적어도 다음 세 가지 특성이 있어야 한다.

1. **눈에 보여야 한다** | 많은 사람들이 그 결과가 진짜인지 가짜인지 직접 볼 수 있어야 한다.
2. **모호하지 않아야 한다** | 결과를 두고 왈가왈부 논쟁이 없어야 한다.

3. 경영혁신 운동과 분명히 연계되어 있어야 한다.

리엔지니어링 목표가 12개월 후에 원가절감을 하는 것이었고 실제로 이를 이룩했다면, 이를 성공이라고 부를 수 있다. 경영혁신 초반에 실시한 조직개편 결과 신제품 개발 주기가 10개월에서 3개월로 줄었다면 이것도 성공이라 할 수 있다. 한 기업을 인수합병하는 과정에서 동질화를 빨리 이루어 〈비즈니스 위크〉지에 칭찬기사가 실렸다면 이것도 성공이라 할 수 있다.

규모가 작은 회사나 대기업의 작은 단위부서라면 6개월 정도에 첫 번째 성공을 거둘 수 있어야 한다. 규모가 큰 회사에서는 18개월 정도에 확실한 성공을 거두는 것이 필요하다. 이는 회사의 규모에 상관없이 먼저 단계들을 종료하지 않은 상태에서도 6단계를 시작하여 거기에서 어떤 성공을 이룩해야 한다는 것을 의미한다. 여러 단계에 속하는 일들을 한꺼번에 하는 것은 일을 복잡하게 만들 수 있으나, 대규모 경영혁신을 성공시키려면 으레 그렇게 해야만 한다.

경영혁신에 미치는 영향

단기적 성공은 적어도 여섯 가지 측면에서 경영혁신을 도와준다.
첫째, 단기적 성공은 경영혁신 운동을 강화시키는 작용을 한다. 이들 성공은 사람들에게 그들이 치른 희생이 그만한 가치가 있다는 것을, 따라서 그들이 점점 강해지고 있다는 것을 보여준다.
둘째, 경영혁신을 주도하는 사람들에게는 잠시 쉬면서 이 작은

표 8-2 **단기적 성공의 역할**

- **희생한 보람이 있음을 증명함**
  그동안 들어간 비용이 결코 헛되지 않았음을 보여 준다.

- **경영혁신 주도자들을 격려해줌**
  힘든 일들을 수없이 많이 한 사람에게 긍정적인 반응을 보여주는 것은 사기를 북돋아주고 동기를 유발하는 효과가 있다.

- **비전과 전략을 미세하게 수정하는 데 도움을 줌**
  단기적 성과는 변화선도팀에게 그들의 생각이 옳다는 구체적인 자료를 제공한다.

- **냉소주의자와 반대론자를 무력화시킴**
  업무개선 효과가 분명하면 변화를 방해하기가 어렵게 된다.

- **상사들을 계속 혁신에 참여시킴**
  상위그룹 사람들에게 혁신이 제대로 가고 있다는 증거를 보여준다.

- **추진력을 증가시킴**
  방관자를 지지자로, 수동적인 지지자를 적극적인 주도자로 바꾼다.

성공을 자축할 수 있는 기회를 제공한다. 오랫동안 끊임없는 긴장 상태에서 일하는 것은 건강에 좋지 않다. 성공을 이룬 뒤에 갖는 이러한 축하행사는 몸과 마음 모두에 유익한 것이다.

셋째, 단기적 성공을 이루면서 변화선도팀은 그들이 만들어낸 비전이 주위 환경변화에 얼마나 적합한지 검토해볼 수 있다. 이 검토 과정에서 배우는 것들은 엄청난 가치가 있다. 어떤 때는 이 비전이 전혀 옳지 않은 경우가 있을 수 있다. 더 흔한 일은 이 비전하에서 수립한 전략들을 수정해야 하는 경우들이다. 단기적 성공을 이룩하기 위해서 노력을 집중하지 않으면 이런 문제점들은 발견하더라도 너무 늦어버려 궤도 수정에 필요한 시간적 여유가 없어진다.

넷째, 단기적 성공을 빨리 보여주면 경영혁신에 냉소적이거나 기를 쓰고 반대하던 사람들을 무력화시킬 수 있다. 단기적 성공이 반드시 이런 사람들 모두를 조용히 입다물게 하는 것은 아니다(이는 좋은 현상인데, 왜냐하면 다양한 의견이 있음으로 해서 회사가 한쪽으로 치우치는 것을 막을 수 있기 때문이다). 그러나 최소한 반대자들의 무기를 빼앗아버리는 효과가 있어 그들로 하여금 경영혁신 주도자들을 공격하기 어렵게 만든다. 다음과 같은 일반적인 규칙이 있을 수 있다. '냉소주의자나 반대자가 많으면 많을수록 단기적 성공을 거두는 것은 그만큼 더 중요하다.'

다섯째, 가시적인 결과를 만들어내는 것은 상사의 지지를 계속 확보하는 데 도움을 준다. 중간관리층에서 이사회에 이르기까지 중요인사들이 신뢰감을 보여주지 않으면 경영혁신은 큰 난관에 봉착하게 된다.

마지막으로 당연한 이야기이지만, 단기적 성공은 경영혁신을 위한 추진력을 강화시키는 데 큰 도움을 준다. 앉아서 구경만 하던 방관자를 지지자로 만들고 마지못해 소극적으로 따르기만 하면 사람들을 적극적으로 앞장서게 만드는 것처럼 추진력을 강화시키는 것은 대단히 중요한 일이다. 그런데 이는 다음 장에서 알게 되는 바와 같이 경영혁신 7단계를 완수하기 위해서는 막대한 양의 에너지가 필요하기 때문이다.

성과 획득을 우연에 맡기지 말고 체계적으로 계획할 것

단기적 성공이 경영혁신에 얼마나 큰 영향을 미치는지 사람들이 제대로 인식하지 못하기 때문에 혁신이 실패로 끝나는 경우가 종종 있다. 그러나 의도적으로 단기적 성공을 보여주기 위해 미리 미리 계획을 세우지 않기 때문에 경영혁신이 실패로 끝나는 경우가 더 흔하다.

"모든 것이 정상 궤도에 올랐다는 것을 확인시켜줄 증거를 24개월 내에 보여 줄 수 있나요?"라고 물었다.

"가능성이 있는 것 네다섯 개 정도는 보여드릴 수 있을 것 같습니다"라고 변화선도팀의 한 사람이 대답했다.

"가능성 있는 것이라고 말씀하셨습니까?" 하고 물었다.

"그렇습니다. 재수가 좀 좋으면 수주受注 과정에서나 수주품 발송 과정에서 상당한 원가절감을 기대할 수 있을 것 같습니다."

"재수가 좋으면?"

반문했다.

"마케팅팀이 빨리만 움직여준다면, 새로운 틈새 전략을 사용할 수 있기 때문에 실질수익이 좀 증가할지도 모르겠습니다."

"할지도 모르겠다?"

"예, 그리고 내 생각으로는 새 광고업자가—지금 하나를 찾고 있는 중입니다만—새로운 TV광고 전략을 실행에 옮긴다면 상당한 시장점유율 증가가 가능할 것입니다."

"가능할 거라고요?"

"예, 지금 말씀드린 것 모두가 가능한 것들입니다."

성공한 경영혁신에서는 대화를 이런 식으로 하지 않는다. 단기적 성공이란 우연히 이루어지는 것이 아니다. 단지 가능성만을 얘기하는 것도 아니다. 사람들은 자기들이 하는 업무가 개선되기를 막연히 희망만 하거나 그렇게 되길 기도만 하는 것도 아니다. 그들은 단기적인 성공을 미리 계획하고 거기에 맞춰 조직을 바꾸며 목적한 결과를 얻어내도록 이 계획을 실천에 옮기는 것이다.

그러나 무엇보다 중요한 점은 장기적 목표를 희생하면서까지 단기적 성공을 극대화하는 데 치중해서는 안 된다는 것이다. 요점은 가시적인 성과를 일찍 보여줌으로써 지금 추진하는 경영혁신이 꼭 성공할 수 있다는 것을 사람들이 믿게 하기 위해서는 미리 계획을 세워야 한다는 것이다. 그러나 모든 사람들이 그렇게 하지 않는다. 여기에는 다음과 같은 세 가지 이유가 있다.

첫째, 다른 일들에 쫓겨 이런 성공을 계획할 시간적 여유가 없기 때문이다. 위기감이 충분히 높지 않을 때도 있고, 비전이 명확하지 않을 때도 있다. 이렇다 보니 경영혁신은 제대로 진행되지 않고, 이를 정상화시키려면 일이 뒤죽박죽 엉키게 된다. 이런 상황에서는 단기적 성공을 위한 시간과 관심을 충분히 끌어내지 못한다.

둘째, 사람들은 본래 대형 경영혁신과 단기적 성공 두 가지를 동시에 얻어낼 수 없다고 믿기 때문에 이런 단기적 성공을 위해 열심히 노력하지 않는다. 수많은 관리자들은 장기적인 일과 단기적인 일, 즉 공존할 수 없는 두 가지 일 가운데 한 가지만 선택해야 한다고 배워왔다. 이런 환경 속에서 살아온 우리들 역시 장기적인 일에 초점을 맞추면서 지금 당장의 일은 무시해버리거나, 당장의 일에 온 신경을 쓰고 장기적인 일은 될 대로 되라고 내버려두는 것 중에서 하나를 택하게 된다. 이런 사고방식을 따르면, 대규모 경영혁신 프로그램은 장기적인 일이므로 단기적 성공을 기대하는 것은 무리라는 것이다. 물론 당장 가까운 미래에도 주의를 기울여야 하겠지만, 그렇게 짧은 기간에 큰 성과를 올리겠다고 하는 것은 무리한 계획이며 가능하지도 않다고 생각한다.

10년 전에는 나도 이렇게 생각했을 것 같다. 그러나 이런 관점이 옳지 않다는 것을 증명해주는 사례들을 최근에 너무 많이 보아왔다. 꽤 유명한 전문경영인의 말을 빌려보자. "경영이란? 장기적으로 성공할 수 있도록 현재의 위치를 확고히 하는 동시에 단기적으로도 성공을 이루어내는 일이다." 지난 십여 년 동안 많은 회사들이 두 가지 측면에서 문제를 해결했다. 장기적으로 성공하기 위해서 새로운 조직체계를 만들었고, 동시에 매분기마다 좋은 결과를 얻으려고 노력하기도 했다.

성공을 미리 계획하지 못하는 셋째 요인으로는 관리가 충분하게 이뤄지지 못하고 있는 점이다. 특히 변화선도팀에서 관리능력이 부족하거나 또는 핵심 지위에 있는 관리자들에게 경영혁신에 대한 의지와 헌신이 부족한 때다. 일반적으로 리더십은 미래를 내다보는 장기적인 일, 관리는 바로 눈앞의 단기적인 일들을 다루는 것이다. 관리를 잘하지 못하면 좋은 결과를 얻기 위해 꼭 필요한 일들, 즉 계획을 세우는 일, 조직을 잘 구축하는 일, 그리고 이를 통제하는 일 모두를 잘할 수 없게 된다.

관리 능력이 충분하지 못하면 혁신 성과를 측정하는 일도 제대로 해내지 못한다. 현재 사용하는 경영정보 시스템에서는 혁신으로 개선한 중요한 성과들을 평가하지 못하거나 아니면 평가한다 하더라도 그 효과를 과소평가하게 된다. 관리 능력이 없으면 구체적으로 수행해야 할 일들을 지나쳐 버리거나 수행한다 해도 제대로 마무리하지 못한다. 기업을 인수할 때도 장기적인 비전과 논리적인 검토에 근거하지 않고 그저 충동적으로 한다. 중요한 일들을 처리할 때도, 예를 들면 구조조정을 올해에 할까 아니면 우선 품질개선 운동을 본 궤도에 올려놓은 후에 할까 하는 문제 등에 충분한 주의를 기울이지 못한다.

우리가 아는 바와 같이 지난 세기에는 관리를 중요시했기 때문에, 규모가 작거나 생긴 지 얼마 되지 않은 회사들을 제외하면, 대부분의 회사들은 이 점에서는 별로 문제가 없다. 작은 회사들은 어느 정도까지는 공식적인 계획이나 통제 기능 없이도 잘해 나갈 수 있다.

한편 창립자가 체계적으로 짜여진 조직을 별로 좋아하지 않는 몽상가적 경영자일 경우에는 구체적인 일들을 관리하는 데 따르는 번거로움을 싫어한다. 바로 이 때문에 지금까지 잘 이끌어온 경영혁신을 곤경에 빠뜨리게 된다. 규모가 크고 역사가 오래된 회사에서 관리가 부족한 경우는, 강력한 힘은 있으나 자기 아래에 있는 관리자들을 대수롭지 않게 생각하는 지도자이거나 또는 관리자들에게 경영혁신을 성취하려는 의지가 부족한 때다. 전자의 경우는 결국 자리에서 물러난 카리스마 넘치는 사업부 사장의 예를 보면 알 수 있다. 그는 현재 회사를 운영하는 사람들이 근본적으로 한계가 있다고 생각했다. 결코 밖으로 그런 말을 하지는 않았지만 여러 정황으로 보면 그런 사실을 쉽게 알 수 있었다. 그렇기 때문에 부하들이 단기적인 성공을 이루자고 조언했을 때도 그 제안을 무시했던 것이다.

규모가 크고 오래된 기업의 관리자들이 경영혁신에 헌신적이지 않은 이유는 경영혁신 초기단계가 잘 마무리되지 않았기 때문이다. 위기감으로 무장되어 있지 않았다든지, 영향력 있는 인사들이 변화 선도팀에 충분히 참여하지 않았다든지, 회사의 비전을 효과적으로 알리지 못했다든지, 전 직원에게 적절한 힘을 실어주지 못하면, 지나치게 관리 중심적이고 리더십이 무엇인지도 모르는 사람들은 그저 옆에서 구경만 하고 있게 된다. 특히 단기적 성공을 만들어내는 과정에서 결정적 역할을 해주어야 할 관리자들이 이렇게 돼버리고 마는 것이다.

부담을 준다고 나쁜 것만은 아니다

경영혁신을 추진하는 과정에서 단기적 성공을 거두려면 직원들은 더 많은 압박감을 느낀다. 그렇지 않아도 스트레스를 받는 직원들에게 이런 압박감을 가중시키는 것은 옳지 않다는 주장도 있다. "더 이상 다그치지 않아도 이미 모든 것이 잘되어 가고 있습니다. 제발 좀 쉬게 내버려두시오"라고 하소연한다.

'더 이상 다그치지 않는다'는 생각에는 그런 대로 장점이 있다. 그러나 단기적 성공을 위해서 노력하는 것이 위기감을 높이는 가장 좋은 방법이다. 본격적인 경영혁신을 시작한 지 일이 년이 지나도 혁신의 끝이 보이지 않으면 직원들은 긴장이 풀리게 마련이다. 이렇게 생각한다. "앞으로도 4년이나 더 걸리는 일이라면 한 3개월 정도 늦춘다고 큰일이 나겠는가." 이렇게 해서 위기감이 낮아지면 이때는 모든 것이 더욱 어려워진다. 보통 한 달이면 끝낼 수 있는 대수롭지 않은 일들도 갑자기 3배 이상 더 시간이 걸린다.

물론 심리적인 압박감을 준다고 해서 항상 위기감이 상승하는 것은 아니다. 단기적인 성공을 만들어내야 한다는 부담감 때문에 사람들은 단지 스트레스만 더 받거나 극도의 피로감을 느낄 수도 있다. 성공적인 기업이라면 이럴 때 경영진이 비전과 이에 따른 전략들을 계속 명확하게 설명해줌으로써 압박감이 위기감으로 이어질 수 있도록 한다. "이것이 우리가 이루고자 하는 바이고, 또 이것이 그렇게 중요한 이유는 다음과 같습니다. 이런 단기적 성공 없이는 모든 것을 잃을 수 있습니다. 고객이나 주주, 직원, 지역사회를 위해 우리가 하려는 모든 일들에 대해서 사람들은 확신보다 의문을 갖습니다. 그렇기 때문에 단기적 성공이 꼭 필요한 것입니다."

이렇게 잘 이야기해주면 직원들은 힘은 들어도 명분을 이해하기 때문에 계속 정진할 수 있다. 경영혁신을 시작하고 1년이나 2년 정도의 시간이 흐르면 직원들은 지쳐 있다. 그러므로 새로운 동기 부여가 필요하다.

술수와 다른 점

관리는 어느 정도 '조작Manipulation' 적인 면이 있다. 단기적인 성공을 이루어내는 것도 이런 범주에 속한다. 그러나 단기적인 성공이 아닌 단기적 '속임수'일 경우에는 이런 조작적인 방법이 나쁜 결과를 초래할 수도 있다.

대대적인 경영혁신 운동을 가속화하기 위해서 필은 재무제표 숫자놀음의 마술사가 되었다. 이 돈은 상환하고 저 설비는 감가상각을 하며, 이 그룹은 좀더 세게 쥐어짜고 어떤 자산은 팔아치우는 등 아주 바빼 머리를 굴렸다. 그 결과 숫자상으로는 회사의 업적이 매 분기마다 조금씩 좋아지고 있었다. 사람들이 그의 경영혁신 프로그램을 비판할 때마다 그는 흡혈귀에 대항하는 사람이 십자가를 휘두르는 것처럼 순이익이 적힌 회계자료를 사람들 면전에 내밀었다. 이 작전은 적어도 얼마 동안은 성공했다.

이런 회계장부상의 마술이 어떤 상황에서는 도움이 될 수도 있다. 하지만 이에 따르는 위험은 대단히 크다.

첫째, 습관성이 될 수 있다. 한번 이런 식으로 잔재주를 부리기 시작하면 이를 멈추기가 어렵다. 단기적인 술수는 장기적으로 여러 문제들을 발생시킨다. 이런 문제들을 호도하기 위해서 또 다른 많은 술수가 필요하기 때문이다.

둘째, 핵심요직에 있는 경영자들을 냉소적이거나 저항하는 사람으로 만든다. 이런 사람들은 실제로 무슨 일이 벌어지고 있는지 잘 알기 때문이다. 강력한 힘이 있으면서 냉소적인 사람들은 경영혁신을 추진하는 데 매우 치명적인 타격을 줄 수 있다.

셋째, 이런 방법이 비윤리적이라고 생각하는 사람들을 소외시킨다.

변화선도팀 전체가 이런 방법에 대해 토의하고 이를 채택하기로 결정한 경우라면 부정적인 위험을 어느 정도 줄일 수 있다. 그러나 이런 경우라 할지라도, 떳떳하지 못한 방법으로 얻은 결과는 경영혁신의 다음 단계인 7, 8단계를 수행하는 데 필요한 기초를 제공하지 못한다. 경영혁신을 도울 수 있는 단기적 성공은 순수해야 한다. 단기적 성공은 절대 권모술수로 만들어지지 않는다.

리더도 관리 능력이 필요하다

체계적으로 목표를 정하고, 그 목표를 달성하기 위한 예산과 세부계획을 세우며, 이 계획들을 실행하기 위한 조직을 만들어 이런 전 과정이 제대로 실행되도록 통제하는 것이 관리의 요점이다. 이렇게 관리가 무엇이고, 또 경영혁신을 성공적으로 이루기 위해서는 단기적 성과가 필요하다는 것을 이해하면 매우 중요한 원리 하나를 깨닫는다. '경영혁신이란 단지 리더십 하나만 필요로 하는 작업이 아니다. 훌륭한 관리도 필요하다.' 〈표 8-3〉에서 보는 바와 같이, 이 둘 사이에는 균형이 이루어져야 한다.

어떠한 경영혁신이든 리더가 가장 중요한 역할을 맡는다. 그래서 경영혁신은 곧 리더십을 의미한다고 결론지어 버린다. 두말할 필요도 없이 많은 사람들이 강력하고도 유능한 리더십을 발휘하지 않는다면 조직구조 혁신, 쓰러져가는 기업 되살리기, 기업문화 혁신 등은 잘 진행되지 않거나 아예 기대하지도 못하게 된다. 그러나 리더십 이외에도 더 많은 것이 필요하다. 일상적으로 보면 조직구조 혁신에는 재무관리 전문지식이 함께 필요하고, 리엔지니어링은 기술적인 지식이, 기업인수는 전략적인 통찰력이 필요하다. 그리고 대대적인 경영혁신 운동에서 추진하는 여러 작은 프로젝트 하나하

표 8-3 리더십, 관리 능력, 단기적 성공 그리고 성공적인 경영혁신 간의 관계

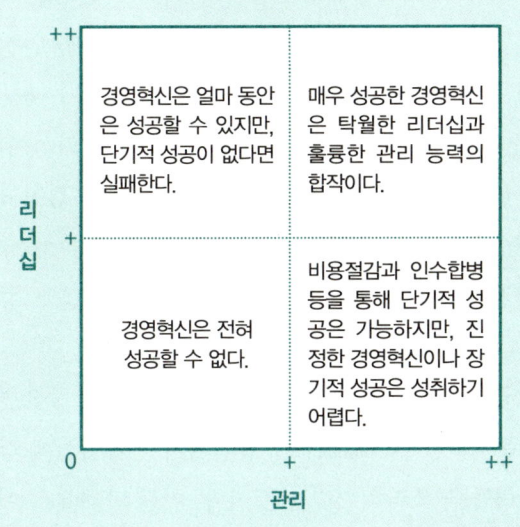

나도 잘 관리해서, 통제에서 벗어나거나 제멋대로 운영되거나 혹은 전혀 엉뚱한 방향으로 가는 것을 방지해야 한다.

불행하게도 카리스마 넘치는 리더들은 때때로 관리적인 면이 아주 서투르다. 대신 자신들을 무조건 따르도록 만드는 데는 대단한 기술을 갖고 있다. "일상적이고 너무 세부적인 문제는 염려하지 마세요. 항상 장기적인 비전에만 신경을 써주십시오." "재무제표 숫자에는 신경쓰지 마십시오. 결국 좋아지게 되어 있습니다." 이런 말들에 대해 조금만 깊이 생각해보면 의심을 갖게 되지만, 결국 감정상 그쪽으로 기울어진다.

카리스마가 나쁘다고 얘기하는 것이 아니다. 개인적인 인품이 경

영혁신 과정에서 지극히 중요하고 큰 도움을 준다는 명확한 증거는 얼마든지 있다. 그러나 카리스마 넘치는 리더가 훌륭한 관리자가 되지 못하면, 혹은 다른 직원이 갖고 있는 관리 능력을 인정하지 않으면, 단기적 성공을 이룩해내기가 쉽지 않다. 그렇기 때문에 다음 단계인 제7단계를 마무리 짓기 위해서 꼭 필요한 신뢰성이나 힘 또한 찾아보기 힘들다. 다음 장에서 보겠지만 7단계가 경영혁신 과정에서 차지하는 비중은 매우 크다. 경영혁신에 의해 회사 규모나 사업 범위를 바꾸는 일은 신뢰성과 추진력이 없이는 결코 성공할 수 없다.

전 경영혁신 과정에서 처음 여섯 단계가 하는 제일 중요한 역할은 기업 내에 충분한 '관성Momentum'을 결집시켜 경영혁신에 장애가 되는 단단한 장벽들을 폭파해버리는 것이다. 이런 단계에서 어느 하나라도 무시하면 모든 노력은 수포로 돌아가고 만다.

변화관리 7단계

변화 속도를 늦추지 마라

　연례 경영회의에 참석하는 경영자들은 지난 1년 동안 자기 회사에 대해 좋게 평가해준 신문잡지 기사를 포함한 회의자료를 한 뭉치씩 받는다. 회의 시작 바로 전날 열리는 호화로운 전야제에서 사장은 100여 명이나 되는 경영진에게 그들이 이룩한 성과에 대해서 칭찬을 하며, 축배를 네 번씩이나 들면서 그 밤을 들뜬 기분으로 보낸다. 회의 첫날은 하루종일 여섯 명 이상이나 되는 연사들이 최근에 회사가 이룩한 성공에 대해 이야기하고 참석한 모든 사람들에게 노고를 치하한다.

　그날 밤 열린 시상식 연회에서는 열다섯 명이나 되는 직원이 상패와 상장을 받는다. 다음날 아침에 열리는 '성공 사례' 발표회는 더 많은 칭찬 일색이다. 저녁이 되면 회의 참석자들은 초청가수의 노래를 들으면서 즐거운 한때를 보낸다. 이렇게 하고도 아직 참석자들이 자부심을 느끼지 못하면 마지막 순서를 기다리면 된다. 회의 마지막 순서로 계획된 대표이사의 축하연설이 참석자들의 마음을 뿌듯하게 만들 것이기 때문이다.

이 순간에, 그동안 갖고 있었던 모든 위기감이 사라져 버린다. 비록 말로 표현하지는 않지만 이런 계기가 무엇을 뜻하는지는 확실하다. '우리는 이렇게 힘든 시장환경 속에서도 얼마든지 잘 해낼 수 있다. 식은 죽 먹기다. 최근에 이룩한 업적들을 보라. 이들이 모든 것을 증명해주고 있지 않느냐. 우리 회사는 더없이 잘 나가고 있다. 그러니 이제 긴장일랑 풀고 음악이나 즐기자.'

물론 누구도 '쉬자'라는 말을 내놓고 하지도 않고, 대표이사 자신도 일이 년 전에 시작한 경영혁신을 완성하기까지는 아직도 해야 할 일들이 산적해 있다는 것을 너무나 잘 알고 있다. 그가 지금 하고자 하는 것은 경영진에게 고마움을 표시하고 진지하게 칭찬해줌으로써 그들을 계속 고무시키고자 하는 것이다. 그런데 문제는 회의에 참석한 사람들은 이런 메시지를 경영혁신의 힘든 단계들이 이제 모두 끝났다는 말로 착각한다는 것이다.

다음해에 추진해야 하는 열두어 개의 새로운 프로젝트는 시작하지도 못한 채 그대로 방치되고, 진행 중인 프로젝트조차 속도가 늦어진다. 한 사업부의 조직을 대대적으로 개편하자는 컨설턴트의 제안도 보류된다. 어떤 부서에서는 제3단계까지 진행시켜 놓은 리엔지니어링 프로젝트를 잠시 연기하고, 뜯어고치기로 한 회사 인사관리 규정도 원점으로 돌아간다. 투자전문회사에게는 다른 회사에 팔기로 되어 있는 어느 한 사업부를 팔지 말고 당분간 보류해 달라고 통보한다. 또 그해에 해결하기로 한 문제점들은 더 이상 관심의 대상이 되지 못한 채 잊혀버린다. 회사 내에 무슨 일이 벌어지고 있는지 최고책임자가 파악할 때쯤에는 이미 지난 3년여 동안 힘들게 쌓아온 경영혁신의 관성은 그 힘을 거의 잃은 순간이다.

본격적인 경영혁신은 시간이 오래 걸리게 마련이다. 특히 규모가 큰 회사에서는 더욱 많은 시간이 걸린다. 예기치 못한 많은 일들이 경영혁신 과정에 끼어든다. 경영혁신을 위한 핵심주도자가 다른 자리로 옮긴다든지, 지도자들이 너무 지쳐 있다든지, 단순히 운이 나쁘다든지 하는 것들이다. 단기적 성공이라는 것은 경영혁신을 계속 끌어갈 수 있는 필수요건이긴 하지만, 이렇게 성공을 대대적으로 축하해준 후유증으로 직원들이 위기감을 잃으면 이는 치명적인 실수로 이어진다. 자만심이 다시 높아지고 그동안 숨죽이고 있던 보수세력들이 무시 못할 힘과 속도로 다시 등장하기 때문이다.

저항세력은 호시탐탐 틈을 노리고 있다

경영혁신에 대해 합리적이 아니라 정치적으로 저항하는 세력들은 결코 완전히 사라지지 않는다. 혁신운동 초반에 그럴듯한 성공을 거두었다 해도, 구조조정으로 자기 세력이 약화되는 것을 두려워하는 자기 중심적인 관리자, 고객 만족을 위해 왜 그토록 많은 시간을 보내야 하는지 이해하지 못하는 속 좁은 기술자, 직원에게 권한을 위양하는 것은 바보나 하는 짓이라고 생각하는 융통성 없고 돌부처 같은 재무부서 책임자들을 아직도 내 편으로 만들지 못할 때가 많이 있다. 그렇다고 그들을 모두 땅속에 묻어버리거나 허허벌판으로 쫓아버릴 수는 없다. 그들은 변화에 동참하든지 아니면 회사를 아주 떠나버리든지 하지 않고, 자기 자리에 주저앉아서는 호시탐탐 기회만 노리고 있다. 단기적 성공을 축하할 때가 반대자들에게는 좋은 기회가 된다.

때로는 주도면밀하고 음흉한 반대자들이 일부러 이런 축하 모임을 주선하기도 한다. 들뜬 분위기 속에서 회의가 끝나고 나면, 이 반대자들은 목소리를 내기 시작해 알게 모르게 자신들의 메시지를 전한다. "우리가 마침내 모든 것을 해 냈다. 대단히 큰 희생을 치렀지만, 결과적으로는 그 무엇인가를 이루어낸 것이다. 이제는 우리도 쉴 만한 자격이 있으니 푹 쉬자."

앞으로도 할 일이 많다는 것을 알면서도, 지칠 대로 지친 사람들은 이런 듣기 좋은 말에 귀가 솔깃해진다. 휴식을 취하면서 긴장을 좀 푸는 것은 별문제 없을 거라고 나름대로 합리화하기도 한다. 한 술 더 떠서 휴가까지 가두는 것이 다음 단계를 위해서 더 좋을 것이라고 너스레를 떨기도 한다.

이 단계에서 저지르는 실수가 매우 심각한 결과를 초래할 수 있다. 지난 10여 년에 걸쳐 여러 대규모 경영혁신 프로젝트를 관찰한 결과 하나의 법칙을 발견했다. '어떤 일을 확실히 마무리짓기 전에 긴장을 풀면, 경영혁신은 한계속도를 잃어버려 결국 추락하고 만다.'

새로 바뀐 제도들은 기업문화 속에 자리를 잡고 안정될 때까지는 매우 유동적이다. 3년에 걸쳐 힘들게 이룩한 모든 일들이 눈깜짝할 사이에 수포로 돌아가기도 한다. 후퇴가 일단 시작되면 다시 가속도를 붙이기란 대단히 어렵다. 직원들에게 이미 언덕 아래로 굴러 내려오기 시작한 거대한 바윗돌 아래로 자기들 몸을 던지라고 요구하는 것과 같은 일이다. 경영혁신에 적극적인 사람들을 제외한 대부분의 사람들은 이런 요구에 기꺼이 응하지 않을 것이다. 이런 상황에서 그들은 스스로 정당화시키는 데 놀라운 능력을 발휘한다. "내가 할 일은 다 했어. 이제 톰이 할 차례야." "우리는 그동안 너무 지나쳤던 것 같아. 이제 조금 속도를 늦추는 것도 좋을 거야" 등등 이유는 끝이 없다.

경영혁신의 속도는 두 가지 이유 때문에 쉽게 줄어들 수 있다. 하나는 기업문화와 관련되어 있는데, 여기에 대해서는 다음 장에서 더 자세히 이야기하겠다. 둘째는 빠르게 변하는 경영환경 때문에 생겨난 현상으로, 점점 더 많은 일들이 서로 관련성을 갖고 얽힌다는 사실이다. 즉 이 상호관련성 때문에 모든 것을 동시에 바꾸지 않고서는 그 무엇 하나도 변화시키기가 힘들어진다.

비효율적인 부서 간 연관성의 문제

모든 조직은 서로 의존하지 않고 독자적으로 살아갈 수 없는 부분들이 모여서 만들어진다. 영업부서에서 일어나는 일은 생산현장에 어떤 형태로든 영향을 미친다. 연구개발팀의 연구성과는 제품개발에 영향을 주고, 기술부서에서 작성한 설계도는 생산공정에 영향을 미친다. 그러나 이 상호관련성의 특징은 조직마다 다르고 수많은 요인들에 의해서 결정된다. 그런데 이런 요인들 중에서도 제일 중요한 것은 기업환경을 한마디로 대변할 수 있는 '경쟁력'이다.

모든 주요 산업은 20세기에 거의 내내 경쟁이 심하지 않은 독과점체제로 유지돼왔다. 이렇게 안정되고 성장하기가 쉬운 경영환경 속에서는 내부 부서들 간의 상호연계성에 별로 신경 쓰지 않아도 문제가 되지 않았다. 여기저기 흩어져 있는 수많은 재고품은 공장 내 여러 부서들 간의 완충역할을 해주었고, 각 부서마다 독자성을 갖게 했다. 제조부서에서는 대량의 완제품을 창고에 쌓아놓고 기다리고 있었으므로 영업부서에서 오는 다양한 주문을 쉽게 충족시킬 수 있었다. 제품개발 속도는 느려도 괜찮고 기존 제품의 연장선상에서만 생각하면 되었기 때문에 기술부서, 영업부서, 제조부서 각각이 어느 정도의 독자성을 가질 수 있었다. 운송 및 통신수단에서는 별다른 좋은 방법이 없었기 때문에 말레이시아에 있는 현지공장은 뉴욕에 있는 본사로부터 간섭을 덜 받았다.

  이런 기업운영 방법은 여러가지 이유로 사라져가고 있다. 그 가운데 가장 중요한 이유는 점점 거세지는 경쟁환경이다. 오늘날 몇몇 독점기업을 제외한 대부분의 회사들은 재고품을 많이 가지고 있을 수도 없고, 제품개발 속도가 느리거나 기존 제품을 조금 변형시키는 정도의 술수를 써서도 안 되며, 외국에 흩어져 있는 현지공장들을 제멋대로 방치해서도 안 된다. 현재는 물론 미래에도 모든 회사들은 더 빨리 움직여야 하고 비용을 더 줄여야 하며 더 고객중심이 되어야 한다. 그 결과 내부 부서 간 상호관련성은 점점 더 높아질 것이다. 재고품이 쌓이지 않으려면 공장 내 각기 다른 부서들이 더 유기적으로 협동해야 하고, 신상품을 더 빨리 시장에 내놓으려면 신상품 개발과 관련된 부서들이 한층 더 잘 융화되어야 한다. 이렇게 복잡해진 상호관련성은 경영혁신 노력을 더욱 힘들게 만드는데, 변화란 서로 독립된 부서들로 이루어진 단순 시스템에서 훨씬 쉽게 이루어지기 때문이다.

어떤 사무실 안으로 걸어 들어가는데, 그 배치 상태가 마음에 들지 않는다고 가정해보자. 그래서 의자 하나를 왼편으로 옮기고, 책장에는 두서너 권의 책을 올려놓고, 벽에 걸린 그림을 다른 위치로 옮긴다. 이런 작업은 비교적 간단하기 때문에 기껏해야 1시간 정도면 끝낼 수 있다. 이와 같이 서로 독립된 부분들로 이루어진 시스템을 바꾸는 것은 그리 어려운 일이 아니다.

자 이제는 다른 사무실을 찾아가보자. 그곳에 있는 여러 물건들은 다양한 종류의 밧줄이나 굵은 고무줄, 아니면 철사줄로 서로 묶여 있다. 우선 그 방으로 들어가는 것부터가 쉽지 않다. 왜냐하면 이런 밧줄이나 고무줄에 몸이 친친 감기게 되기 때문이다. 어렵게 어렵게 의자 쪽으로 걸어가서는 의자를 치우려 애를 써보지만 이 가벼운 가구는 꼼짝도 하지 않을 것이다. 더 세게 잡아당기면 몇 센티미터는 움직일 수 있겠지만, 책들이 책꽂이에서 쏟아지고 소파도 엉뚱한 방향으로 움직인다. 소파까지 천천히 가서는 그것을 제자리에 다시 되돌려 놓으려고 힘을 써 보지만, 의외로 힘이 많이 든다는 것도 알게 된다. 거의 30분이나 걸려 재배치하는 데 성공했지만 이번에는 책상 위에 있던 램프가 떨어져서 이리저리 뻗어 있는 밧줄이나 철사줄에 걸려 공중 한가운데 위태롭게 매달려 있다.

이와 같이 조직이란 갈수록 점점 더 기괴한 사무실로 변해가고 있다. 쉽게 움직일 수 있는 것은 거의 아무것도 없다. 왜냐하면 거의 모든 요소들이 다른 요소와 연결되어 있기 때문이다. 직원에게 새로운 방법으로 일을 하라고 시켜보라. 아무 일도 일어나지 않는다. 다시 한 번 시켜보라. 겨우 조금 움직일까 말까 한다. 다시 한 번 압력을 가해보라. 아마 조금은 더 움직일 것이다. 마침내 당신은 그에게 화를 내고 그의 성격이나 정신 자세에 문제가 있지 않나 하고 생각할 것이다. 그러나 중요한 문제는, 의자와 소파 얘기처럼 여러가지 힘들이 직원이 다른 행동을 할 수 없도록 꼼짝 못하게 하고 있다는 사실이다. 이 사람을 움직이지 못하도록 만드는 힘은 바로 일선 감독자들, 회사의 조직 형태, 업적 평가제도, 개인적인 습관, 기업문화, 동료와의 관계 등이다. 이들 가운데 가장 중요한 것은 다른 그룹이나 부서, 혹은 다른 모든 사람들로부터 끊임없이 받는 다양한 압력들이다.

이런 상황에 처한 그를 새로운 방법으로 일하도록 만들기란 매우 힘들다. 하물며 그와 똑같은 처지에 있는 수천 명의 직원들을 한꺼번에 새로운 방법으로 일하도록 만드는 일은, 얼마나 힘들겠는가!

사무실의 가구들이 끈으로 얽혀 있다면

우리가 경험해본 경영혁신 중에서 소위 성공했다는 혁신들은 앞에서 예로 든 첫 번째 경우와 같이 사무실에서 가구를 움직이는 정도의 일, 즉 의자가 제자리에 놓여 있지 않아서 그것만을 옮겨놓는 정도의 것이다. 우리 대부분은 상호관련성이 대단히 복잡한 시스템을 혁신시키는 방법을 제대로 배우지 못했다. 그렇기 때문에 점점 더 복잡해지는 오늘날의 회사에서 이런 일을 하기란 그만큼 더 어려워졌다.

경험이 많지 않기 때문에 다음과 같이 아주 중요한 사항을 제대로 인식하지 못하는 경우가 많다. 즉 내부가 아주 복잡하게 얽혀 있

표 9-1　상호연관성 정도에 따른 경영혁신

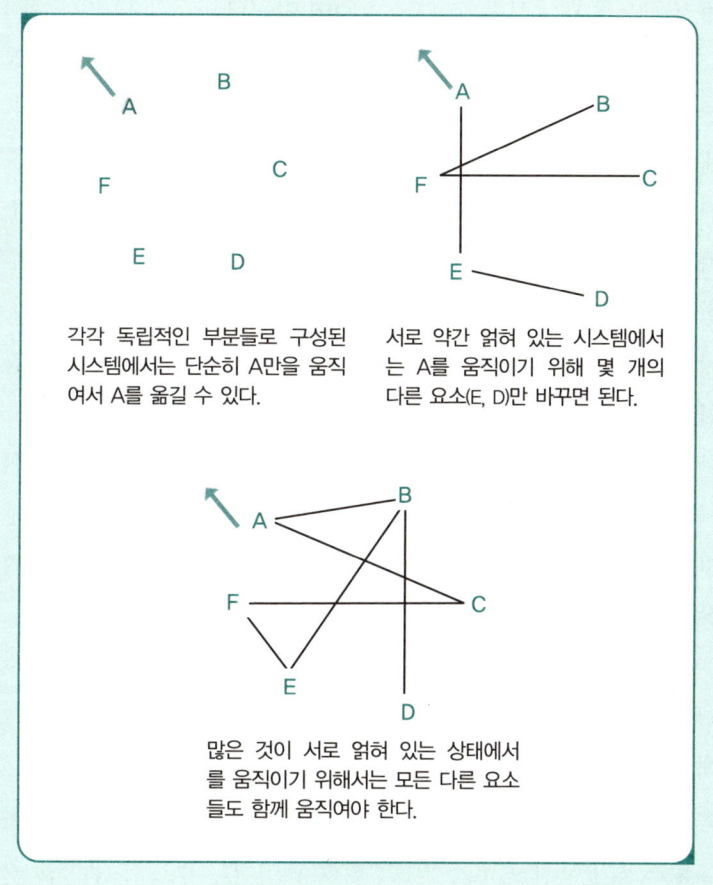

는 조직을 변화시키는 일은 대단히 어려운 일인데, 왜냐하면 결국 거의 모든 것들을 다 바꿔야 하기 때문이다(〈표 9-1〉 참조). 모든 것들이 서로 연관되어 있기 때문에 그 가운데 한 요소만 따로 떼어 움직일 수는 없다. 수십, 수백, 혹은 수천 개의 요소들을 동시에 움직

여야 하는데, 이는 힘이 들고 시간이 많이 걸릴 뿐만 아니라, 단지 몇 명만으로 성공시킬 수 있는 작업이 아니다.

관련성의 정도가 비교적 낮은 경우라 하더라도, '서로 얽혀 있다는 사실' 하나만으로도 변화를 대단히 어렵게 만든다. 한 사무실 내에 있는 물건 십여 개의 위치를 바꾸어 고객들이 방문했을 때 좀더 편안하고 즐거운 공간이 되도록 만들고 싶다고 하자. 램프를 소파 가까이 옮겨 고객들이 더 쉽게 안내서들을 읽을 수 있도록 하고자 한다. 책상 뒤에 있는 의자를 현재 소파 옆에 있는 약간 불편해 보이는 의자와 바꾸고자 한다. 고객들이 언제나 보고 싶어하는 잡지나 간행물들을 소파 앞에 있는 커피테이블 위에 놓으려 한다. 모든 물건이 독자적으로 움직여도 별로 문제가 되지 않는 실제 사무실에서는 이렇게 물건을 바꿔 놓는 데 한 사람이 한두 시간이면 충분하다. 밧줄, 철사줄, 고무줄 등으로 엉켜 있는 사무실에서라면 이렇게 움직이는 데 더 많은 시간과 노력이 필요할 것이다.

이럴 때 당신이라면 어떻게 하겠는가? 이런 문제를 다루어본 경험이 많지 않다면, 한두 사람을 찾아가서 도움을 요청하거나 그들에게 모든 일을 알아서 끝내도록 지시하고는 당신은 하던 일을 계속할 것이다. 그러나 몇 시간이 지나도록 아무런 성과를 내지 못한 그들은 실망하게 되고, 어떤 구실을 대서라도 도망갈 구멍을 찾으려 할 것이다. 그러다 보면 당신이 추진하는 이 작은 혁신프로젝트에 관한 소문이 회사 내에 빠르게 퍼져나간다. 혹 고객을 돕는 일이라면 물불을 가리지 않는 사람들 몇몇이 자청해서 나타날지 모르지만 대부분의 사람들은 당신이 복도 저쪽 끝에 나타나는 순간 모두 잽싸게 숨어버릴 것이다.

이런 종류의 변화 과정을 경험해본 사람이라면, 이런 상황에 잘 대처하려면 처음에는 속도를 좀 늦출 필요가 있다는 것을 안다. 스스로에게 물어보아야 할 첫 번째 질문이다. "현재 이 회사는 특히 고객 만족이라는 차원에서 충분히 높은 위기감을 갖고 있는가?" 질문에 대한 솔직한 대답이 "그렇다"이고 외부기관에 의한 객관적 조사도 똑같은 결과를 보여준다면, 그대로 밀고 나가는 것이 좋다. 만약 "아니오"라면 다음과 같은 질문을 다시 해본다. "어떻게 하면 위기감을 높이고 자만심은 낮출 수 있을까?"

대단히 복잡한 시스템을 혁신시킨 경험이 별로 없다면 쉽게 인내심을 잃어버릴지도 모른다. 아마 "이것은 바보나 하는 짓이야"라고 말할 것이다. "물론 이 많은 사람들로 하여금 모두 위기감을 갖도록 하기 위하여 몇 주일의 시간을 쓸 수도 있겠지. 그러나 나는 그렇게 한가한 사람이 아니란 말이야." 그러면서 두어 사람을 뽑아서는 이런저런 일을 하라고 명령을 내리고 자신은 하던 일을 계속할 것이다.

혁신을 많이 경험해본 사람들은 자신들의 성급함을 다스리는 방법까지 알고 있다. 지금 우리가 얘기하는 이 경우라면, 고객 만족에 대한 위기감을 높이는 조치를 취한 뒤 바로 이 프로젝트를 이끌어갈 팀을 만들기 위한 첫 단계를 밟아야 한다. 위기감이 아주 바닥이라면 이렇게 하는 것마저도 불가능하다. 돕겠다고 나서는 사람이 아무도 없을 것이기 때문이다. 이럴 경우에는 자만심을 낮추도록 노력하면서 새로운 사무실 배치에 관한 비전을 명백히 그려보는 것이 좋을 것이다.

이와 같이 간단한 경우라면 변화선도팀을 만들기 위해 한두 명만 더 있으면 된다. 그리고 셋이서 변화를 위한 전체적인 비전을 명확히 그린 뒤 이를 실천에 옮기기 위한 전략들을 짠다. 그런 다음 이 비전과 전략들을 이해관계가 있는 다른 사람들 20명, 50명, 또는 100명에게 어떻게 전달할까 하는 방법도 모색한다. 비전을 실현시키는 데 방해가 될 요소들을 찾아내고, 그 가운데 특히 문제가 될 만한 것들을 우선 해결한다. 그런 다음에야 비로소 가구 이동에 대한 세부 실행 계획을 짜고 도움받을 일들도 목록으로 작성한 뒤 사무실 정리에 돌입한다.

큰 회사를 뒤바꿔놓는 일과 비교해보면 이런 혁신 프로젝트는 규모가 작기 때문에 일을 다 해내는 데 기껏해야 한두 주일이면 될 것이다. 그러나 복잡하게 얽혀 있는 시스템을 혁신해본 경험도 별로 없고, 이와 같은 일이라면 두어 사람이 반나절 정도면 끝낼 수 있을 것이라고 생각하는 동료들에게는, 몇 주라는 시간은 대단히 긴 시간이다.

일단 일을 시작하면 한꺼번에 몽땅 해버리지 않고 작은 일들로 쪼개어 하나하나씩 처리해나갈 것이다. 이때는 의자 하나만 움직이는 것도 일하는 순서가 문제가 된다. 현명한 사람이라면, 같이 일하는 사람들의 사기를 북돋아주기 위해서 단기적 성공 몇 개를 미리 계획에 포함시킬 것이다. 성공의 기쁨을 경험하고 나서도 혁신프로젝트가 절반쯤 지날 때 과연 이런 변화들이 필요한지에 대해 새삼 의문을 제기하는 사람들이 여전히 있다. 램프가 하나쯤 더 없어도 고객들은 안내서를 읽을 수 있다는 주장은 맞는 말이다. 소파 바로 옆에 의자가 있는 것도 과히 나쁘지 않다. 고객들은 걸을 수 있으니 그들더러 책꽂이까지 가서 잡지나 다른 책들을 직접 집어오도록 하면 된다.

하지만 일단 사무실을 정리하겠다고 굳게 마음을 먹었다면, 끈기 있게 여러가지 방법을 찾아낼 수 있을 것이다. 이 경우에는 가구를 움직이는 데 숙달된 사람을 몇 명 찾아서 데려오면 된다. 일에 대한 전체적인 목적을 설명하는 데도 참신한 방법을 새로 찾아내서 듣는 사람이 식상하지 않게 만들 수 있다.

이 프로젝트를 중도에 포기하지 않는다면, 나중에 가서는 다른 프로젝트들도 함께 추진해야 할 때가 올 것이다. 그 모든 밧줄이며 철사줄에 대해 점점 익숙해지면 그들 가운데 어떤 것은 무용지물이라는 것도 알게 되고 그런 것들은 제거하려 할 것이다. 밧줄이나 고무줄은 힘들지 않게 쉽게 제거할 수 있겠지만 철사줄을 제거하기는 그리 쉽지가 않다.

더 나아가 손님들을 더 편하게 대접할 수 있는 새로운 아이디어를 생각해낼 수도 있을 것이다. 손님들의 얼굴에 비치는 햇살을 막기 위해 커튼을 조금 더 내리면 어떨까? 새로운 아이디어가 떠오를 때마다 이를 별도 프로젝트로 추진할 수도 있겠지만 이 아이디어들을 이미 계획되어 있는 프로젝트 속에 넣어 한꺼번에 처리하는 방법도 있을 것이다. 물론 어떤 때는 성공하겠지만 어떤 때는 실패로 끝나기도 할 것이다.

이런 모든 활동의 결과로 과연 무엇을 얻을 수 있을까? 처음 시작할 때 기대했던 것보다 훨씬 더 많은 혁신을 이룬다는 것이다. 전체적으로 보면 예상보다 더 많은 시간과 에너지가 들어갈지도 모른다. 그러나 이 기회에 새로운 기술을 터득하게 되고 필요없는 밧줄이나 철사줄을 제거할 수 있으므로, 장래에 이와 비슷한 일을 다시 할 때는 지금보다 좀더 유리한 입장에서 일을 할 수 있다. 물론 최종적으로 그 사무실은 고객 중심의 사무실이 될 것이다.

복잡한 조직을 혁신하는 요령

혁신을 도입하는 과정은 사무실에서 가구들을 재배치하는 것과 크게 다를 바가 없다. 우선 많은 사람들의 도움이 필요하다. 혁신을 막 시작한 초기에는 혁신의 규모와 내용 등에 대해서 확실한 감을 잡을 수가 없다. 본격적으로 시작하기 전에 뜸 들이는 단계에서도 놀라울 정도의 시간과 에너지가 필요하다. 결국 혁신이라는 것은 여러 프로젝트들을 연속적으로 수행하는 것이다. 혁신을 위해서 얼마나 많은 노력들이 필요한지 알게 될 때면, 그때에는 혁신을 포기해 버리고 싶은 충동이 생길지도 모른다. 포기하지 않고 계속 전진하면 아마도 전체적으로 걸리는 시간은 더 길어질 것이다.

경영혁신의 가시적 효과가 처음으로 괄목할 만하게 나타나기 시작하는 것은 아마도 그 과정을 절반 이상 지날 때일 것이다. 그때쯤엔 경영혁신팀을 떠나고자 하는 사람들도 있겠지만, 변화선도팀은 그동안 단기적 성공으로 쌓은 신뢰를 이용하여 더 많고 더 큰 프로젝트들을 수행하면서 더 빨리 앞으로 밀고 나가야 한다. 저항을 예상해서 초기단계에서는 피해왔던 구조 조정도 이제 시작할 때가 되었다. 이제는 경영혁신 초기에 구상해 놓았던 리엔지니어링 프로젝트를 시작해도 된다. 경영전략 수립 과정을 전면적으로 재검토할 계획도 세우면 좋다.

그러나 구조 조정과 리엔지니어링을 하고 전략수립 과정을 바꾸기 위해서는 교육훈련 프로그램과 경영정보 시스템도 같이 교체하거나 보완해야한다. 사람 수도 늘리거나 줄여야 할 것이며 새로운 업적평가 제도도 함께 도입하여야 한다. 따라서 머지않아 전체 시스템 속에 서로 얽혀 있는 수십 개의 요소들을 모두 바꾸는 계획을 세워야 한다.

1950년대나 1960년대에 관리자로 성장한 사람들에게는 열 개 혹은 스무 개의 혁신프로젝트들을 동시에 추진한다는 것은 생각하기도 힘든 일이다. 그러나 경영혁신의 7단계에서 해야 할 일이 바로 이런 것들이다. 그러나 경영자는 20개나 되는 혁신프로젝트들을 한꺼번에 관리할 수 없으므로, 경영자는 혁신의 전체적인 면만 이끌어 나가고, 관리 차원의 일과 구체적인 일 대부분은 부하들에게 위임해야 한다.

오늘날의 회사들이 20개나 되는 혁신 프로젝트들을 한꺼번에 해 나가는 데 있어서 먼 옛날 30년 전에 소위 성공했다고 하는 회사들이 썼던 방법을 그대로 사용한다면 틀림없이 실패하고 말 것이다. 혁신에 참여한 사람들이 아무리 능력이 많다 하더라도 혁신운동은 의도했던 대로 돌아가지 않을 것이다. 경영진은 이해가 서로 엇갈리는 문제를 해결하고 의견 조정을 위해 끝없이 회의를 하고 매일 16시간씩 일을 해야 한다. 그런데도 작업은 계속 지체될지도 모른다.

이 혁신 과정은 두 가지 이유 때문에 실패하는데, 이 둘은 서로 관련되어 있다. 첫째, 30여 년 전에는 관리라는 것이 중앙집권식이었기 때문에 스무 개나 되는 복잡한 혁신프로젝트를 올바로 관리할 수가 없었다. 몇몇 고위관리자가 세세한 일까지 모두 간섭하려 든다면, 모든 일들은 속도를 내지 못하고 엉금엉금 기어갔을 것이다. 둘째, 혁신 전 과정과 이에 따르는 여러 프로젝트를 한 방향으로 결집시킬 수 있는 비전은 리더십만이 만들어낼 수 있다. 그런데 이런 비전이 없기 때문에 각 프로젝트를 담당한 사람들은 서로 걸림돌이 되지 않기 위해 끊임없이 조정작업을 하며 막대한 시간을 소비하지 않으면 안 되었다.

20개나 되는 혁신 프로젝트를 동시에 추진하려면, 고위경영자들은 (1)전체적으로 리더십에 관련된 사항들만 집중적으로 맡고 (2)관리 차원이나 리더십에 관한 일 가운데 좀 자세한 일들은 되도록 일선관리자들에게 위임해 주어야 한다. 이런 방법으로 일을 처리해야만 열 사람(혹은 백 사람)이 아니고 백 사람(혹은 천 사람)이 스무 개나 되는 프로젝트를 추진해 나가는 데 도움을 줄 수 있다. 더욱 중요한 것은 고위관리자가 발휘하는 리더십으로 인해서 아랫사람들은 끝없이 계획을 다시 짜거나 회의를 하지 않고서도 자기 업무를 상호조정하는 데 필요한 정보를 얻을 수 있는 것이다.

두 가지 경우를 한번 상상해보자. 한 경우는 고위관리자들에게 자신감 있는 리더십이 부족한 경우로, 혁신프로젝트를 집행해야 하는 실무 담당자들이 회사의 비전이 무엇이며 자기들이 맡고 있는 프로젝트가 이 비전과 어떤 관계가 있는지 전혀 감을 잡지 못한다. 그들이 아는 것은 단지 설계부서의 간접비용을 20퍼센트나 절감해야 한다는 것, 혹은 생산공장에 들어오는 부품들의 입고 절차를 다시 뜯어고쳐야 한다는 것, 아니면 결원이 생겼을 때 그 자리를 어떻게 충원할 것인가에 대한 절차를 다시 정해야 한다는 것 등이다.

그들이 맡은 프로젝트를 추진하다 보면 수십 개의 다른 프로젝트들과 부딪치게 되는데 이때 이런 말들을 듣는다. "안 돼요. 그런 식으로 하면 절대 안 돼요. 우리는 뭘 먹고 살라고요?" "안 돼요. 그것들은 나에게 당장 필요한 것들이기 때문에 양보할 수 없어요. 그렇게 중요한 것이라면 왜 몇 주일 전에 미리 알려주지 않았습니까?"

이런 경우 고위관리자들이 중재에 나서 합리적으로 우선순위를 정해주려 하지만 그럴 만한 시간적 여유가 없다. 일이 이렇게 되다 보면 모두 좌절하게 되고 회의는 점점 많아지며, 분위기는 정치적으로 바뀐다. 그 결과 혼란이라는 파국에 다다른다.

두 번째 경우는 고위관리자가 리더십을 발휘하여 모든 사람들이 큰 그림을 이해하고 전체적인 비전과 전략을 알고 있으며, 각 프로젝트가 종합적으로 어떻게 큰 그림에 기여하는지도 알고 있다. 이런 경우 각기 다른 일에 종사하는 사람들은 서로 자주 만나지 않고서도 장기적인 공동목표를 위해서 매진할 수 있게 된다. 그들은 또한 다른 프로젝트들과 어디에서 의견 충돌이 발생할지도 미리 예측할 수 있다. 그리고 총체적 비전에 비추어볼 때 우선순위는 어디에 둘 것이며 회사 전체를 발전시키기 위해서는 무엇을 해야 할 것인가도 미리미리 알게 된다. 이런 틀에서는, 여러 의견 충돌은 대개 충분한 시간과 적절한 정보를 가진 하위 부서 사람들에 의해 해결된다. 상층부에서 좋은 리더십을 발휘하면, 이들 하위직 관리자들은 덩달아 경영혁신 전체에 대하여 헌신적이 되며 그 결과 부서이기주의나 정치적인 요소를 최대한 배제하면서 꼭 필요한 일만 하게 된다.

최고경영진이 리더십을 충분히 발휘하고 관리 차원의 일과 리더십에 따른 세부사항을 하부에 과감히 위양할 때 비로소 스무 개나 되는 혁신 프로젝트를 동시에 추진할 수 있다. 둘 가운데 어느 것 하나라도 빠지면 이 스무 개의 프로젝트는 혼란에 빠져 경영혁신의 7단계는 무너지고 만다.

불필요한 관련성은 과감하게 제거하라

혁신을 성공시키는 과정에서 내부적인 상호관련성이 이렇게 큰 장애가 되기 때문에, 이런 연관성들이 꼭 필요한 것인가에 대한 근본적인 질문을 던지는 사람이 있다. "왜 공장장이 보고서 K2A를 매달 꼬박꼬박 본사 재무담당자에게 보내야 되지요? 재무부서는 이 자료가 그렇게 꼭 필요합니까? 그것도 매달 꼬박꼬박? 더 근본적으로는 공장에서 그런 보고서를 만들 필요나 있는 것입니까? 연봉 5만 달러가 넘는 사람을 신규채용할 때 왜 각 사업부에서는 매번 본사 인사부서와 사전협의를 해야 합니까? 본사 인사부서가 참여할 필요나 있는 것입니까? 만약 그럴 필요가 있다손 치더라도 5만 달러라는 기준은 너무 낮은 것이 아닌가요?"

대단히 복잡한 시스템을 혁신시키는 과정에서 어려움에 부닥친 사람들이 화가 나기 시작하면 이런 질문 공세는 점점 더 거세진다. 이런 질문들이 잘만 모아지고 제대로 전달된다면 극히 유익한 자료가 된다. 모든 조직에는 부서 간에 필요하지도 않은 관련성을 갖고 있게 마련인데, 이런 관련성은 현실적으로 필요해서 만들어진 것이라기보다는 옛날부터 그렇게 해왔기 때문에 그대로 유지되고 있는 역사적 산물이라고 보는 편이 나을 것이다. 영업부서는 제조부서의 동의 없이는 어떤 일도 할 수 없게 되어 있는데, 먼 옛날 1954년에 겪었던 위기 때문에 생긴 내부 지침서에 그렇게 되어 있기 때문이다.

이런 역사적인 잔재들을 말끔히 청소해버리기 위해서는 혁신해야 할 일들이 많아지는데, 그렇지 않아도 이미 지쳐 있는 회사들은 그렇게 하기를 별로 좋아하지 않는다. 하지만 이런 불필요한 관련

표 9-2 7단계에서 할 일

- **더 많은 혁신프로젝트**
  단기적 성공에 힘입어 변화선도팀은 더 많고 더 큰 혁신프로젝트를 추진한다.

- **더 많은 도움**
  더 많은 사람들을 참여시키고 승진시켜, 혁신프로젝트들을 돕도록 만든다.

- **고위경영자의 리더십**
  고위경영자들은 혁신 전체를 위해서 공통된 목표를 갖고 위기감을 항상 높게 유지하도록 노력해야 한다.

- **하위관리자들의 프로젝트 관리 및 리더십**
  조직 내 하위관리자들은 자신들이 맡은 구체적인 프로젝트를 관리하고 리더십을 발휘해야 한다.

- **불필요한 관련성 제거**
  단기적이든 장기적이든 경영혁신을 쉽게 하기 위해서는 불필요한 상호연관성을 찾아내서 제거해야 한다.

성을 깨끗이 없애버리면 나중에 추진할 경영혁신이 훨씬 쉬워진다. 그리고 경영혁신이라고 하는 것이 하나의 예외적인 행사가 아니라 통상적인 일이 되고 있는 현실에서, 집 안을 말끔히 청소해 놓는다는 것은 미래에 추진할 모든 구조조정이나 전략 수정을 한결 수월하게 만드는 정지작업인 셈이다.

갈 길은 멀고

상호관련성이 아주 높은 시스템에서 무게 있게 무엇인가를 변화시킨 다는 것은 결국 거의 모든 것을 다 바꾼다는 의미이므로, 한 기업을 혁신시키는 과업은 몇 달이 아니라 몇 년이 걸린다. 어떤 극단적인 경우에는 7단계만을 수행하는 데도 십여 년이 걸리는데, 이런 때에는 수많은 사람들이 수십 개의 혁신프로젝트들을 지도하고 관리하게 된다. 7단계의 특성을 정리해보면 〈표 9-2〉와 같다.

다시 강조하지만 이 단계에서 리더십은 대단히 중요하다. 우수한 리더들은 장기적인 안목에서 생각하기를 좋아한다. 그들은 수십 년 혹은 수 세기에 걸친 시간 개념으로 생각한다. 또한 개인적으로 옳다고 믿는 비전에 따라, 일단 선택한 길을 계속 밀고 나감으로써 매우 중요한 개인적인 목표들도 성취하려 한다. 다른 사람들은 2년에 한 번씩 직장을 바꾸려 하지만, 진정한 리더라면 하위관리자일 때는 다른 사람들보다 두 배 이상, 고위관리자일 때는 십여 년 이상을 한 직장에서 보낸다. 쉽게 승리를 선언하지도, 포기하지도 않으면서 경영혁신의 7단계에서 필요로 하는 십여 개의 혁신프로젝트를 새로 벌인다. 또한 그들은 이렇게 해서 도입한 새로운 제도들이 기업문화에까지 뿌리내릴 수 있도록 충분한 시간을 두고 돌본다.

이에 반해 관리자들은 관리의 특성상 훨씬 짧은 시간 개념을 갖고 있다. 그들에게는 단기라고 하면 주 단위이고 중기라고 하면 월 단위이며, 장기라고 해봤자 일 년이다. 그래서 24개월이나 36개월 안에 혁신이 모두 끝났다고 선언하든지 아니면 혁신을 아예 중단해 버리든지 하는데, 이는 아주 자연스러운 일일 것이다. 관리자적인 정신자세가 사람들에게 억지로 십 년 단위로 생각하게 만든다 해도, 그들에게 3년이란 시간은 너무나 긴 시간이다.

다시 한 번 강조하건대, 충분한 리더십이 없으면 혁신은 제자리 걸음을 하다가 결국 실패하고 만다. 더구나 이렇게 빨리 변하는 세상에서 남보다 앞서겠다고 하는 것은 말도 안 되는 얘기다.

변화관리 8단계

변화를 정착시켜라

　몇 년 노력 끝에 얻은 성과는 실로 대단한 것이었다. 한때 내부지향적이고 업무처리 속도도 아주 느렸던 한 항공우주 회사가 이제는 혁신적인 새 상품을 빠르게 생산해내고 있다. 새로 개발한 상품들이 모두 성공작은 아니었지만 충분히 잘 팔려나가고 있어서, 최근 5년간 매출액은 62퍼센트, 순이익은 76퍼센트나 증가했다. 이에 비해 그 전 5년간 매출액과 순이익의 증가는 각각 21퍼센트, 15퍼센트에 불과했다. 이 사업부를 맡았던 사장은 회사에 지대한 공헌을 했다는 사실을 자랑스럽게 생각하면서 은퇴했다. 몇 년 더 근무할 수도 있었지만 그러지 않기로 결정하였다. 왜냐하면 경영혁신은 완성되었고 그동안 이룬 성과들은 모두 감동적일 정도로 대단한 것이었기에 정말 모든 게 마무리된 것같이 보였기 때문이다.
　사업부 사장이 은퇴하던 순간, 그간 경영혁신 과정에서 도입한 여러가지 새로운 운영방식이나 제도들이 기업문화 차원까지 뿌리내리지 못했다는 사실을 알고 있었던 사람은 아무도 없었다. 누군가가 이런 사실을 알았다 하더라도 별로 큰 문제가 아니라고 생각했을 것이다. 어떻든 그들은 다음과 같은 이야기를 나누었을 것이다. "우리가 이룩한 이 자랑스런 혁신들을 보라. 그리고 그로 인해 얻어낸 이 모든 성과들을 보라."

그가 은퇴한 지 채 2년도 되지 않아서 신제품 출시율과 시장에서의 성공률 모두가 빠른 속도로 곤두박질쳤다. 그러나 이런 일이 어느날 갑자기 생긴 것은 아니다. 퇴화현상은 매우 점진적으로 일어난다. 처음에는 아무도 이런 징조를 느끼지 못했다. 일 년이 지날 때쯤, 경영진에서 한 사람이 최초로 이런 문제를 짚었는데 그는 외부에서 영입해 온 사람이었다. 그러나 다른 최고경영자들은 대부분 그의 경고를 무시해버렸다.

상황을 분석해보면 그 내용은 이렇다. 그 사업부가 옛날부터 전통적으로 지녀온 기업문화의 핵심가치관과 새롭게 펼친 경영혁신 과정에서 도입한 여러 변화들이 서로 잘 맞지 않았다. 하지만 이런 사실을 한 번도 거론한 적이 없었다. 그 사업부 사장이 경영혁신을 위해 여러 프로그램들을 적극적으로 지원할 때는 그의 위력이 막강했기 때문에, 기존의 기업문화는 별로 힘을 쓸 수가 없었던 것이다. 그러나 사장이 떠나고 모든 프로그램이 멈춰버리자 옛날식 기업문화의 잔재가 되살아났던 것이다.

이 회사 사람들이 공통적으로 갖고 있는 가장 중요한 가치관은, 사업부 설립 초기부터 일찍이 자리잡은 가치관으로 '기술만 있으면 모든 문제를 해결할 수 있다'는 것이었다. 기업문화의 속성이 원래 그런 것처럼 이 가치관도 누가 공식적으로 문서화해 놓은 것은 아니었다. 이런 가치관에 대해서 누가 정식으로 질문하면 대부분의 사람들은 대답을 제대로 하지 못하고 얼버무리기 일쑤였다. 그러나 관리자들 몇 명과 맥주를 마시고 거나해진 다음 그들이 무슨 말을 하는지 한번 들어보라. '기술만 있으면 모든 문제를 해결할 수 있다'는 식의 말이 대부분일 것이다.

이 핵심적 가치관이 그동안 추진해온 경영혁신과 상충되는 것은 아니었으므로, 불안하긴 했지만 그런 대로 공존할 수 있었다. 혁신 과정에서 새로 도입한 제도들은 '고객에게 제일 먼저 그리고 제일 많이 신경을 쓰는' 데 초점을 맞춘 반면 기존의 핵심가치관은 기술 쪽에 맞추고 있었다. 또 새로운 제도들은 회사가 경쟁업체보다 훨씬 앞서는 것을 목적으로 했다. 반면 기존의 핵심가치관은 회사의 발전 속도를 내부 기술 발전 속도에 맞추도록 되어 있었다.

기업문화에 대해 아는 사람들이었다면 회사 내에 이런 긴장감이 돈다는 것을 알아차릴 수 있었을 것이다. 그러나 이런 갈등은 포착하기 어려울 정도로 미묘한 것이므로, 대부분의 사람들은 아무것도 감지하지 못했다. 비전을 폭넓게 전파한 사실, 경영진의 대폭적인 지원, 개선된 업적평가 제도, 또 다른 여러 조치들이 새로 도입된 제도들을 강력하게 도왔다. 그러면서도 사람들은 내면에 잠재해 있는 기업문화의 외침을 아주 가깝게 들었을 것이다. "맞습니다. 그렇지만 뭐니뭐니 해도 기술이 제일 중요합니다. 그리고 또⋯."

아무도 이런 문제를 경험해본 적이 없었기 때문에, 새로 도입한 제도들이 핵심 기업문화 속에까지 뿌리를 내리고 기존 가치관을 바꾸어놓을 때까지 마음을 놓지 말아야 한다는 사실을 아무도 몰랐다. 뿌리가 얕은 식물에게는 물을 계속 주어야 한다. 사장이나 다른 혁신주도자들이 매일매일 물을 주었다면 모든 것이 잘되었으리라. 그러나 이런 보살핌이 없었기 때문에 새로운 제도들은 목이 말라 시들어가다 결국 죽고 말았다. 비록 한때는 제거된 듯 보였지만 뿌리가 깊었던 잡초들은 곧 되살아나 다시 제 세상을 만난 것이다.

사장이 물러난 지 6개월도 채 되지 않아서 경영진들은 어떤 사업에, 또는 어떤 문제에 우선순위를 두어야 할지 자주 의문을 제기하기 시작하였다. "우리가 그동안 기술을 무시해왔다는 사실이 대단히 염려스럽습니다. 이런 상태로 오래가다가는 정말 큰 곤경에 처할 것입니다."

기술자, 영업 담당자, 마케팅 담당자, 그리고 고객들이 한데 모인 회의에서는 많은 논쟁이 있었다. "기술자들이 자기들 본업과는 별로 관계없는 일에 너무 많은 시간을 뺏기고 있는데, 이렇게 계속 가다가는 큰 곤경에 처할 것입니다."

그런가 하면 10개 경쟁업체들 가운데 모든 면에서 겨우 일곱 번째밖에 되지 않는 형편없는 회사가 갑자기 비교 대상이 되는 굉장한 회사로 부상했다. "내가 듣기로는 그 회사의 직원당 R&D 투자액이 우리보다 20퍼센트나 더 많습니다. 이 문제에 대해 우리도 어떤 조치를 취해야 되지 않겠습니까?"

사장이 은퇴한 지 12개월이 채 되지도 않아서 그동안 가동해 온 수십 개의 새로운 회사 운영 방법들을 조금씩 수정하기 시작했다. 이런 수정사항들은 대부분 공개적인 논의도 거치지 않았고 최고책임자의 승인을 받지도 않은 것들이었다. 최근에 영입한 한 임원을 제외하고는 다른 모든 고위관리자들은 이런 수정사항에 대해서 눈감아주었으므로 어떤 제도는 4년 전 옛날 방식으로 다시 되돌아가기도 했다. 바로 그 직후 중요한 문제들이 불거지기 시작했다.

기업문화가 중요한 이유

똑똑하다는 사람들만 모인 최고경영진이 어떻게 이런 일들이 벌어지도록 방치할 수 있느냐고 의문을 제기할 수 있다. 이는 그들이 배운 전기공학, 경영학 석사과정, 그리고 그들이 사사(師事)한 선배들조차 조직문화에 대해서는 별로 가르쳐주지 않았기 때문이다. 특히 이 조직문화가 직원 행동에 얼마나 많은 영향을 미치는지에 대해서는 언급조차 하지 않았다. 또한 그들 대부분이 관리 면에서는 도가 지나치지만 리더십 면에선 모자라는 기업풍토에서 살아왔기 때문이기도 하다. 기업조직(시스템)은 관리 영역에 가까운 반면 기업문화(비전)는 리더십의 영역에 더 가깝다.

'문화'라고 하는 것은 행동의 보편적 규범, 그리고 한 집단에 속하는 사람들이 공유한 가치관을 일컫는다. '행동의 보편적 규범'이란 한 집단에 속하는 사람이라면 누구나 따르게 마련인 행동양식이면서 한번 정해지면 계속 그 형태를 유지하는 특성이 있다. 집단에 속한 사람들은 새로 들어온 회원들에게 이 양식에 맞도록 행동을 하면 포상하고 그렇지 못하면 따돌림을 해서 신입사원이 어떻게 행동해야 할지 배우도록 만든다. 또 '공유 가치관'이란 집단에 속하는 대부분의 사람들이 중요하게 생각하는 관심사항이나 목적을 말하는데, 사람들의 행동양식을 결정 짓는 힘이 있으며, 구성원이 바뀌어도 오랫동안 그 모양을 유지한다.

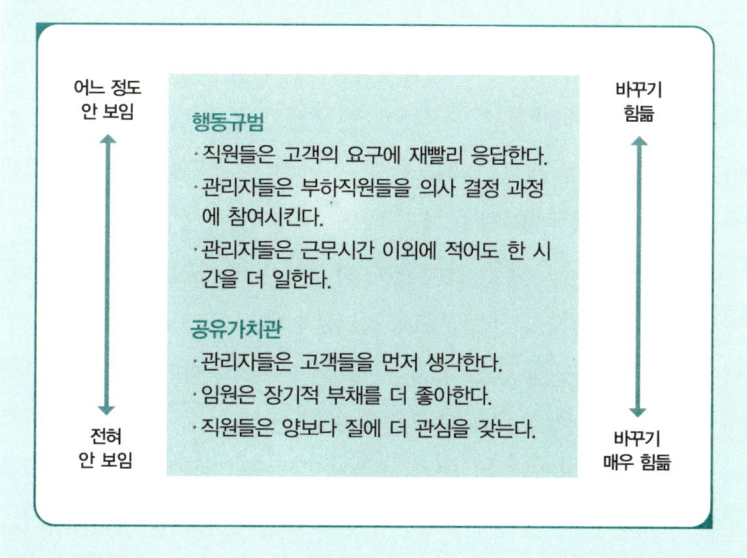

표 10-1 기업문화의 구성요소 : 행동규범과 공유가치관

　대기업을 보면, 기업문화라고 불리는 이런 사회적인 힘들이 전체 조직원 하나하나에 영향을 미치고 있다는 것을, 또는 적어도 어떤 특정한 부서에 크게 영향을 미치고 있다는 것(예를 들면 영업부서 문화나 디트로이트 사무실 문화 등)을 발견할 수 있다. 회사의 계층이나 장소에 관계없이 문화란 중요하다. 왜냐하면 인간행동에 강력한 영향력을 행사하고, 한번 형성되면 바꾸기가 대단히 힘들며, 거의 눈에 띄지 않는 것이어서 직접적으로 거론하기가 매우 어렵기 때문이다. 일반적으로 얘기하면, 감지하기가 더 어렵고 문화 속에 더 깊게 뿌리를 내리는 공유가치관이 행동규범보다 바꾸기가 훨씬 힘들다(〈표 10-1〉 참조).

경영혁신을 위해서 새로 도입한 여러 제도들이 옛날부터 내려오는 기존 문화와 궁합이 맞지 않으면 이 새로운 제도들은 퇴화할 수밖에 없다. 한 작업부서나 사업부 단위의 혁신 혹은 회사 전체의 혁신 모두가 몇 년에 걸친 노력에도 불구하고 공든 탑은 무너지고 만다. 혁신을 위한 새로운 제도들이 집단의 행동규범이나 가치관에 튼튼하게 뿌리를 내리지 못하기 때문이다.

기업문화의 중요성을 이해하기 위해서 다음과 같은 시나리오를 한번 생각해보자. 당신은 막 대학을 졸업했고 직장을 찾기 위해 입사원서를 여러 곳에 냈으며 지금 세 회사로부터 합격통지서를 받았다. 그 가운데 한 회사가 당신한테 홀딱 반했고 당신 또한 그 회사 사람들과 일하면 마음이 편할 것 같아서 입사를 결정했다. 천진난만한 스물한 살짜리 당신은 그 회사가 당신의 화려한 경력, 여러가지 기술, 흠잡을 데 없는 인품, 그리고 성장에 대한 기대감 등 때문에 당신을 선택했을 것이라고 믿을 것이다. 당신 또한 객관적으로 보았을 때 그 회사가 아주 훌륭한 기업이라고 생각했기 때문에 그들의 제의를 받아들였다고 생각할 것이다. 그러나 당신은 십중팔구 매우 중요한 다른 한 가지 선택 기준을 망각하고 있다.

당신을 채용하고자 하는 사람들은 대부분 다음과 같은 말을 터놓고 하지 않는다. "우리가 당신을 채용하는 가장 중요한 이유는 당신이 우리와 궁합이 맞을 것 같고, 우리의 가치관과 신념을 공유할 수 있을 것 같고, 우리의 모든 행동규범에 쉽게 적응할 수 있을 것 같기 때문입니다." 아마도 그들은 이런 이야기를 밖으로 내놓고는 하지 않을 텐데, 왜냐하면 직원을 새로 채용하는 과정에서 문화적인 선택 기준을 적용하는 것이 얼마나 중요한지 그들 스스로도 미처 깨닫지 못하기 때문이다. 그들의 제의를 받아들이는 당신의 입장에서도 서로의 가치관이 맞는지 안 맞는지를 알아보는 문제가 그렇게 중요한지 전혀 의식하지 못할 수도 있다. 이런 사실들 때문에 당신과 최근에 채용된 당신 동료들은 모두 함께 회사의 규범과 가치관들을 차근차근 가르쳐주는 소위 '사회 적응훈련'의 대상이 된다.

입사 후 첫 일 년 동안 당신은 일을 잘한다는 칭찬을 듣고 싶어 다른 사람들이 어떻게 인정받고 승진하는지 그 비결을 알고자 많은 주의를 기울일 것이다. 그들의 행동이 어리석거나 비윤리적이지 않는 한 당신은 그 방법들을 당신 것으로 받아들이려 할 것이다. 새로 입사한 사람들이 배우는 가장 큰 교훈은 공식적인 신입사원 훈련과정을 거치거나 회사 업무규정을 읽어서 얻는 것이 아니다. 당신이 해놓은 일을 상사가 제대로 평가해주지 않을 때, 그것이 당신에게 미치는 영향력은 대단히 크다. 회의석상에서 발언을 했지만 회의장 안에 무거운 침묵만 흐를 때, 이 영향력 또한 크다. 나이 든 비서가 당신을 한쪽 구석으로 끌고 가서 조심하라고 주의를 주면, 그것 또한 큰 영향력을 끼친다. 이런 일들을 겪으면서 당신은 기업문화를 배우고 그 문화에 동화되어가는 것이다.

입사 후 20여 년에 걸쳐, 당신은 3~4년 간격으로 승진을 한다. 이 기간 동안 기업문화는 점점 더 당신 본능의 일부가 되어간다. 실제로, 당신이 이렇게 승진하는 이유 가운데 하나는 당신의 승진을 좌지우지하는 사람들과 잘 어울리고 있기 때문이다. 얼마가 지난 다음부터는, 당신 자신은 의식하지 못하겠지만, 어느새 새로 입사한 사람들에게 이 문화를 가르치고 있는 당신을 발견한다. 50살 정도 되면 이제 고위관리자가 되어 있는데, 이상한 일이지만 이때쯤

이면 기업문화에 거의 무감각해진다. 그 기업문화 속에서 너무나 오랫동안 살아왔고, 또 처음부터 그 문화가 아주 잘 맞았기 때문에 마치 물고기가 물을 자연스럽게 생각하듯이 이 문화가 아주 자연스러워진 것이다.

문화라는 것은 눈에는 보이지 않지만 어느 곳에나 널려 있는 것이므로 당신에게 막대한 영향을 끼친다. 그런데도 평소에는 그것을 전혀 의식하지 못한다. 물고기는 물에서 공기와 영양분을 얻는다. 당신은 기업문화를 통해 즐거운 미래를 생각하면서 기쁨을 얻을 수 있고 긍정적인 심리적 도움을 받을 수 있으며 감정적으로는 회사에 대한 강한 귀속감을 갖게 된다.

당신 세대의 다른 회사 사람들도 대부분 거의 똑같은 경험을 갖고 있다. 이런 사람들의 대부분은 조직의 문화와 잘 일치하기 때문에 선택된 사람들이다. 그들 대부분은 조직의 행동규범과 가치관을 배우고 이를 계속 강화하는 데 수많은 시간을 쏟은 경험이 있으며, 지금 젊은 사람들에게 자기 조직의 기업문화를 가르치고 있다.

기업문화는 다음 세 가지 이유 때문에 강력한 힘을 발휘한다.

1. 개개인을 선발하고 회사에 맞게 의식화하기에 좋다.
2. 문화란 수많은 사람들의 행동을 통해서 스스로 표출되는 것이다.
3. 이 모든 것들은 무의식적으로 진행되므로 도전이나 토론의 대상이 되기 힘들다.

컨설턴트나 사외 영업사원과 같이 해당회사 직원이 아니면서 그 회사를 자세히 관찰할 수 있는 사람들은 기업문화라는 것이 무의식

중에 얼마나 많은 영향력을 끼치는지 잘 알고 있다. 20여 년 전인가, 한 대형 출판사를 방문했는데 그 회사 최고경영자 열두 명 가운데 여덟 명의 키가 170센티미터 미만(기업주의 키는 165센티미터)이었다. 그때 그 사실을 대수롭지 않게 얘기했더니, 그 방에 있던 모든 사람들이 마치 외계인을 보듯이 나를 쳐다보았다. 또 다른 한 대기업이 기억나는데, 그 회사 첫 주력상품은 폭발물이었고 백 년이 넘도록 안전에 관해서는 철두철미했기 때문에, 간부들이 층계를 오르내릴 때면 마치 자신들이 아흔아홉 살 먹은 노인네들이나 된 것처럼 조심스럽게 층계 손잡이를 잡는 것을 보았다.

기업문화란 이런 식으로 엄청난 영향력을 발휘한다. 그러므로 리엔지니어링이나 구조 조정 혹은 기업합병 등으로 도입한 새로운 제도들은 어떤 방법으로든지 그 문화 속에 뿌리를 내려야 한다. 만약 그렇지 못하면 언제든지 옛날식으로 되돌아가버릴 수 있다.

새로운 제도를 옛날식 기업문화에 접목시킬 때

많은 경영혁신의 경우 몇 가지 행동규범을 제외하고는 기존의 핵심 기업문화와 새로운 비전이 공존할 수 있다. 이런 경우 서로 맞지 않는 부분들만 제거하면서 새 제도를 기존 문화에 접목시키는 것이 경영혁신에 성공하는 관건이 된다.

산업기계 분야의 한 선두 제조업체에서는 '고객 제일주의'가 언제나 기업문화의 중심이었다. 회사 설립 초기 몇 년 동안은 설립자가 이런 기본 태도를 실행에 옮기기 위해 여러 조치들을 직접 추진했고 다들 그대로 따랐다. 20세기 중반, 설립자는 이미 세상을 떠난 지 오래되었고 고객봉사라는 회사의 전통은 백 년 가까이 쌓였다. 최고경영진은 이런 이념을 새로 입사하는 직원들에게 쉽게 가르치기 위해 내부 규정을 만들기로 했다. 1980년까지 여섯 권 분량으로 작업이 진척되었으며, 지침서 한 권의 두께는 8센티미터나 되었다. 그 시점부터 '지침서에 있는 규정에 따라'라는 것이 하나의 습관이자 문화적 규범으로 자리잡게 되었다.

1983년에는 새로 취임한 대표이사가 전사적인 경영혁신을 시도하여 성공적으로 이를 끝마쳤다. 1988년경에는 옛날 지침서를 더 이상 사용할 필요가 없게 되었고, 이 지침서는 몇 구절 안 되는 규칙과 1980년대 실정에 알맞게 고친 고객제일주의 실행 지침들로 대체되었다. 그러나 대표이사는 옛날 지침서가 사람들 책상 위에서는 사라졌지만 아직도 회사의 문화 속에 그대로 남아 있다는 것을 알게 되었다. 그래서 다음과 같은 조치를 취했다.

연례 전체경영회의에서 기조연설을 하기 위해 강단에 오를 때, 그는 옛날 지침서를 연단 옆에 있는 책상 위에 쌓아 놓도록 지시한 뒤 다음과 같은 연설을 했다.

우리는 오랜 기간에 걸쳐 이 지침서 덕분에 많은 것을 얻었습니다. 이 지침서는 수십 년에 걸쳐서 개발된 지혜와 경험들을 제도화했으며 이들을 우리 모두가 사용할 수 있도록 많은 도움을 주었습니다. 또한 이 지침서 덕분에 수천 명에 달하는 우리 고객들이 엄청난 혜택을 보았다는 것도 사실입니다.

지난 몇 십 년에 걸쳐 업계는 몇 가지 중요한 면에서 큰 변화를 겪었습니다. 한때는 경쟁사가 단 두 개뿐이었지만 지금은 여섯이나 됩니다. 과거에는 새로운 제품들이 20년 만에 한 번씩 시장에 선을 보이는 것이 통례였지만, 이제는 그 시간이 놀랄 만큼 단축되어서 5년밖에 걸리지 않습니다. 옛날에는 48시간 안에 도움을 받으면 고객들이 대단히 기뻐했지만, 지금은 8시간 교대근무 시간 내에 고충사항이 처리되기를 바랍니다.

이렇게 경영환경이 바뀌었다는 사실은, 그 화려했던 우리의 옛 지침서가 이제 수명을 다했다는 것을 말해주고 있습니다. 이는 또한 그것이 우리의 고객들을 제대로 만족시켜주지 못하고 있기 때문이기도 합니다. 또 이 책들 때문에 우리는 급변하는 경영환경에 재빨리 적응하지도 못하고 있습니다. 그것들은 우리들의 변화 속도를 지체시키고 있습니다. 이런 사실을 처음 깨달은 것은 1970년대 말로, 우리가 옳다고 생각하는 일들을 하려고 노력해도 우리 제품을 사는 고객은 그렇게 생각해주지 않았고, 그 결과는 재무제표상에 그대로 나타났습니다.

1983년에 이 문제를 해결하기 위해 어떤 조치를 취해야겠다고 마음을 먹었습니다. 경제적으로 어렵게 되었다는 이유만은 아닙니다. 우리가 그렇게 오랫동안 잘하려고 노력해왔고 또 실제로 잘 해왔던 것, 즉 철저한 고객 만족을 이제 더 이상 잘할 수가 없게 되었기 때문입니다. 우리는 고객들이 무엇을 요구하는지 다시 검토했으며, 최근 삼 년 동안은 그들의 요구에 맞도록 수십 개의 운영방법을 바꾸기도 했습니다. 이 과정에서 이 친구들을(지침서를 가리키며) 없애버리기로 했던 것입니다.

우리가 정말 옳은 일을 하고 있는지 아닌지 여기 있는 여러분 모두가 걱정했다는 사실을 잘 알고 있습니다. 여러분, 그러나 여러가지 사실들은 우리에게 꽤 분명한 것을 가르쳐주고 있습니다.

이 시점에서 그는 고객만족도가 개선되었다는 사실과, 이 개선된 만족도와 새로 도입된 제도들 간에 상관관계가 있다는 사실을 입증해주는 고객만족도에 대한 설문조사를 꽤 많은 시간을 들여 분석해보았다.

제가 생각하기에는 어려운 경쟁 상황에서도 우리는 여전히 전통을 충실히 지켜나가고 있습니다. 여러가지 이유 때문에 저는 오늘 일부러 시간을 내서 여러분에게 이 모든 것을 말씀드리는 것입니다. 지난 몇 년 사이 우리 회사에 새로 합류하신 분들은 여기 이 지침서를 감정이라고는 눈꼽만큼도 없이 극히 관료적인 책들이라고 생각한다는 것을 저는 알고 있습니다. 여러분, 그렇지만 이 지침서가 우리 회사를 위해서 오랫동안 제 할 일을 해왔다는 사실을 알아주시기 바랍니다. 또한 이 방 안에는 이 지침서가 사라지는 것을 원치 않는 사람들도 있다는 것을 잘 알고 있습니다. 그러나 여러분은 우리가 지금까지 했던 모든 논리적인 일들이 지금에 와서는 강제성을 띠게 되었다는 사실을 인정하실 것입니다. 여러분, 오늘 저와 함께 이 지침서에 작별을 고합시다. 이들은 마치 훌륭한 삶을 후회없는 살고 지금 막 세상을 떠난 우리의 오랜 친구와 같습니다. 우리는 이 지침서들이 그동안 우리들 삶에 많은 공헌을 했다는 사실을 고맙게 생각하는 한편 우리는 미래를 향하여 우리가 가야 할 길을 힘차게 가야만 합니다.

이 연설은 약 30분 정도 걸렸다. 그 어조는 찬사적인 것이었다. 그는 옛날 제도들을 존경하는 마음으로 땅속에 묻는 한편 옛것을 대체하는 새로운 제도들이 그 집단의 핵심가치관과 확실히 접목되도록 최선을 다했다. 우리가 분석적으로만 생각하고 행동할 수 있다면 이런 절차는 필요없을 것이다. 그렇지만 우리 인간은 감정적인 창조물이기 때문에 고통이 따르지만 모두 감수하고 이런 장황한 절차를 밟는 것이다.

대표이사의 연설과 거기에 따른 후속조치들은 매우 성공적이었다. '책에 쓰인 대로 하기'를 무의식적으로 따르던 관행은, 특히 나이 많은 직원들 사이에서 심했는데, 새로운 시대에 맞게 만들어진 새 제도를 따르는 분위기로 바뀌었다. 그것은 결코 작은 성과가 아니었다.

앞으로 다가올 수십 년 동안 이와 같은 제한적인 수정 작업이 계속 이어질 것이다. 기업의 세계화 추세에 따라 이와 비슷한 수정작업들이 수없이 반복되어야 한다. 새로 설립한 한국지사(또는 러시아 지사)는 본사가 추구하는 것과 똑같은 고객중심주의나 원가절감 정책을 채택할 필요는 없기 때문이다. 우리가 직면하게 될 문제는 새로운 외국지사가 고객우선주의에 반대할 것이라는 것도 아니고, 문제를 해결하기 위해서는 서울을 통째로 뉴욕과 똑같이 만들어버려야 된다는 것도 아니다. 우리가 해야 할 일은 이미 잘 형성되어 있는 기존의 기업문화 속에 새로운 가치관 몇 개를 어떻게 잘 접목시키느냐 하는 것이다.

오늘날 이런 작업에 익숙한 회사는 그렇게 많지 않다. 대부분 이 행동규범이나 가치관을 아예 무시해버리는 회사이거나, 기업문화의 제국주의자가 되어 새로운 제도들의 세세한 것까지도 억지로 주입시키려는 회사, 이 두 가지 가운데 하나를 택하는 것이 보통이다. 세계가 하나로 통합되어가는 경제체제에서 우리들은 머잖은 장래에 이런 문제를 어떻게 처리해야 할까 하는 문제에 직면할 것이다.

새로운 제도가 옛날식 문화를 대체할 때

경영혁신을 위해서 새로 도입된 제도들을 기업문화에까지 뿌리내리도록 만든다는 것은, 비록 새로운 제도들이 기업문화의 핵심요소와 일치한다 해도 쉬운 일이 아니다. 물론 서로 일치하지 않을 때는 일이 그만큼 더 어렵다.

1928년에 설립된 한 회사를 보자. 그 회사의 문화를 형성하는 데 결정적인 역할을 한 사건은 바로 대공황이었다. 그 결과 '위험한 것은 무조건 피한다'와 같은 보수적인 행동규범이나 가치관들이 회사 내에 스며들었다. 이 회사는 1980년대에 들어서 큰 곤경에 처했다. 따라서 새로운 최고경영진이 구성되었고 대대적인 경영혁신을 계획했다. 이때 위험도 감수하자는 진취적인 새로운 운영방침과 기존의 보수적 문화 사이에는 긴장감이 생겼다. 최고경영진이 직접 나서서 새로 도입된 운영방침들을 지지한다고 충분히 공지했고, 새로운 제도가 효과가 있다는 사실들도 속속 증명되었지만, 옛날식 기업문화는 쉽게 사라지지 않았다.

경영진은 어떻게 이 문제를 해결하였을까?

1. 그들이 거둔 성과와 새로 도입된 제도 사이에 어떤 관계가 있는지 열심히 설명했다.
2. 옛날식 기업문화는 어떻게 해서 생겨났으며, 이로 인해 회사는 어떤 이익을 보았고, 왜 지금은 더 이상 도움이 되지 않는지 열심히 설명했다.
3. 55살이 넘은 사람들에게는 매력적인 명예퇴직 조건을 제시했고, 새로

운 기업문화를 적극적으로 수용하는 사람들에게는 회사를 떠나지 말도록 종용했다.
4. 새로 채용한 사람들에게는 그들을 옛 행동규범이나 가치관을 기준으로 선발하지 않았다는 것을 재차 확인시켜 주었다.
5. 새로운 제도를 진정으로 좋아하지 않는 사람들은 승진 대상에서 제외시켰다.
6. 현 대표이사를 승계할 후보자가 세 사람 있었는데, 여러 절차를 통해 이들 세 사람 모두가 대공황 시절의 기업문화에 젖어 있지 않다는 것을 확인했다.

옛 문화를 지우고 새 문화를 창조해내는 것은 매우 어려운 일이다. 공유가치관과 집단 행동규범, 특히 가치관은 매우 끈질긴 것이다. 오랫동안 비슷한 개성을 지닌 사람만 채용해서 공유가치관이 계속 잔존해 있을 때 기업문화를 바꾸려면 사람 자체를 바꿔야 한다. 다행히 새로운 비전과 직원들의 특성이 서로 일치는 하지만, 공유가치관이 회사에서 오랫동안 함께 근무하는 과정에서 만들어진 것이라면, 이를 바꾸기 위해서는 새롭게 다양한 경험을 쌓아가면서 몇 년간을 꾸준히 노력하는 수밖에 없다.
  이러한 이유 때문에 기업문화의 혁신은 경영혁신을 시작할 때가 아니고, 마무리 지을 때 추진해야 한다.

기업문화 혁신은 맨 처음이 아니라 맨 마지막에 하는 것이다

경영혁신에 대해서 지난 15년 동안 광범위하게 인용되었던 이론을 요약해보면 다음과 같다. '한 집단을 혁신하고자 할 때 가장 큰 장애가 되는 것은 그 집단이 갖고 있는 문화다. 그렇기 때문에 대대적인 경영혁신을 하기 위해서는 가장 먼저 행동규범과 가치관을 바꿔야 한다. 일단 기업문화만 바꾸면 경영혁신의 나머지 부분의 성공 가능성은 그만큼 높아지고 실천하기도 쉬워진다.'

나도 한때는 이 이론을 믿었다. 그러나 지난 십여 년에 걸쳐 직접 확인해본 바에 의하면, 이 이론은 틀렸다. 문화는 그렇게 쉽게 다룰 수 있는 것이 아니다. 그것을 억지로 잡아 비틀어서 새로운 모양으로 바꾸려는 노력은 결코 성공할 수 없다. 왜냐하면 문화는 손에 잡히는 것이 아니기 때문이다. 기업문화는 사람들의 행동이 바뀌고 나서, 일정기간 동안 이 바뀐 행동들로 인해서 집단 전체가 이익을 보고 난 후, 사람들이 이 새로운 행동과 개선된 성과 사이에 어떤 분명한 인과관계가 있다는 것을 알게 된 뒤에야 비로소 바뀐다. 그래서 대부분의 문화혁신은 1단계가 아니고 8단계에서 이루어지는 것이다.

그렇다고 해서 그 이전 단계에서는 문화에 대해 관심을 가질 필요가 없다는 얘기가 아니다. 현재의 기업문화를 더 잘 이해하면 할수록, 어떻게 하면 위기감을 더 잘 고취할 수 있는지, 어떻게 하면 변화선도팀을 더 잘 구성할 수 있는지, 어떻게 하면 비전을 제대로 만들 수 있는지 등의 문제들을 더 쉽게 해결할 수 있다.

또한 행동을 바꾸는 것이 경영혁신 초기단계에서 핵심요소가 아

표 10-2 | 기업문화 속에 혁신의 뿌리내리기

- **맨 처음 단계가 아니라 맨 마지막 단계이다**
  행동규범과 공유가치관을 고치는 것은 혁신 과정의 맨 마지막 단계이다.

- **결과에 달려 있다**
  새로운 제도들이 효과가 있고 옛날 것보다 낫다는 것이 분명히 검증된 뒤에야 기업문화 속에 뿌리를 내리게 된다.

- **많은 이야기가 필요하다**
  설명이나 지지 발언을 많이 하지 않으면 사람들은 새로운 제도들이 타당하다는 것을 인정하려 들지 않는다.

- **사람을 교체해야 할 때도 있다**
  문화를 바꾸기 위해 때로는 핵심인물을 교체해야 한다.

- **후계자 결정 방식이 중요할 수 있다**
  승진 제도가 새 제도와 맞지 않으면 옛 문화가 다시 살아난다.

니라는 것도 물론 아니다. 예를 들어 2단계에서는 변화선도팀 사람들의 행동을 바꾸게 해서 변화선도팀 내에 팀워크가 더 잘 이루어지도록 노력해야 할 것이다. 또한 자만심에 대한 치료는 1단계에서 하기로 되어 있는데, 이 단계에서 직원들의 태도 변화에 신경을 쓰지 않아도 된다는 얘기가 아니다. 이렇게 막강한 위력을 갖고 있는 행동규범이나 가치관들의 실제적 혁신은 대부분이 경영혁신의 마지막 단계에서, 혹은 단위별 혁신프로젝트의 마지막 단계에서 일어난다는 것을 의미할 뿐이다. 그래서 대규모 경영혁신 속의 작은 혁신 과제로 X라는 부서를 리엔지니어링하기로 되어 있다면, 이 프로젝트는 리엔지니어링의 결과를 그 부서의 문화에 뿌리를 내리게 한 후에야 비로소 끝났다고 얘기할 수 있는 것이다.

구조 조정, 리엔지니어링, 혹은 전략전환 등과 같은 경영혁신을 추진한다고 하는데, 혁신 과정의 1단계가 '기업문화 혁신'이라는 얘기를 들었다고 하자. 그렇다면 그 혁신은 십중팔구 실패한다고 생각해도 좋다. 물론 태도와 행동의 변화는 대개 경영혁신 초기부터 시작되고 제도 변화가 이를 뒤따른다. 이렇게 되면 회사는 더 싼 가격으로 더 좋은 제품이나 서비스를 제공할 수 있다. 그렇지만 혁신 과정의 마지막 단계에 가서야 비로소 이 모든 것들이 기업문화에까지 뿌리를 내리게 되는 것이다.

지난 십여 년 동안 인사담당 수석부사장들이 전사적인 대규모 경영혁신은 추진하지 않으면서 혹은 대규모 경영혁신과는 상관없이, 독립된 개별 혁신프로젝트로 '기업문화 혁신'만을 달랑 추진하는 경우를 수십 건 보았다. 대개 이런 인사담당 관리자들은 무엇인가 보람있는 일을 해보려고 몇 년 동안 열심히 애를 쓴다. 바람직한 가치관이나 그룹 행동규범에 관한 규정이나 지침서 같은 것도 만들어 본다. 이런 결과물들을 설명하고 전파시키기 위해서 회의도 여러번 연다. 어떤 때는 이런 새로운 가치관을 '가르치기' 위해서 교육훈련 프로그램도 만들어 실시한다. 그러나 그들의 위치라는 것이 본질적으로 참모 기능이기 때문에 회사 전체에 영향을 미치기에는 역부족이다. 그래서 이 프로젝트의 계획서에 담긴 기본 취지—조직에 뛰어들어 문화를 바꾸어 놓는 것—를 성공시키겠다는 것은 시작부터가 불가능한 일이다.

이런 프로젝트에 직접 관련이 없는 사람들은 이렇게 실패하는 것, 또는 실패한 사람들의 능력을 의심하면서 비웃는다. 그러나 내가 본 바에 의하면 이런 노력을 했던 최고경영진들은 대개 두뇌가

명석하고 헌신적이며 매우 열심히 일하는 사람들이다. 그들이 실패하는 것은 능력이 부족해서라기보다는 한 회사의 문화를 바꾸는 것이 그만큼 어렵다는 것을 시사한다고 보아야 한다.

21세기는 우리에게 무엇을 요구하는가

3

Leading Change

앞서가는 기업의 조건 | 자기 계발의 핵심, 리더십과 평생학습

앞서가는 기업의 조건

　세계경제의 변화 속도가 당분간은 완만해지지 않을 것이다. 오히려 앞으로 이삼십 년 동안은 모든 산업계의 경쟁이 더욱 치열해질 것이다. 어떤 기업이든 한층 더 큰 위험에 봉착하게 되는 동시에 더 훌륭한 사업 기회도 맞이할 텐데, 이 모든 것들은 경제가 세계화되는 과정과 이에 발맞추어 개발되는 새로운 기술 및 사회 변화의 흐름에 의해 촉발된다.
　전형적인 20세기형 기업은 이와 같이 급변하는 경영상황하에서는 이제 더 이상 버틸 수가 없다. 현재 그들이 갖고 있는 조직구조, 시스템, 운영방법, 그리고 기업문화 등은 변화를 촉진하기보다는 오히려 방해가 되기 때문이다. 경영환경의 변화가 더욱 심해지면, 많은 사람들이 예측하듯이 우리가 지금은 표준이라고 생각하는 20세기형 기업은 거대한 공룡이 사멸하듯이 곧 사라질 것이다.
　그렇다면 21세기에는 어떤 기업들이 성공하겠는가? 다가올 일을 미리 점치는 것은 항상 위험한 일이지만, 우리에게 확실히 도움이 될 만한 사항들에 대해서 논의해보고자 한다.

위기감을 유지한다

자만심을 제거하지 않고서는 대대적인 경영혁신에 절대로 성공할 수 없다. 거꾸로 이야기해서 위기감을 높이 유지할 수 있다면, 경영혁신의 각 단계를 그때그때 마무리짓는 데 큰 도움이 될 것이다. 외부환경의 변화 속도가 계속 빨라지는 상황에서, 성공적인 21세기형 기업이라면 위기감을 항상 평균 이상으로 높게 유지하기 위해 노력해야 한다. 오랜 기간 고요함을 즐기면서 자만심에 빠져 있다가 가끔씩 깨어나 급하게 무엇인가 해보려는 20세기형 기업운영 방식은 이제 더 이상 통용되지 않는다.

위기감을 높인다고 해서 직원들이 항상 공포감이나 당혹감, 스트레스를 받도록 만들자는 것은 아니다. 단지 자만심을 없애고 조직원들이 항상 문제점과 해결방안을 찾도록 이끄는 것을 의미한다. 그리고 이때의 행동규범은 '지금 당장 행동에 옮겨라' 라는 것이다.

위기감을 고조시키기 위해서 제일 먼저 그리고 제일 중요하게 생각해야 할 일은 오늘날 우리가 갖고 있는 것보다는 훨씬 우수한 업적평가 · 경영정보 시스템을 구축하는 일이다. 회사 재정 상태에 관한 자료들을 극소수의 사람들에게만 매달 혹은 매분기마다 배포하던 전통은 이제 사라져야 한다. 점점 더 많은 사람들이 고객이나 경쟁업체, 직원, 공급업자, 주주, 기술 개발, 그리고 회사의 재정 상태

등에 관한 자료들을 더 자주 필요로 할 것이다. 이런 모든 경영정보들을 제공할 수 있는 시스템은, 오늘날 몇몇 회사가 그러는 것처럼 회사 전체 혹은 그 가운데 한두 부서만을 특별히 돋보이도록 편파적으로 설계해서는 안 된다. 있는 그대로의 정보를, 특히 업적에 대해서는 솔직한 정보를 제공할 수 있는 시스템이 필요하다.

지난 10여 년 동안, 상당수의 회사들이 이런 경영정보 시스템을 개발하기 위해서 중요한 조치들을 취해왔다. 특히 고객 만족에 관한 정보는 더 정확하게, 더 자주 수집했으며 이를 더 많은 사람들이 사용할 수 있도록 배포했다. 이에 보조를 맞추어 관리자들은 고객, 특히 불만이 많은 고객들을 더 자주 직접 만나고 있다. 이런 조치들은 많이 발전한 것이지만 아직도 갈 길은 멀다. 보통 직원들은 아직도 그들 자신이나 그룹 및 부서, 또 회사 전체의 업무 성과에 대한 정보를 제대로 받지 못하고 있다.

이런 제도들을 도입하고 그 결과물을 생산적으로 이용하기 위해서 21세기 회사들은 솔직하게 토론하는 문화를 그들의 기업문화로 정착시켜야 한다. 정치적인 목적을 숨긴 친절이나 언어구사, 부정적인 의견을 무시하는 행동규범들은 모두 바뀌어야 한다. 솔직하지 못한 대화가 오고 가는 의사전달 통로는 폐쇄해야 한다.

직장생활 대부분을 정치적인 분위기 속에서 살아왔기 때문에 기업문화를 이렇게 바꾸는 것은 가망 없는 일이라고 체념하는 독자들이 있다면, '솔직하고 깨끗한 기업문화'가 오늘날에도 여러 곳에 존재하고 있다는 사실을 알려주고 싶다. 그런 문화를 나는 직접 보았다. 새로운 행동규범을 만드는 것은 물론 힘든 일이다. 그렇지만 불가능한 일은 아니다. 그렇게 할 수 있는 방법은 다음과 같다. 강력한 권한을 갖고 있는 한 사람이 먼저 혁신을 시작하고 그 사람의 솔선수범에 따라 다른 몇 사람이 이를 배운다. 그렇게 되면 그룹 전체에 어떤 좋은 일이 생기는데, 그러면 이를 보고 더 많은 사람들이 혁신을 배우게 되어 경영혁신은 확산되어간다.

외부 정보원에게서 얻는 신빙성 있는 자료, 이 자료들을 회사 내에서 폭넓게 공유하고 허심탄회하게 이용하겠다는 의지, 이 모든 것이 한데 어우러지면 힘은 좀 들겠지만 결국 자만심을 뿌리 뽑을 수 있다. 이렇게 해서 위기감이 높아지면 회사는 더 쉽게 변신할 수 있고, 또 빠르게 변화하는 경영환경에 적절히 대처할 수 있다.

팀제를 효과적으로 운영한다

변화 속도가 느린 세계에서 회사를 경영하기 위해서는 자기 책임을 성실히 수행하는 최고책임자 단 한 사람만 있으면 충분하다. 최고경영진 내에서의 팀워크까지 꼭 필요하지는 않다. 변화 속도가 보통인 경우에는 간혹 추진해야 하는 경영혁신을 위해서만 팀워크가 필요하고 대부분은 옛날 방식으로 운영하면 된다. 그러나 변화 속도가 빠른 세계에서는 팀워크가 매우 중요하다.

끊임없이 변하는 경영환경 아래서, 개인은 아무리 재주가 뛰어나다 하더라도 발 빠르게 움직이는 경쟁자, 고객, 그리고 기술발전에 대한 정보를 제대로 흡수할 수 있는 시간도 없고 또 전문능력도 부족하다. 중요 결정 사항들을 수많은 직원들에게 전달할 수 있는 시간적 여유도 없으며 많은 직원들이 혁신에 헌신적으로 참여하도록 만들 수 있는 카리스마 넘치는 지도력이나 기술도 부족하다.

멀지 않은 장래에는 회사의 새로운 최고책임자를 결정하는 과정에서 한 사람의 최고책임자를 다른 한 사람으로 단순 교체하는 방식은 더 이상 통용되지 않을 것이다. 후계자 선정은 적어도 회사를 이끌어갈 팀의 핵심요원을 선발하는 과정이 될 것이다. 취임 첫날 핵심요원으로 구성된 팀으로 출발하면, 신임 최고경영자는 경영혁신을 추진하는 데 필요한 변화선도팀을 구성하는 일도 훨씬 쉬울 것이고 팀을 확대하는 데 몇 달씩 걸리던 것을 훨씬 짧은 시간에 끝낼 수 있을 것이다.

또한 제아무리 명석하고, 이지적이고, 열심히 일하고, 또 좋은 교육을 받았다 할지라도 이기주의자이고 기회주의자라면 승진자 명단에서 제외해야 할 날이 올 것이다. 이런 종류의 사람들은 팀워크를 무너뜨린다. 이런 사람들은 오늘날에도 많은 문제를 일으키고 있지만, 더욱 더 빠르게 변할 미래사회에서는 이들이 일으키는 피해는 더 엄청날 것이다.

이 두 가지 아이디어, 즉 개인 대신에 팀을 승진시키는 일과 고집불통인 사람들과 기회주의자를 제거하는 일을 실천에 옮길 때는 상당한 논란이 일어날 것이다. 팀을 후계자로 정하는 것은 상당히 파격적인 생각인데, 특히 카우보이 문화로 대표되는 개인주의가 팽배한 미국에서는 더욱 그럴 것이다. 승진에서 제외됐을 때, 총명하고 재능이 있는 사람보다는 오히려 기회주의자나 고집불통인 사람들이 분란을 일으킬 것이다.

다음과 같은 대화를 상상해보자.

"이건 참 웃기는 일이야. 닉이 영리하고 활동적인 사람이라는 것은 누구나 다 알고 있어. 그런데 닉 같은 사람이 승진을 못하면 젊은 사원들이 뭐라고 하겠어?"

"우리에게 필요한 사람은 회사보다 자기 자신의 이익을 더 챙기는 사람들이 아니라는 것을 경고하기 위해서 그러는 거야."

"그가 회사일을 먼저 생각하지 않는다고 어떻게 단정할 수 있지? 좋아, 그가 약간 이기주의적이라는 것은 인정해. 그러나 원래 재능이 있는 사람들은 다 그런 게 아니겠어?"

"그렇다면 왜 그 많은 사람들이 그를 싫어하지?"

"시기심 때문이야. 원래 위대한 사람들은 시기를 받게 마련인데…."

하나의 팀을 후계자로 결정하는 것이 한결 수월한 방법이다. 왜냐하면 높은 빌딩을 한 번에 뛰어넘을 수 있는 초능력을 가진 사람, 실은 있지도 않은 그런 초인적인 경영자를 찾기 위해 헛수고할 필요가 없기 때문이다. 또 다면多面 업적평가제도와 같은 새로운 물결이 이미 기회주의자나 극단적인 이기주의자를 궁지에 몰아넣기 시작했다. 그러나 아직도 이런 혁신은 논란의 여지가 있으며, 그렇게 쉽게 이루어지지는 않을 것이다.

리더십을 배양한다

20세기에는 사업전문가를 길러내기 위해서 학교에서건 현장에서건 '관리'를 중점적으로 가르쳤다. 사람들은 기획, 예산, 조직, 인력, 통제, 그리고 문제해결 방법 등에 대해서만 배웠다. 겨우 지난 10여 년 남짓한 동안에서야 비로소 비전과 전략을 세우고 이를 전파시킬 수 있는 '리더'를 길러내는 데 생각이 미쳤다.

관리란 대개 현재의 상태를 다루는 것이고 리더십이란 변화를 다루는 것이기 때문에 다음 세기에는 리더를 양성하기 위해서 더 많은 기술을 개발하고 이를 이용하여야 한다. 충분히 많은 리더를 길러내지 않으면 경영혁신의 핵심인 비전 만들기, 비전 전파하기, 그리고 권한 위임하기 등은 우리가 기대하는 만큼 그렇게 충분하게 그리고 빠르게 이루어지지 않을 것이다.

충분한 수의 지도자를 길러내는 것은 가망없는 일이라고 믿는 사람들도 있다. 리더십이라고 하는 것은 사람이 태어날 때 이미 하늘이 정해주는 것이고, 대부분의 사람들은 그런 행운을 갖지 못했다고 한다. 이런 비관적인 생각을 인정한다고 하자. 그러나 백 사람 가운데 단지 한 사람만이 지도자가 될 잠재력을 갖고 있다고 치면, 세계 인구를 57억이라고 가정할 때 6천만 명에 가까운 사람들이 지도자의 잠재력을 갖고 있는 셈이다. 6천만 명은 적은 숫자가 아니다. 이 많은 사람들의 잠재력을 개발할 수만 있다면, 점점 더 빠르게 변해가는 21세기에도 기업을 이끌어가는 데 충분한 지도자들을 확보할 수 있을 것이다.

지도자로서의 잠재력을 개발해내는 일은, '지도자 양성 과정 2주 프로그램'이나 '4년제 대학 졸업'으로 되는 것이 아니다. 복잡한 기술은 대부분 몇 십 년에 걸쳐 얻어지는 것이므로, '평생교육'이라는 개념이 점점 더 강조되는 것이다. 눈 뜨고 있는 시간의 많은 부분을 직장에서 보내기 때문에 우리 자신의 개발은 직장에서 이루어진다.

단순한 사실이지만 대단히 큰 의미가 있다. 직장에서 보내는 시간들을 리더십 계발에 도움이 되도록 쓴다면 모든 잠재력을 최대한 발휘할 수 있으며, 반대로 직장에서 보내는 시간이 이런 기술개발에 별 도움이 되지 않는다면 절대로 잠재력을 충분히 살려내지 못할 것이다.

통제가 심한 회사에서는 개개인에게 능력을 마음껏 발휘하고 성장할 기회를 주지 않기 때문에 리더십을 죽여버리는 경우가 많다. 또한 엄격한 관료주의 체제하에서는 재능 있는 젊은 사람들이 보고 배울 만한 좋은 사람을 찾을 수도 없고 지도력을 발휘하도록 누가 용기를 북돋아주지도 않으며, 기존의 틀에서 벗어나려 하거나 현상에 도전하는 위험스런 일을 벌이면 오히려 처벌을 받는다. 이런 조직 풍토에서는 지도자적 잠재력이 있는 사람들을 추방하거나 한데 모아 놓고 단지 관료주의적인 관리기법만을 가르친다. 21세기에 성공하고자 하는 기업은 리더십을 배양하는 인큐베이터가 되어야 한다. 급변하는 세계에서 훌륭한 재능을 썩히는 일은 가면 갈수록 더 큰 대가를 치러야 된다는 것을 의미한다.

지도력을 개발하려면, 통제에는 소극적이고 위험 부담에는 적극적인 기업문화와 그것을 받쳐줄 수평적이고 단순한 조직체계가 필요하다. 재능이 많은 사람들을 작은 틀에 꿰어맞추고 시시콜콜 통제하려 드는 것은 오히려 부정적인 결과만 증폭시킬 뿐이다. 경영환경 변화에 회사가 자연스럽게 적응하고 개개인도 성장하도록 돕기 위해서는 작은 것에서 부터 지도력을 발휘하도록 사람들을 독려할 필요가 있다. 이런 방법으로 시행착오를 거치고 지도와 격려에 많은 시간을 쏟아부음으로써 비로소 사람들의 잠재력을 십분 개발

해낼 수 있는 것이다.

지난 십 년 동안 많은 기업들이 이런 변화에 성공했다. 리더십 배양을 위해 보육센터를 만들자는 생각에 회의적인 생각이 든다면 이미 우리가 이룩해 놓은 성과를 자세히 보기 바란다. 그러나 아직도 우리의 갈 길은 멀다. 너무 자세하게 구분되어 있는 직종, 위험을 회피하려는 기업문화, 시시콜콜한 것까지 관리하겠다고 나서는 상사 등이 아직도 너무나 많은 곳에서 당연한 것처럼 받아들여지고 있다. 이런 현상은 특히 대기업이나 정부기관에서 두드러진다.

직원들에게 최대한의 자율성을 보장하라

발 빠르게 움직이는 기업환경 속에서는 회사가 안고 있는 현실적인 문제들을 극복하기 위해 모든 임직원들이 마음과 열정을 바쳐 일해야 한다. 권한 위임(힘 실어주기)이 충분히 이뤄지지 않은 분위기에서는 제품품질에 결정적인 영향을 미칠 수 있는 갖가지 정보들이 현장 작업자들 머릿속에서 사장될 뿐만 아니라 혁신을 실천해 나가는 데 필요한 에너지도 잠만 자게 된다.

리더십 계발을 위해 조직이 갖추어야 하는 여러가지 조건들은 권한 위임 과정에서도 똑같이 필요하다. 권한 위임을 촉진하는 이런 조건들을 다시 한 번 짚어보자. 계층수가 적은 수평조직, 관료주의가 배제된 조직풍토, 위험부담을 기꺼이 감수하겠다는 기업문화 등이다. 여기에 덧붙여 권한 위임을 가장 잘하고 있는 회사들을 보면, 고위관리자들은 리더십에만 관심을 쏟고 관리 차원의 책임사항들은 대부분 부하들에게 넘겨 주는 특성이 있다.

경쟁이 극도로 치열한 업계에서 성공하는 회사들을 보면 경영진은 대부분의 시간을 리더십을 발휘하는 데 사용하고 직원들은 권한을 위임받아 자기가 속해 있는 팀을 관리해 나간다. 아직도 옛날식에 물들어 있는 관리자나 직원들에게 꽤 많은 저항을 받고는 있지만, 이와 같은 추세는 향후 몇 십 년 동안 계속되리라 생각한다.

힘 실어주기가 일선현장에서 이렇게 중요하다는 것을 아직도 이해하지 못하는 독자들은 매일매일 변화무쌍한 경영환경 속에서 살아가고 있는 회사들을 관찰해보길 바란다. 예컨대 극심한 경쟁환경 속에서도 꾸준히 성장하는 대부분의 하이테크 기업이나 서비스업계의 전문회사들이 그들이다. 이런 회사들에서 찾아볼 수 있는 것은 수평적인 조직구조, 비관료주의, 위험을 무릅쓰는 기업풍토, 스스로 관리해 나가는 일선 작업자, 고객중심적인 프로젝트나 기술개발 그리고 고객서비스에 손수 리더십을 발휘하는 경영진들이다. 이런 기업경영 모델은 이미 검증받았다. 최고경영진이 적절한 리더십만 갖추고 있다면, 직원에게 힘을 실어주는 권한 위임은 대단한 힘을 발휘할 것이다.

수평적이고 군살 없는 조직구조를 유지한다

기업의 생태를 연구하는 미래 학자들에 의하면 오늘날 우리가 알고 있는 기업경영 방식은 21세기에는 사라질 것이라고 한다. 또 그때 가서 중요한 역할을 할 사람들은 모두 앞을 내다보고 희망을 북

돈울 줄 아는 사람들일 것이라고 한다. 재고 수준이 목표치에 도달했는지 아닌지와 같이 잔잔한 일에 신경쓰는 따분한 사람들은 더 이상 필요없게 될 것이라고도 한다.

그러나 나는 생각이 다르다. 급변하는 세계에서조차 누군가는 현재의 회사시스템을 잘 운영하여 기대하는 성과를 얻어내야 한다. 그렇게 하지 않으면 회사와 관계를 맺고 있는 이해당사자들이 현 경영진을 지지하지 않는다. 보다 좋은 미래를 겨냥하는 것은 훌륭한 일이지만, 단기적 성공을 거두어 지금 회사가 옳은 궤도를 달리고 있다는 것을 보여주지 못하면 회사의 비전을 실현할 기회를 잃어버리게 될 것이다.

권한 위임을 잘하는 기업모델에서 우수한 경영이란 권한을 위임받은 직원들이 자기들의 책임을 잘 이행하는 것을 의미한다. 이는 한 발 더 나아가면 직원들이 충분한 경영 수업을 받아야 하고 또 거기에 적합한 제도들도 갖추어져 있어야 한다는 것을 의미한다. 그러나 직원들이 비록 권한을 위임받았다 해도 필요한 교육훈련이나 다른 도움을 받지 못하는 경우를 흔히 볼 수 있다. 아직도 교육훈련이나 여러 제도들은 하위관리자가 아니라 중간관리자들 중심으로 짜여 있기 때문이다.

이런 현실을 바꾸어 놓을 수 있는 것은 기술이나 경제적인 문제라기보다는 오히려 마음가짐과 관련된 문제들이다. "이 훈련 과정은 관리자들만을 위한 것입니다"라는 말은 이런 교육 혜택을 받으려면 최소한 회사에서 어떤 지위 이상은 되어야 한다는 주장이다. 이러한 통제시스템을 바꾸자고 제안하면 "이런 정보를 어중이 떠중이 모든 사람들에게 다 줄 수는 없어요"라고 말한다. "왜 안 되지요?" 하고 물으면, 그는 다음과 같이 답할 것이다.

1. "보안 때문이지요."

   그렇다면 여기에서 진짜 문제는 '누구를 위한 보안이냐?' 하는 것이다. 만약 어떤 특정부서 혹은 특정제품의 성과가 나쁘다는 사실이 많은 사람들에게 알려지면 회사가 상처를 입게 되는가? 혹은 몇몇 임원의 입장이 난처해지고 어떤 특정한 사람에 대해 특단의 조치를 취하지 않으면 안 될 상황에 처하는가?

2. "사람들이 그 정보를 어디에 써야 하는지 모르기 때문입니다."

   훈련만 제대로 받았다면 그들도 주어진 정보를 훌륭하게 사용할 수 있을 것이다.

3. "비용 때문이지요."

   참 이상한 논리다. 경영책임을 물려줌으로써, 연봉이 5만 달러나 10만 달러 되는 사람들이 주로 하던 일을 연봉이 2만 달러나 5만 달러 되는 사람들이 하게 하는 효과를 얻는다. 이런 급여 차이에서 생기는 이익은, 교육훈련에 드는 비용과 새로운 제도를 도입하는 데 드는 비용 모두를 상쇄하고도 남는다.

권한 위임에 과감한 회사들은 수평적이고 군살 없는 조직구조를 갖게 된다. 따라서 비대하고 변화에 저항하는 많은 중간관리층을 갖고 있는 회사들보다 운신의 폭이 훨씬 넓다. 권한 위임에 대한 비판이 전혀 없는 것도 아니지만 운신의 폭을 넓혀준다는 이유 하나만으로도 앞으로 다가올 몇 십 년 동안 권한 위임은 점점 더 힘을 얻을 것이다.

'조직 청소 작업'을 통해 부서의 독립성을 높인다

　기업들의 속을 들여다보면 필요치도 않은 상호 연관관계가 수없이 많다는 것을 알 수 있다. 독일에 있는 자회사는 본사와 상의 없이는 아무 일도 할 수가 없다. 본사 회계감사실에서는 매주 수백 킬로그램이나 되는 분석보고서를 각 공장에 발송하는데, 공장에서는 아무도 이 보고서를 읽지 않는다. 1965년에 발생했던 어떤 문제 때문에 엔지니어들이 마케팅과 생산부서 사람들에게 설명회를 하는 관례가 생겼는데, 이런 정보를 더 빠르고 쉽게 주고받을 수 있는 경영정보 시스템이 보편화된 오늘까지도 이런 회의가 계속되고 있다. 어떤 회사에서는 이런 쓸데없는 상호연계가 너무나 복잡해서 본격적인 경영혁신을 추진한다는 것은 기대할 수도 없다. 사람들은 이런 얘기를 듣고 겉으로는 웃기는 얘기들이라고 하지만, 속으로는 이런 현실을 어쩔 수 없는 것으로 받아들인다. 그렇기 때문에 이를 바꾸는 것은 정말 어려운 일이다.

　21세기에는 회사 내 단위부서를 관리 조정하는 데 더 빠르면서 비용은 덜 드는 방법을 이용해야 한다. 부가가치를 창출하지 못하는 구시대의 상호연계는 더 이상 용납할 수 없게 된다. 이런 의미에서 21세기형 기업은 오늘날 우리가 흔히 볼 수 있는 회사들보다 훨씬 단순해질 것이다. 조직구조상으로 보았을 때 덜 얽히고 업무절차상으로는 걸림돌이 줄어들어 한층 더 매끄럽고 빠르게 움직일 것이기 때문이다.

　한 발 더 나아가 계속적인 조직 청소작업이 더욱 필요하게 될 것이다. 성공하기를 원하는 기업들은 상호관계가 너무 복잡해져 도저히 관리할 수 없을 때까지 기다리지 말고, 점점 더 자주 이런 연계성을 검토하고 더 이상 필요없는 것들은 청소해야 한다.

이러한 사실을 아직도 잘 이해하지 못하는 사람들에게 확언하건대, 자주는 아니지만 이런 작업은 오늘날에도 이미 일어나고 있다는 것이다. 아직도 설립자 자신이나 기업가적인 성격을 가진 경영자가 경영하는 회사들은 시장환경을 충족시킬 수 있는 범위 내에서 최저수준까지 상호연계성을 낮추는 데 필사적인 노력을 하고 있다. 이런 일을 잘하는 것은 쉬운 일이 아니다. 관련성이란 기득권을 포기하지 않으려는 사람들에게 힘을 주는 특성이 있으며 결국 습관이 되어 버린다. 어떤 관계가 필요한 것이고 어떤 관계가 청산되어야 할 역사적 유물인지 결정하기란 참 어렵다. 특히 회사가 갈 방향을 제시해줄 수 있는 광범위한 비전과 전략이 없을 때는 더욱 힘들다. 그런 상황 속에서도 현재 많은 사람들이 이 문제에 대해 필사적인 노력을 기울인 결과 훌륭한 성공을 거두고 있다.

적응력 높은 기업문화를 구축하라

여기서 소개하는 제도들과 운영방침들은 급변하는 경영환경에 잘 적응해 나가고자 하는 기업들에게 큰 도움을 줄 것이다. 한 발 더 나아가서 이러한 방법 및 제도들을 만들고 잘 조화시키는 것이 바로 적응력 높은 기업문화를 만들어내는 작업이다.

한 집단이 갖고 있는 20세기식 행동규범이나 공유가치관들은 대부분 변화에는 오히려 걸림돌이 된다. 그 걸림돌을 더 이상 방치해서는 안 된다. 만약 기업문화가 회사와 관련 있는 모든 이해당사자에게 이익을 제공하는 것을 높이 평가하고, 능력 있는 지도자와 관리자를 진심으로 지원하며, 최고경영진 내에서도 팀워크가 이루어질 수 있도록 용기를 북돋아주는 것은 물론이고, 최소한의 조직계층, 관료주의, 관련성만을 요구하는 문화라면, 이는 아주 적응력이 높은 기업문화라 할 수 있다.

이런 기업문화는 위기감을 고조시키거나 변화선도팀을 만드는 등 경영혁신 과정을 통해서 만들어진다. 오늘날 대부분의 산업계에서는 기업문화를 바꾸라는 압력이 아직까지는 그렇게 세지 않기 때문에 이 작업을 뒤로 미루려 한다. "다음 세대들이 하도록 내버려둡시다." "상황이 그렇게 나쁜 게 아니잖아요! 바로 지난 분기 순이익만 보더라도 아시잖습니까?"

이렇게 생각하는 것은 당신 자유이지만 한 가지 사실만은 꼭 기억하라. 당신 업계에서 최소한 한 경쟁업체는 당신과 다른 생각을 할 것이라는 사실을.

적응력 있는 기업문화를 갖고 있고, 또 실제로 잘 적응해나가는 회사는 아주 훌륭한 경쟁력을 갖췄다고 말할 수 있다. 그들은 아주 우수한 제품과 서비스를 더 빨리 더 좋게 만들어낸다. 그런 회사들은 권위주의로 우쭐대는 경쟁사들을 궁지에 몰아넣어 꼼짝 못하게 만든다. 자원 면에서 좀 쪼들리고 기술특허 건수가 좀 적더라도, 시장점유율이 좀 떨어지더라도 그들은 잘 싸울 수 있는 능력이 있고 싸울 때마다 승리할 것이다.

별로 신통한 효과를 보지 못했던 구조 조정, 품질혁신운동, 혹은 이와 유사한 혁신운동에 쫓겨 다녀야 했던 사람들에게는 이렇게 늘 변해야 하고 외부환경에 적응해야 하는 회사가 지옥처럼 느껴질 것이다. 그러나 실제로는 그렇지 않다. 이제까지 내가 관찰해온 바에 의하면, 이런 기업들은 오늘날 우리가 일반적으로 생각하는 것보다도 훨씬 더 일하기 편하고 자기 성취를 이룰 수 있는 장소가 된다.

그러나 잊지 말아야 할 것은, 이런 기업에서 일어나는 혁신운동은 어떤 특정인의 고집스런 이기심을 만족시키기 위해서나 과거에 발생했던 사건에 대한 반사작용으로 진행되는 것이 아니라는 사실이다. 혁신이란, 더 좋은 제품을 더 싼 가격에 만들어 인류의 진정한 욕구를 충족시키는 데 도움을 주기 위해 꾸준히 수행되는 것이다. 이런 환경 속에서 성공을 거두는 것은 재미있는 일인데, 왜냐하면 무엇인가 보람 있는 일을 하고 있다고 스스로 느낄 수 있기 때문이다. 우선 변화 속도에 익숙해져야 한다. 특히 구닥다리 권위주의적인 환경에서 대부분의 직장생활을 해온 사람들에게는 그 필요성이 더욱 절실하다. 그러나 어느 정도 적응 기간을 성공적으로 보낸 사람들은 오히려 이와 같은 기업환경의 역동성을 좋아하게 된다. 이것은 도전해볼 만한 일이다. 결코 따분하지 않을 것이다. 승리하는 것은 신나는 일이다. 그리고 사회에 공헌한다는 것은 정신적으로도 매우 보람 있는 일인 것이다.

'점진적인' 변화에 대한 미련을 버려라

이 장에서 논의한 요점들을 간추려보면 〈표 11-1〉과 같다. 잠깐 훑어보면 상당 부분이 근본적인 부분의 혁신에 대해서 이야기하고

표 11-1 20세기 기업과 21세기 기업 비교

20세기	VS	21세기
구조 · 권위주의적 · 다단계 · 고위관리자가 관리한다는 전제 하에 조직이 만들어짐 · 복잡한 내부 상호관련성을 낳는 많은 규정과 절차 **제도들** · 소수의 경영정보 시스템 · 최고경영진에게만 자료 배부 · 고위간부에게만 경영 교육훈련 제공 **문화** · 내부지향적 · 중앙집권식 · 느린 결정 · 정치적 · 위험 회피형		**구조** · 비권위적, 적은 수의 규칙과 직원 · 계층 수가 적음 · 경영진은 리더십을 발휘하고 하위관리자가 관리한다는 전제하에 조직이 만들어짐 · 고객 봉사에 필요한 최소한의 내부 상호관련성을 갖는 규정 및 절차 **제도들** · 많은 경영정보 시스템, 특히 고객에 대한 정보 · 광범위한 자료 배부 · 많은 사람에게 경영 교육훈련 제공 **문화** · 외부지향적 · 직원들에게 권한 위임 · 빠른 결정 · 개방적이고 솔직 · 위험 도전형

있음을 알 수 있다. 그러나 사실 그렇게 많은 변화가 순식간에 이루어지는 것은 아니다.

경영혁신에 반대하는 사람들이 내놓는 가장 대표적인 논리는 점진적으로 변화를 해도 기업은 성공할 수 있다는 것이다. 여기에서 2

퍼센트의 개선효과를 얻고 저기에서 5퍼센트의 원가절감을 이룬다면 승리를 할 수는 있다는 것이다. 단기적으로 보았을 때 어떤 업계에서는 이런 정도의 성과를 성공이라고 말하기도 한다. 그렇지만 〈표 11-1〉을 보라. 20세기 모델에서 21세기 모델로 옮기는 데 점진적으로 간다면 시간이 얼마나 걸리리라 생각하는가? 그리고 제때 거기에 다다르지 못한다면 어떤 결과가 빚어질 것이라 생각하는가?

자기 계발의 핵심,
리더십과 평생학습

　앞 장에서 설명한 바와 같이 다가올 21세기에는 리더십이 기업을 성공·발전시키는 데 결정적인 역할을 할 것이다. 지도력이라고 하는 것은 '큰 지도력'이라고 할 수 있는 최고경영진의 리더십뿐만 아니라 회사에 속한 사람이라면 누구나 발휘할 수 있는 '작은 리더십' 모두를 의미한다. 이 말이 의미하는 것은 앞으로 다가올 몇 십 년 동안, 경쟁환경이 아주 빠르게 변할 텐데 그런 속에서도 살아남는 새로운 형태의 기업들이 분명히 있으리라는 것과, 이렇게 성공하는 기업들에서는 새로운 자질을 갖춘 직원들이 큰 역할을 하리라는 것이다.

　21세기를 살아갈 직원은 20세기보다 지도력과 관리에 대하여 더 많이 알고 있어야 한다. 또한 21세기형 관리자는 특히 지도력에 대하여 지금보다 훨씬 더 많이 알아야 한다. 이런 경영기술 없이는 환경변화에 역동적으로 적응해나가는 기업이 될 수 없다.

옛날식 리더십을 배우면서 자라온 사람들은 이런 얘기를 잘 이해할 수 없을 것이다. 대부분 리더십이라고 하는 것은 선택된 몇몇 인간의 전유물이라고 생각했기 때문이다. 이런 케케묵은 사고의 틀에서 본다면, 경영혁신 8단계를 추진하는 과정에서 리더십을 발휘해야 할 사람이 단지 몇몇이 아니고 모든 사람이어야 한다는 주장은 무모한 생각일 것이다. 비록 마음속으로는 옛 사고방식을 거부하고 있을지 모르지만, 이미 20세기를 살아온 우리에게는 이 엘리트주의가 머릿속 어디엔가 박혀 있을 것이고 알게 모르게 우리 행동에도 많은 영향을 미칠 것이다.

옛날식 사고방식의 가장 큰 잘못은 리더십이 어디에서 오는가 하는 가정에 있다. 역사적으로 가장 널리 알려진 설은, 태어날 때부터 하늘이 내린 것으로 오직 소수의 사람들에게만 허락된 선물이라는 것이다. 한때는 나도 그렇게 믿었지만, 지난 삼십여 년 가까이 기업과 그 경영자들을 연구해서 얻은 결론은 이 옛날식 이론이 잘 맞지 않는다는 것이다. 특히 옛날식 이론은 평생학습의 위력과 가능성을 거의 무시하고 있는 것이다.

21세기형 경영자 모델

매니를 처음 만난 것은 1986년이었다. 그때 그는 주의력이 깊고 친절하며 야심 찬 40세의 중간관리자였다. 그는 이미 직장생활에서 성공을 거두었다. 그렇다고 해서 그에게서 특별히 주의할 만한 점을 찾을 수는 없었다. 적어도 내가 알기로는 그 회사 직원 누구도 그를 '지도자'라고 부르지 않았다. 20세기 관료주의 사회에서 성장한 다른 사람들과 마찬가지로 그는 좀 조심성 있고 어느 정도 정치적인 감각도 있는 사람이었다. 앞으로 일이십 년 동안은 별일 없이 고위직을 맡으면서 대단하지는 않지만 그런 대로 회사에 도움이 될 인물이라는 정도였다.

두 번째 그를 만난 것은 1995년이었다. 짧은 대화를 나누는 동안 예전에는 느끼지 못했던 깊이와 세련미를 감지할 수 있었다. 그가 근무하는 회사의 다른 사람들과 대화를 나누어봐도 거듭 똑같은 호평을 들을 수 있었다. 그들은 "매니가 그렇게 성숙하다니, 참 놀라운 일 아닙니까!"라고 말했고, 나는 "네, 정말 놀랍군요"라고 대답했다.

지금 매니는 순익이 6억 달러나 되는 회사를 운영하고 있다. 그 회사는 온갖 장애물을 극복하고 기회 요인들을 이용하면서 재빠르게 세계화를 추진하는 중이다. 이 글을 쓰는 순간에도 그는 약속된 미래를 바라보며 회사를 재탄생시키기 위한 노력의 일환으로 대대적인 경영혁신을 이끌고 있다. 40세에는 전혀 지도자처럼 보이지 않던 사람이 오늘 이처럼 성장한 것이다.

많지는 않지만 매니와 같은 사람들은 우리 주변에 항상 있어왔다. 35세나 45세에 벌써 쇠퇴기에 접어들거나 전성기에 다다라 더 이상 성장하지 못하는 것이 아니라, 어린이나 젊은 사람과 같이 빠른 속도로 무엇인가 계속 배우는 것을 게을리하지 않았다. 이와 같이 일상적인 통념과 상치되는 사례들을 보면, 인간의 DNA 속에는 인생의 후반기에 정신적 성장을 방해하는 유전인자가 없다는 것을 알 수 있다.

20세기의 가장 훌륭한 사업가 가운데 한 사람인 일본인 사업가 마쯔시다 고노스께의 전기는 이런 주장을 전적으로 뒷받침해준다. 젊은 시절의 마쯔시다는 그저 열심히 일하는 병약한 한 젊은이에 지나지 않았다. 당시에는 '리더' 라는 말은커녕 그 후 그를 묘사하는 데 썼던 '총명함, 역동적임, 미래지향적임, 카리스마적임' 등과 같은 특징을 그의 모습 어디에서도 찾을 수 없었다. 그렇지만 20대에는 기업가로 성장했고 30대와 40대에는 기업계의 리더가 되었으며 50대에는 경영혁신전문가가 되었다. 그 결과 그의 회사는 2차대전의 악몽을 씻고 새로운 도약을 할 수 있었을 뿐 아니라 새로운 기술습득을 게을리하지 않고 세계 방방곡곡으로 뻗어 나갔다. 스스로 늘 혁신해나감으로써 모든 이의 상상을 초월하는 성공을 거둘 수 있었던 것이다. 그 후 60대가 되어서는 작가로서 새로운 인생을 시작했고 70대에는 박애주의자로, 80대에는 교육가로 성공을 이루었다.

21세기에는 평생학습이라는 방법을 통해서 자신의 능력을 개발해 나가는 이런 훌륭한 지도자들을 더욱 더 많이 볼 수 있을 것이다. 왜냐하면 이런 방식으로 성장하는 것이 빠르게 변하는 경영환경에 더 적합한 방법이기 때문이다. 정체된 세계에서는 15세가 되면 이미 인생을 살아가는 데 필요한 모든 지식을 실질적으로 다 배울 수 있고, 주위에서 아무도 리더십을 발휘하라고 요구하지 않는다. 그렇지만 늘 변하는 세계에서는 90세까지 노력한다 해도 모든 것을 다 배울 수 없으므로, 점점 더 많은 사람들이 리더십을 배양해야 한다.

변화 속도에 맞추어 리더십을 계속 개발하려는 개인의 의지와 능력은 그들 자신에게는 직장생활의 성공을, 몸담은 기업에게는 경제적인 성공을 보장하는 데 결정적인 역할을 할 것이다. 앞에서 얘기한 매니나 마쯔시다는 많은 돈을 물려받거나 높은 학식으로 인생을 출발한 사람들이 아니다. 그렇지만 마침내 인생의 경기에서 승리자가 되었다. 경쟁자들보다 더 빨리 성장할 수 있었으므로 가능했던 것이다. 그들은 끝없이 복잡하게 변해가는 경영환경을 다룰 수 있는 능력을 개발하였고, 그 위에 회사의 경영혁신을 촉진하는 데 남다른 수완을 발휘할 수 있는 경지까지 성장하였다. 그들은 리더가 되는 방법을 배웠던 것이다.

평생학습과 리더십 기술의 상호 보완

변화 속도가 가속화돼가는 기업환경 속에서 평생학습의 중요성과 평생학습이 리더십과 어떤 관계를 갖는가 하는 것은 하버드 경영대학의 1974년 졸업생 115명을 20년간 추적 연구한 결과가 잘 설명해주고 있다. 졸업 당시 경제여건이 좋지 않았지만 이들 졸업생 대부분이 그들 직장에서 성공하고 있다. 바로 경쟁에 의한 촉진과 평생학습 덕분이다. 이 두 요소는 사람들에게 대단히 강한 경쟁력을 갖게 하여 남보다 우위에 설 수 있도록 도왔다(〈표 12-1〉 참조).

경쟁에 의한 촉진은 평생학습을 탄생시킨다. 이 평생학습은 지식과 기술의 수준, 특히 리더십의 기술 수준을 계속 증가시키는 힘이 있다. 나아가 리더십 기술은 또다시 점점 어려워지고 발 빠르게 변해가는 세계경제를 다룰 수 있는 훌륭한 능력을 만들어낸다. 매니처럼 이상이 높고 배우고자 하는 의지가 강한 사람들은 하루가 다르게 강해지고 40대보다 50대에 더 능력 있는 지도자가 될 수 있다.

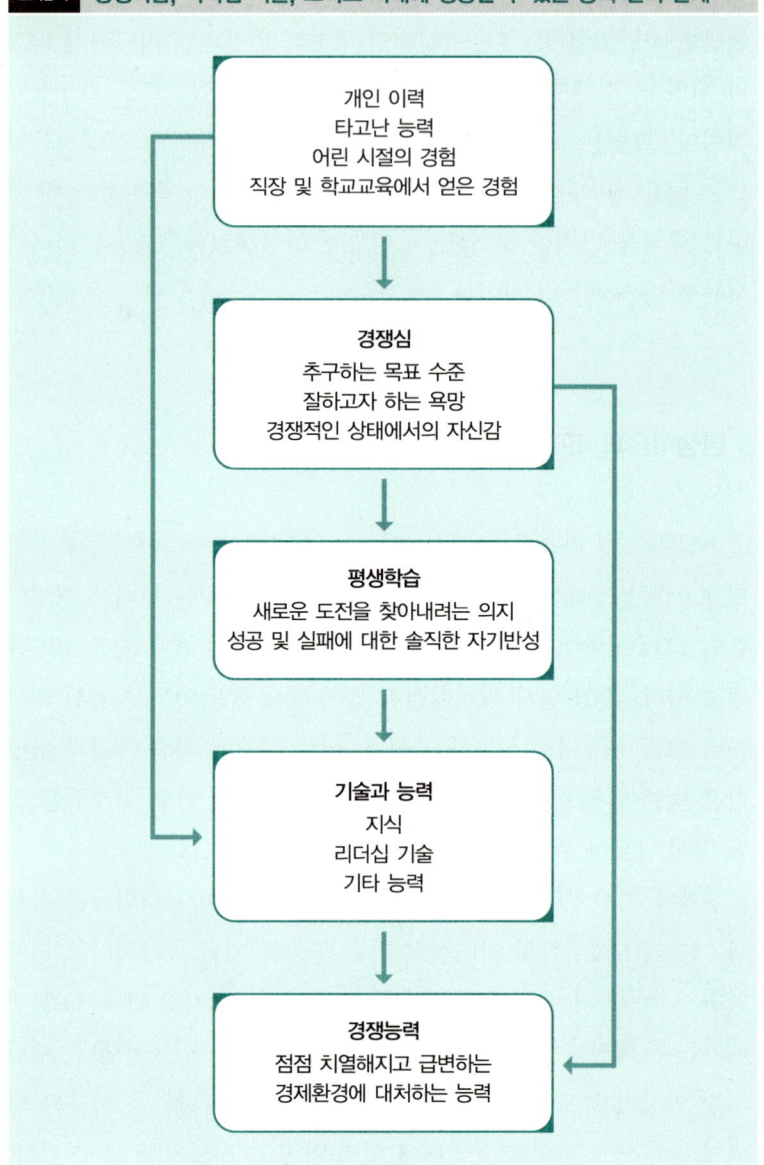

표12-1 평생학습, 리더십 기술, 그리고 미래에 성공할 수 있는 능력 간의 관계

마르셀은 그가 속한 그룹에서 그저 평범한 사람이었다. 그는 중산층 가정에서 자랐고 썩 좋지는 않지만 그런 대로 잘 알려진 미시간 주에 있는 한 대학교를 졸업하였다.

학교 성적보다는 고등학교 때와 졸업 후의 경력에 힘입어 MBA 과정에 입학할 수 있었고, 서른다섯 살까지는 직장에서 일을 잘하고 있었다. 하지만 그가 크게 성공하리라고는 아무도 예견하지 못했다. 유럽에 본부를 둔 큰 제조회사의 한 간부로서 그저 좋은 평판을 얻고는 있었지만 대단한 것은 아니었다. 1982년에 그를 한 번 만난 적이 있었는데, 그때는 그가 '리더'라는 생각을 갖게 할 만한 특징이 전혀 없었다. 그러나 12년 뒤에는 이야기가 완전히 달라졌다.

1994년에 마르셀은 자기 회사 최고책임자가 되어 수많은 직원을 거느리고 있었고, 큰 부자가 되어 있었다. 그는 새로운 상품을 발명해냈고 시장도 확보했으며, 이 상품과 시장의 효용가치를 극대화할 수 있는 조직도 구성했다. 업계에서 그는 '미래를 내다보는 사람'으로 알려져 있었다. 언젠가 그를 아는 사람과 이야기를 나눈 적이 있는데, 마르셀의 '카리스마'에 대해 침이 마르도록 칭찬했다. 이 모든 것이 1982년에는 별로 인상적이지 않았던 한 친구의 미래의 모습이다.

사람들은 마르셀이 성공한 것은 운이 좋았기 때문이라고 얘기한다. 사실 그런 면이 없지는 않다. 그렇지만 당시 똑같이 어려웠던 기업환경 때문에 불행해진 사람들과 곤란을 겪게 된 기업들이 수없이 많았다는 것을 알아야 한다. 마르셀 이야기가 우리에게 감동을 주는 것은 경영환경의 어려움이 그를 주저앉게 만들지 못했고, 오히려 배움과 성장을 위한 힘의 원천이 되었다는 것이다.

그는 예기치 못한 어려움에 봉착했을 때 화를 내고 우울해하기도 했지만 절대로 포기하거나 해야 할 일을 미루지 않았다. 그는 시련의 시절과 좋았던 시절을 모두 함께 되새겨보며 무엇인가를 배우려 했다. 저지른 실수를 성공적으로 수습했을 때도 성공할 때 흔히 볼 수 있는 거만한 태도를 보이지 않았다. 항상 겸손한 태도를 유지하면서 남들을 가까이 관찰하고 그들의 얘기를 조심스럽게 들어주려 노력하였다. 무엇인가 배운 후에는, 비록 개인적인 편안함을 포기해야 하고 위험에 직면하게 되더라도 그 새로운 아이디어를 주저없이 실천에 옮겼다.

열린 마음으로 듣고, 새로운 일을 시도하고, 성공이든 실패든 이를 솔직하게 되새겨보는 것. 이 모든 것을 실천하기 위해 높은 지능지수나 MBA 졸업장, 또는 어떤 특별한 자격조건이 필요한 것이 아니다. 그런데도 오늘날 이런 식으로 행동하는 사람들은 별로 없다. 특히 서른다섯 살 이상 되는 사람들, 그리고 소위 자기 분야에서 이미 성공했다고 하는 사람들은 이런 식의 행동을 멀리한다. 그러나 마르셀, 매니, 마쯔시다 등과 같은 사람들은, 다른 사람들이 답보 상태에 있거나 소멸해가는 데 반해 이와 같이 비교적 간단한 방법들을 이용하여 계속 성장했다. 그 결과 변화에 대해 한층 더 편안해졌고, 리더십의 잠재력을 최대한 발휘할 수 있었으며, 그들 회사가 급변하는 세계 경제에 적응하는 데 많은 도움을 주었다.

복리의 힘을 낳는 장기 학습의 위력

세계 곳곳에 있는 마르셀, 매니, 마쯔시다와 같은 사람들을 살펴보면, 리더십이나 기타 다른 기술을 개발할 수 있는 그들의 비결이라고 하는 것은 '복리複利'의 개념과 밀접한 관계가 있다.

간단한 예가 하나 있다. 프랜은 그녀가 30살과 50살 사이에 연 6퍼센트의 속도로 '성장'한다. 이를 다른 말로 바꾸면 자기 전문분야 기술과 지식을 매년 6퍼센트씩 확대시켜 나간다는 의미이다. 쌍둥이 자매인 제니스는 서른 살 때 프랜과 똑같은 수준의 지식, 기술 그리고 정보를 갖고 있었지만, 그 후 20년 동안에는 일 년에 단 1퍼센트씩만 성장하였다. 아마도 그녀는 일찍이 거둔 성공 때문에 자만심에 빠졌는지도 모른다. 혹은 프랜은 그녀 나름대로 어떤 절박한 체험을 했는지도 모른다. 여기에서 중요한 문제는 이와 같이 비교적 작은 차이가 50살이 됐을 때 얼마나 큰 차이로 나타날 것인가 하는 점이다.

프랜과 제니스의 상황이 위에서 설명한 바와 같다면, 그들이 50세가 되었을 때 전자가 후자보다 더 많은 일들을 할 수 있으리라는 것은 의심할 여지가 없다. 그러나 좀체 이해할 수 없는 부분은 프랜의 능력이 제니스의 능력보다 실제로 '얼마나' 더 높을 것인가 하는 것이다. 이처럼 혼란에 빠지는 이유는 복리의 효과를 제대로 이해하지 못하기 때문이다. 은행예금 이자계산에서 1년에 4퍼센트의 이자와 7퍼센트의 이자 차이가 20년 동안 계속될 때 그 차이가 얼마나 큰지 실감하지 못하는 것처럼, 학습 차이에서 오는 효과를 과소평가하는 것이다.

프랜과 제니스의 경우에서도 20년에 걸친 6퍼센트와 1퍼센트의 차이는 어마어마한 것이다. 그들 나이 서른 살에 직업과 관련된 능력이 각각 100씩이라고 가정한다면, 20년 후에 제니스는 122, 프랜은 321의 능력을 갖추게 된다. 서른 살에는 똑같은 능력을 가진 동료가 쉰 살 무렵에는 완전히 다른 위치에 있을 것이다.

21세기 세상이 1950년대나 60년대의 미국처럼 안정되고 정부의 규제하에서 번영이 유지된다면, 성장률의 차이라는 것은 별게 아닐 것이다. 그런 세상에서는 프랜이 동생보다 좀더 잘한다고 해도 결국 둘 다 잘하는 것으로 평가받을 것이다. 안정성, 규제, 번영이라는 것들은 성장, 리더십 그리고 경영혁신을 덜 필요로 하고 경쟁 강도도 감소시키는 효과가 있다. 그러나 미래 사회에서는 그런 현상이 더 이상 통용되지 않을 것이다.

21세기에는 기업들이 배워야 하고, 변해야 하고, 그리고 또 끊임없이 자기개발을 해야 하는 것처럼 사람들 개개인도 마찬가지이다. 평생학습을 통해서 리더십 능력을 함양하는 것은 지금까지는 전체 인구 가운데 극히 적은 수의 사람들에게만 해당되는 이야기였다. 그러나 앞으로 다가올 수십 년 동안에는 반드시 이 비율이 증가할 것이다.

평생학습자에게는 이런 습관이 있다

그렇다면 프랜이나 매니와 같은 사람들은 어떻게 하고 있는가? 로켓을 만드는 과학자처럼 하이테크나 복잡한 과학기술을 동원해

표 12-2 평생학습을 돕는 정신적인 습관

- 위험에 도전함
  기꺼이 안락함을 포기하려는 의지

- 겸손한 자기반성
  성공과 실패, 특히 실패에 대한 솔직한 평가

- 경청함
  남의 말을 열심히 듣는 성품

- 새로운 생각에 대한 열린 마음
  개방된 마음으로 인생을 조명하고자 하는 의지

야만 하는 것이 아니다. 그들은 비교적 간단한 습관을 갖고 있다 (〈표 12-2〉 참조).

평생 동안 배우고자 하는 사람은 위험부담을 감수한다. 이런 사람들은 무사안일에서 벗어나기 위해, 그리고 새로운 아이디어를 시험해보기 위해 자신들을 채찍질한다. 대개가 기존 방식에 안주하는 동안 그들은 계속 새로운 것을 시도한다. 위험을 택하는 행위는 더 큰 성공을 낳든지 더 큰 실패를 맛보게 한다. 평생을 배우고자 하는 사람들은 일반인보다 훨씬 더 솔직하고 겸손하게 자신들의 경험을 되새겨보고 스스로를 교육해 나간다. 그들은 자신들의 실패를 양탄자 밑에 숨기려 하거나 방어적인 자세를 취하려 하지 않는다.

평생 학습자들은 다른 사람들의 의견과 아이디어들을 얻기 위해 적극적으로 노력한다. 자신들이 모든 것을 알고 있다거나 다른 사람들에게 배울 것이 없다고 생각하지 않는다. 오히려 어느 상황에서도 옳게 접근만 하면 누구에게도 배울 것이 있다고 믿는다. 또한 보통 사람들보다 훨씬 더 주의깊게 남의 말에 귀를 기울인다. 그렇게 경청함으로써 언제나 대단한 아이디어나 중요한 정보를 얻으려 하기보다는 오히려 자신들의 행동이 어떤 결과를 낳았는지에 대한 정확한 정보를 얻을 수 있다고 생각한다. 솔직한 피드백이 없으면 평생학습은 불가능하기 때문이다. 한편 이런 습관들은 겉으로 보기에는 간단해 보이지만 짧은 기간에 몸에 익히려면 상당한 고통이 따른다.

위험을 택하면 성공도 하지만 실패할 때도 있다. 솔직하게 자기반성을 해보는 것, 잘 들어보는 것, 남의 의견을 구하고자 노력하는 것, 열린 마음, 이 모든 것들을 통해서 재미있는 아이디어들도 얻지만 동시에 좋지 않은 소식이나 부정적인 정보들도 얻을 수 있다. 단기적인 관점에서 볼 때는 실패도 없고 부정적인 소식을 듣지 않을 때의 인생이 훨씬 즐겁다. 그러므로 평생학습자들은 단기적 고통이 따르는 습관을 겁내거나 회피하려는 인간의 본성을 극복해나가는 사람들이다. 그들은 험난한 경험을 이겨냄으로써 역경에 대한 면역성을 기르고, 생각을 맑게 가짐으로써 이런 습관들과 평생학습의 중요성을 깨닫는다. 그러나 무엇보다도 그들이 갖고 있는 목적의식과 열망은 겸손함, 열린 마음, 기꺼이 모험을 해보겠다는 의지, 남의 말을 경청하는 포용력을 길러내는 촉진제가 된다.

가장 훌륭한 평생학습자와 지도자란, 일상생활에서도 가치 기준을 높이 잡고 목표하는 바도 야심차며 자기들의 사명이 무엇인지를 잘 아는 사람들이다. 이런 목표와 열망들은 그들을 계속 자극하고 비록 큰일을 이루었어도 겸손하도록 만들며, 또 성장하는 과정에 따르게 마련인 일시적인 고통을 이겨내도록 한다. 때때로 이런 사명감은 그들이 꽤 젊었을 때, 또 어떤 때는 어른이 된 후에, 아니면 그들 인생의 전 과정을 통해 다듬어진다. 어떤 경우든 그들은 야망이 있기 때문에 편안함 속에 안주하거나, 마음을 닫아걸거나, 진취적으로 뻗어나가지 않는다거나, 다른 사람의 말을 귀담아듣지 않는 실수를 범하지 않으려 노력한다.

도전적인 비전이 기업들로 하여금 격변하는 경영환경에 잘 적응할 수 있도록 도와주는 것처럼, 야심적이고 인간적인 목표만큼 개인의 성장을 촉진시키는 습관을 만들어 나가는 데 도움을 주는 것은 없다.

21세기의 우리는 어떤 모습일까?

리더십과 평생학습에 대한 필요성의 증가, 그리고 점점 더 변덕스러워지는 경제적 여건은 20세기를 살아온 우리 생애와는 확연히 다른 새로운 형태의 생애를 요구할 것이다.

지난 100여 년 동안 소위 성공했다고 하는 사무직 근로자들은 젊었을 때 이름 있는 회사에 입사해서 시간이 지남에 따라 관리기술을 배우면서 폭이 좁은 기능적 조직계단을 따라 승진했다. 현장 근로자로서 성공했다고 하는 사람들은 노동조합이 잘 짜여 있는 회사에 입사해서 특정한 일을 배우고 그 한 자리에서 몇 십 년을 머무르는 사람들이었다. 21세기에는 이와 같은 인생경로가 더 이상 좋은 삶을 보장해주지 못한다. 어떤 경우도 사람들에게 평생학습을, 특히 리더십에 대한 학습을 장려하지 않기 때문이다.

현장 근로자들에 대한 문제는 더욱 극명하다. 노동조합 내의 여러 규제들은 개인의 성장을 제약한다. 예컨대 직종을 세분화한 것은, 처음부터 의도한 바는 아니지만 근로자가 스스로 배울 수 있는 기회를 박탈하는 결과를 초래하고 말았다. 안정된 사회라면 이런 규제를 받고도 잘 살아갈 수 있겠지만 격변하는 세계시장에서는 그렇지 못할 것이다.

옛날에도 사무직 근로자들은 그런 대로 배울 기회를 가졌다. 다만 그 폭이 상당히 좁은 기능적인 영역에만 가능했다. 회계학이면 회계학(공학 혹은 마케팅) 한 분야에 관한 지식만 점점 더 깊게 배웠지, 다른 분야에 대해서는 거의 배우지 못했다. 어떤 수준까지 승진하는 과정에서 관리에 대해서는 어느 정도 배웠지만 리더십에 대해서는 별로 배우지 못했다.

21세기의 성공적인 생애는 한층 더 역동적인 생애가 될 것이다. 한 조직 내에서 일직선을 따라 기계적으로 승진하는 경우라든지 일을 하는 데 한 가지 방식으로만 하는 사람들의 숫자는 이미 점점 줄어들고 있다. 점점 심해지는 불확실성과 순간성은 처음에는 불안하지만 시간이 갈수록 익숙해지고 그 혜택도 상당히 클 것이다.

더 다양한 생애를 살 수 있는 지혜를 터득한 사람들은 일반적으로 변화나 혁신에 대해서도 편안함을 느낄 수 있어 회사의 경영혁신에서도 중요한 역할을 잘 해낼 수 있을 것이다. 잠재력에 상관없이 잘 개발된 리더십으로 무장한 그들은 혁신에 따르는 고통은 되도록 줄이고 성과는 크게 향상시키면서 부하들이 경영혁신을 더 잘 할 수 있도록 도와줄 것이다.

미래를 향해 도약하자

여러가지 이유 때문에 아직도 많은 사람들이 20세기형 생애와 성장 모델에서 벗어나지 못하고 있다. 어떤 때는 자만심이 문제가 되기도 한다. 지금까지 잘 해왔는데 왜 혁신을 해야 하는가? 또 때로는 21세기에 대한 확신이 없어 스스로 어떻게 변해야 할지를 모른다. 한편 공포감이 가장 큰 문제일 때도 흔히 있다. 그들 주위에서 많은 회사들이 사라지는 것을 목격하고, 조직축소나 리엔지니어링에 의해 일자리를 잃어버린 사람들로부터 무시무시한 이야기를 듣기 때문이다. 건강보험이나 아이들 교육비 걱정으로 바쁜 나머지 성장이라는 것에 대해서 생각할 여유가 없다. 상황이 이렇다 보니 개인적인 차원에서의 자기혁신은 아예 꿈도 꾸지 못한다. 그들이 갖고 있는 리더십의 잠재력이 어떻든, 그것을 개발하려 하지도 않고 오히려 현재 상태를 지키고 방어하는 데만 필사적이다. 그러다 보면 과거에만 매달리는 사람들이 되어버린다.

앞으로 이삼십 년 동안은 과거에만 집착하는 전략은 점점 쓸모가 없어질 것이다. 변화에 대처하는 방법을 지금 당장 배우기 시작하는 것이, 우리가 지닌 지도자로서의 잠재력을 개발하는 것이, 그리고 경영혁신을 추진하는 회사를 도와주는 것이 우리들에게는 훨씬 이득이 될 것이다. 또한 위험부담은 있지만 미래로 도약해나가는 것이 훨씬 유리하다. 그것도 늦게 하는 것보다는 되도록 빨리 하는 것이 더욱 유리할 것이다.

기업의 생리를 오랫동안 관찰해온 사람으로서, 과거에 집착하는 사람보다는 미래를 포용하려고 노력하는 사람이 훨씬 행복한 사람들이라고 자신있게 말할 수 있다. 21세기형 기업인이 되는 방법을 배우기가 쉽다는 것은 아니다. 그러나 성장하려고 노력하는 사람들, 변화를 편하게 받아들이려는 사람들, 리더십 기술을 개발하고 싶은 사람들은 자기 자신을 위해, 가족을 위해, 그리고 회사를 위해 정당한 일을 하고 있다는 자신감에 의해 이미 충분한 동기가 생긴 사람들이다. 이와 같이 분명한 목적의식은 그들에게 계속 자극을 주고 역경에 처했을 때도 희망을 잃지 않도록 격려해준다.

그리고 기업의 최고경영자로서 다른 사람들에게 미래로 도약할 용기를 주는 사람들, 공포감을 이겨낼 수 있도록 도와주는 사람들, 그래서 결과적으로 기업 내 전체적 리더십 능력을 확대시킬 수 있는 사람들은 인류 전체에 대단히 중요한 봉사를 하는 것이다.

앞으로 세계는 이런 사람들을 더욱 많이 필요로 할 것이다. 그리고 우리는 그런 인재들을 기필코 얻어낼 것이다.

●○ 옮긴이의 글 ○●

앞서가는 리더의 변화관리 지침서

아인슈타인이 세상을 떠날 때 무슨 말인가를 남겼다고 한다. 그러나 그 내용은 지금까지 알려지지 않았고 앞으로도 알려질 가능성은 거의 없다. 그의 임종을 한 간호사만이 지켜볼 수 있었는데, 아인슈타인은 그의 모국어인 독일말로 마지막 말을 남겼고, 미국인인 그 간호사는 독일어를 알지 못했기 때문이다.

막 대학교에 입학했을 때 이런 이야기를 처음 접했다. 학문에 대한 열정이 남다르지는 않았으나 그래도 새로운 세계에 대한 호기심을 충족시키기 위한 시도는 꽤 많이 해보던 때였다. 그때 늘 부딪치는 문제는 우리말로 된 문헌이 빈곤하다는 것이었다. 게다가 원전은 구하기도 힘들었고 읽는데도 진땀을 뺐다.

우리는 대학교를 졸업할 때까지, 공부하는 총 시간의 절반 이상을 외국어와 실랑이하면서 보낸다. 4학년 졸업반이 되어서도 취직 시험이라는 굴레에서 외국어 단어를 암기하고 있어야 한다. 아인슈타인도 그랬을까? 그는 그의 학문세계를 이루어나가는 과정에서 필요한 모든 지식을 자기 모국어로 된 문헌에서 얻었으므로 우리처럼 그 귀중한 시간을 단순히 외국어 습득에 허비할 필요가 없었다. 외국어 습득 과정은 하나의 도구를 습득하는 과정에 지나지 않는 것으로, 그것 자체는 아직 생산적인 단계가 아니다.

그렇다면 모든 자료와 문헌들이 한국말로 완벽하게 갖추어져 있어서 우리나라 젊은이들이 외국어를 배울 필요가 없고 모든 시간을 자신의 전문분야에 투자할 수 있다면 세상은 어떻게 변할까? 모르긴 모르지만 아인슈타인이나 다른 노벨상 수상자와 같은 대가들이 탄생할 가능성이 그만큼 더 커지고 그 시기도 빨리 오리라 생각한다. 이런 생각을 해본 나는 언젠가는 내 전문분야에서 번역가가 되어야겠다는 다짐을 했고 오늘 그 시발점에 서 있는 셈이다.

존 코터 교수가 지은 이 책은 역자가 미국 피닉스Phoenix에서 열린 미전략경영학회Strategic Society에 참석했을 때 막 출간된 것으로 우리에게 시의적절한 책이라고 생각한다. '전략경영'이라는 학문은 크게 두 분야로 나뉜다. 첫째는 경영전략 수립Strategy Formulation 단계이고,

두 번째는 수립된 전략의 집행Strategy Implementation 과정이다. 그러나 최근까지는 교실에서 가르치는 전략경영 내용이나, 비싼 돈을 요구하는 전략경영 컨설턴트들이 내놓는 결과물들을 보면 대부분 전략 수립에만 초점을 맞춰왔다.

그런데 요사이 그 추세가 바뀌고 있다. 전략 집행이 힘을 얻고 있는 것이다. 전략은 몇몇이 모여 앉아 책상 위에서도 쉽게 만들어낼 수 있는 것인 데 반해 전략 집행은 조직의 모든 사람들이 직접 움직이도록 만들어야 하고 시간도 오래 걸리며 현장에서 발생하는 수많은 난제들을 해결하는 과정 그 자체이다. 그만큼 더 어렵다. 경영혁신이 실패하는 이유를 따져보면 전략을 잘못 짜서가 아니라 이를 제대로 실행에 옮기지 못하기 때문인 이유가 훨씬 더 크다. 그런 의미에서 이와 같이 어렵고 손이 많이 가는 분야를 알기 쉽게 설명하고 실천하는 데 도움이 되는 책은 우리가 기다려 오던 바다.

한편 우리나라는 전 국가적으로 경영혁신을 수행하고 있는 중이다. 그것이 국가기관의 구조조정이든, 대기업간 빅딜이든, 살아남기 위한 중소기업들의 몸부림이든, 이런 때에 경영혁신을 실수 없이 수행할 수 있도록 우리를 인도할 수 있는 지침서를 갖는다는 것은 얼마나 필요한 일인지 모르겠다.

우선 《기업이 원하는 변화의 리더》는 방대하지 않다. 그만큼 쉽게 썼고 간략하므로 소화해낼 자신감이 절로 생긴다. 또한 빠지기 쉬운 함정이 무엇인지 경영혁신 과정을 뒤집어보기 때문에 이해가 빠르다. 이 함정들을 순서에 따라 분석하고 이를 회피할 수 있는 지침들을 제시하고 있으므로 이 순서와 지침을 따르기만 한다면 경영혁신을 실수 없이 해낼 수 있도록 구성했다.

이 책은 일선경영자들에게 적합한 실무지침서다. 더불어 저자는 경영혁신 분야의 세계적 학자고 그의 풍부한 현장경험을 바탕으로 한 학문적 노력의 산물이기 때문에 전략경영의 집행 분야를 연구하는 학자들에게도 큰 도움이 되리라 믿는다.

세상의 어떠한 작은 일이라도 도와주는 사람이 없으면 이루어지지 않는다. 역자가 얼마 전까지 근무하던 포스코경영연구소 POSRI는 모든 면에서 후원을 아끼지 않았다. 심심한 사의를 표한다. 같은 연구소의 여러 동료 연구원들의 도움에도 감사의 말을 표하고 싶다. 특히 서슴없이 비판해 주고 아이디어를 제시해준 임병수 연구위원에게 고마움을 표시한다. 또한 우리 집사람인 남광주 씨의 도움은 절대적이었다. 원문을 역자보다 더 열심히 읽어주었으니까. 마지막으로 김영사에게 젊은 날의 꿈을 실현할 수 있는 첫장을 열어준 것에 대한 고마움을 전한다. 번역상의 모든 잘못은 물론 역자에게 있다. 배전의 노력을 하고자 한다.

한정곤